刘小枫 著

西学断章
Miscellanea de disciplina occidentali

华东师范大学出版社

华东师范大学出版社六点分社　策划

2010年教育部人文社会科学重点研究基地重大项目
"基督教与西方古典传统研究"［编号：10JJD730004］

目 录

前记 /1

一、古希腊罗马时期的哲学与宗教 /1

1. 浑在自然之神 /3
2. 伊壁鸠鲁与宗教 /26
3. 卢克莱修笔下的阿刻戎深渊 /44

二、西方基督教时期的哲学与宗教 /77

4. 司各脱和他的《论第一原理》 /79
5. 辩证法与平等的思想自由习性 /109
6. 德意志神秘派小识 /155
7. 霍布斯的申辩 /170

三、西方现代化时期的哲学与宗教 /191

   8. 特洛尔奇与神学的现代转型 /193

   9. 洛斯基父子与现代俄国东正教思想 /247

   10. 西美尔论后宗教时代的宗教 /287

   11. 阿伽通与后现代的"神" /323

前　记

我念大学的时候,学界对于基督教学术还相当陌生,研究和翻译文献都非常少。在学习西方思想史的过程中,由于经常碰到基督教的人名、术语、事件和观念,我深切感到,如果不了解基督教思想,就不可能深入了解西方思想史——如果我们要推进晚清以来汉语学界认识西方思想这一未竟事工,就必须从基督教入手进入西方思想史的纵深。

20世纪90年代初,我在香港设计了"历代基督教思想学术文库"编译计划。这个文库虽然注重基督教的思想史脉络,最终目的却是为深入认识西方思想史做准备。毕竟,基督教神学是西方思想史的重要组成部分。在实现这一编译计划的过程中,一个重大问题浮现出来:基督教思想与西方古典传统究竟是什么关系?

十多年来,这个问题一直萦绕心际,断断续续做过一些研究,始终未得要领,直到近些年才恍然若有所悟,启迪得自尼采

的一句话——尽管现代启蒙智识人的怜爱之心显得像是基督教的爱心,现代性精神其实来自普罗米修斯点燃的火堆:

> 我们的科学信仰的基础仍然是形而上学的信仰,就连我们现在的这些认知者,我们这些无神论者和反形而上学者,就连我们的火也是取之于那由千年的古老信仰点燃的火堆。(尼采,《论道德的谱系》,周虹译,北京三联书店,1991年,页126)

尼采在《快乐的科学》中已经说过这话,《论道德的谱系》再次引用这段话,可见尼采何等期望欧洲智识人懂得:反对基督教的精神力量最终来自普罗米修斯点燃的火堆。

中国学术要认识西方文明精神的底蕴,还需要数代学人的努力——这是当代中国学术无法规避的命运。本稿从古希腊自然哲人赫拉克利特谈起,致力考察西方思想史上三大历史时期哲学与宗教思想的关系,以此摸索基督教思想与西方古典传统的关系这一重大问题的线索。尽管本研究贯穿整个西方思想史,关注的却是思想史上的一些具体细节,只能名之为"断章"——若干旧稿也作了不同程度的修订,因成文于不同时期,文献格式未作统一。

刘小枫
2014年元月
于中国人民大学宗教学研究基地

一、古希腊罗马时期的哲学与宗教

1. 浑在自然之神
——读赫拉克利特残篇札记

献给冯达文教授荣开七秩

从大学本科到硕士期间,我读过中外名家写的西方哲学史不下十余种。这些哲学史书都告诉我,古希腊最早的哲人们是贵为七贤之一的泰勒斯($Θαλῆς$)及其同胞和同龄人阿纳克西曼德($Ἀναξίμανδρος$),公元前 600 年左右生活在地处小亚细亚的米利都(Milet),最有魅力的则是稍后生活在别处的赫拉克利特。他们通常被哲学史书称为"前苏格拉底哲人"(即苏格拉底以前的哲人),可惜他们的文迹都没有流传下来,今人仅仅从古希腊中晚期的作品中找回只言片语,称为"残篇"——按我国文史学界的叫法,也可称为"辑语"。[①]

[①] 19 世纪后期,西方古典学家才开始辑佚"前苏格拉底哲人"语录,晚近较善的编校本为 G. S. Kirk/J. E. Raven/M. Schofield 编,*The Presocratic Philosophers: A Critical History with a Selection of the Texts*, Cambridge Uni. Press 1983; J. Mansfeld 编,*Die Vorsokratiker I–II* (希—德对照),Stuttgart 1986。权威性的研究文献,参见 Eduard Zeller 长达近五千页的 *Die Philosophie der Griechen in ihrer geschichtlichen Entwicklung* (《古希腊哲学史》,Darmstadt 1963)中卷一、第二部(前苏格拉底部分)。中译文献参见北京大学哲学系编,《古希腊罗马哲学》,北京:三联出版社 1957;苗力田主编,《古希腊哲学》,中国人民大学出版社 1989/1995。汉译研究文献有罗斑,《希腊思想和科学精神的起源》,陈修斋译,广西师范大学出版社(重印)2003;汤姆逊,《古代哲学家》,何子恒译,北京:三联出版社 1963;敦尼克等,《古代辩证法史》,齐云山等译,人民出版社 1986。

所谓自然哲人,意思据说是专心致志探究自然元素及其作用力的智识人。因此,苏格拉底之前的自然哲人被称为探究自然奥秘(形而上学)的开山祖。由于有了这些哲学史的知识,当我后来开始学习古典语文学时,见到有人说前苏格拉底哲人也是神学家,脑筋一下子转不过弯来——自然哲人何以也是神学家?公元5世纪的贤人司铎拜俄斯(Stobaios,原名 Johannes,后来人们以其家乡马其顿的 Stoboi 城名来称呼他)为了教子,从古代著作(这些书后来多已失传)中搜集了500余条段落,汇编成读本(Eclogae),而今成了第欧根尼·拉尔修的《名哲言行录》和普鲁塔克的《伦语》之外的第三个最重要的古代著作文献来源。在学习古希腊语时,我读到司铎拜俄斯的一段如下记叙:

> 七贤之一哲人泰勒斯关于宇宙大致这样说过:
> 宇宙有心智,恰如人有心智。不过,宇宙的心智是神。
> 阿那克西曼德则说,无限中有许多宇宙和许多天体。这位阿那克西曼德把这些天体都看作神们(Eclogae 卷一,29b)。

这段记叙让我们看到苏格拉底之前的自然哲人关于"宇宙"(用我国古语的叫法也许可称为"乾坤")的基本主张:

"乾坤(Ὁ κόσμος)有心智(νόον),恰如人有心智"——乾坤和人都有心智,心智被看作最为根本的东西。这个句子显得是从人的特性来推知宇宙的属性,反过来说,正因为乾坤和人心都有心智,人心才有可能探知乾坤的奥秘。从而,心智本身是人心与乾坤相通的唯一媒介。"不过,乾坤的心智是神(θεός)"——这里的"神"是单数,宇宙的心智是最高的心智。这话表明乾坤的心智与人心的心智又是有差异的:人心的心智不是"神"。不过,人的心智虽不是"神",却可以凭此与乾坤相通,或者说与乾坤的"神"相通。这样推想下去,人的心智起码有接近"神"的可能性,甚至成为"神"的可能性。

"无限中(ἐν τῷ ἀπείρῳ)有许多乾坤和许多天体"又表明,乾坤还不是自然最终的实在,后面还有"无限"。乾坤不止一个,乾坤的心智当然也就不止一个。无限中有许多乾坤,也就有许多的心智,从而等于无限中有许多的"神们"(θεούς)。

从古典语文学课上,我还得知,苏格拉底以前的自然哲人的思辨表达,多非论文,而是所谓箴言诗——他们也可以被称为诗人。由于现代人搞的哲学史教育,我已经习惯于只把逻辑推演的或分解式的论述看成哲学文章,现在才知道,其实这种哲学文章即便在古希腊也出现得比较晚。以弗所人赫拉克利特(Ἡράκλειτος,拉丁语为 Heraclitus,约公元前 535—前 475 年)无论在当时还是后世,地位都很高,他的写作文体是箴言诗(据说他的题为 Περὶ φύσεως[《论自然》]的书,由箴言诗组成,已佚),迷人而又让人费解,自古有"晦涩"诗人之称。① 正是这个让人费

---

① 笔者所见最好的英文笺释本是 Charles H.Kahn, *The Art and Thought of Heraclitus, An Edition of the Fragments with Translation and Commentary*, Cambridge Uni. Press 1979。最好的德文笺释本是 Ludwig Winterhalder, *Das Wort Heraklits*, Zürich 1962,希—德对照加义疏。最好的法文笺释本是 Jean-Francois Pradeau, *Héraclite Fragments, Citations et témoignages*, Flammarion Paris, 2002。笔者的解读主要凭靠这三位古典学家的释读,引文除特别注明外,均为笔者自己的译文。一般读物可参看 Richard Geldard, *Remembering Heraclitus*, Lindisfarne Books 2000。中文文献有:王玖兴等,《赫拉克利特的哲学思想》,北京:商务印书馆 1962;屈万山主编,《赫拉克利特残篇评注》,陕西师范大学出版社 1987;罗宾森英译/评注,《赫拉克利特著作残篇》,楚荷译,广西师范大学出版社 2007。

另一个重要的写箴言诗的自然哲人为帕默尼德(Παρμενίδης),参见 Ernst Heitsch, *Parmenides: Die Anfänge der Ontologie, Logik und Naturwissenschaft*(《本体论、逻辑学、自然科学的开端》), München 1974,希—德对照加笺注。关于苏格拉底之前的自然哲学研究文献很多,值得推荐 Wolfgang Schadewaldt 的 *Die Anfänge* （转下页）

解的赫拉克利特后来被看作西方形而上学的真正鼻祖。

于是我才知道：我过去听信流行哲学史书的看法，仅仅将自然哲人看作哲学家是不对的。这些哲人对自然的看法同时也是对神的看法，的确也可被称为神学家。不过，这些哲人眼中的神不是传统的神，传统的神（比如荷马、赫西俄德笔下的神）支配自然（呼风唤雨），自然哲人的神则等同于自然——套用后来帕斯卡尔的说法：哲人的上帝不是圣经中的上帝。荷马、赫西俄德笔下的神并非仅仅 νόον ἔχει [有心智]，哲人把 ὁ νόος [心智] 视为神的本性，必然与传统的宗法性神观产生冲突。难怪赫拉克利特会对古老的诗人表示不屑：

[辑语 104]
他们中间谁有理智或见识呢？他们听信民众的吟游诗人，围住这教师（[引按]指赫西俄德），却不知道：多数人是坏人，少数人才是好人。

在苏格拉底之前的自然哲人中，最有魅力的当推赫拉克利特——柏拉图称赫拉克利特为 Ἰάδες Μοῦσαι [伊奥尼亚的缪斯]，不是没有道理。赫拉克利特置身荷马史诗传统，善于利用古伊奥尼亚方言的乐调气质，使得自己的思想在表达时具有独特的语言形式：简洁而且带有诗意的音色和节奏。这位思想和语言上的"晦涩诗人"喜欢从变迁法则来看万事万物：没有常驻不变

（接上页注①）der Philosophie bei den Griechen: die Vorsokratiker und ihre Voraussetzungen（《哲学的古希腊开端：苏格拉底之前的哲人及其前提》），Suhrkamp 1978。

的东西。因此，其文辞上的含混和晦涩并非故弄玄虚，而是其思想的产物。他关于自然的好些说法晦涩而又玄妙，简直可以称为神说——比如，

Πάντα χωρεῖ καὶ οὐδὲν μένει. [一切悄去，无物持存。]

这句话因柏拉图的引用得以流传下来（参见柏拉图，《克拉提洛斯》402a）——这是两个形式上对衬的并列句，语法非常简单：两句的主语都是形容词，πάντα [一切] 与形容性的否定代词 οὐδὲν [什么都没有/无物] 构成对比——如何翻译却很难。χωρεῖ 的词义项有好些，取哪一个？也许最好从与 μένει [留驻] 对比的角度来把握：既然 μένει 的意思比较明确地是 [留驻]，χωρεῖ 就是"消逝"的意思——这让我想起"子在川上曰：逝者如斯夫"。

但整句的含义是什么？与好些古代箴言一样，没有上下文，箴言的具体含义很难把握。不过，既然这句箴言出自柏拉图的《克拉提洛斯》402a，也许我可以从柏拉图的上下文得到一些理解门径——柏拉图的苏格拉底是在解释古老的神名时引用到这句箴言的：具体涉及的是宙斯父亲的名字 Κρόνος [克洛诺斯]。苏格拉底把这个神的名字拆为两半：Κρό-νος，前一半意为 κόρος [纯净者、清扫物、扫帚]（比较动词 κορίζω [清扫、弄干净]），后一半意为 νοῦς [心智]，合起来的意思就是"纯净心智"。似乎"一切悄去，无物持存"的意思整个而言体现的是打扫心智之后的结果。按照古传的理解，Κρ-όνος 的词源与 χρόνος [时间] 相关，由此来理解这句箴言，也会得到对于"时间"的妙解：所谓"时间"就是"一切悄去，无物持存"。

据说赫拉克利特还说过：Πάντα ῥεῖ [一切皆流]（ῥεῖ＝ῥέω

[流动])——这话其实也没有确切证据表明是赫拉克利特说的,但与赫拉克利特关于永恒流变的看法倒是相符。

为什么在赫拉克利特看来,"一切悄去,无物持存"?他写道:

[辑语76]
火活土之亡,气活火之亡,水活气之亡,土活水之亡。

这句箴言诗表达了四种基本元素的循环相生,但为什么是"火"开头?

也许可以这样来理解:"火"的温暖才使得生命得以萌生开端,"火"的跃动则体现了生息的时间,打破土地的宁静(时间突入空间),万物的生命从此进入循环。ζῆ πῦρ τὸν γῆς θάνατον[火活土之亡],主语是πῦρ[火],动词ζῆ[活]在句首,带有强调意味。四格单数的τὸν θάνατον[死亡]明显是宾语,属格的γῆς[土]界定θάνατον[死亡],直译为"火活了土的死亡"。这条箴言表达的很可能是自然生命本身,因为动词ζῆ[活]是关键词。全句中始终不变的是动词及其宾语θάνατον[死亡],替换的仅是名词,这些名词都是自然哲人眼中的基本元素:火、土、气、水。

生命是什么呢?从四大基本元素来看,这里说的是自然的生命本身。反过来说,四大元素的生死交替构成了大自然的生命本身:ἀήρ[气]接替了πυρός[火]的死。属格的πυρός[火]与前面的γῆς[土]不仅形成交替,也可以表达来源。具体的"生"来自具体的"死",或者说"死"也具有催生的推动力:ὕδωρ[水]之生来自ἀέρος[气](ἀήρ的属格)之死。生生死死循环往复,起始句中死掉的γῆ[土]在箴言最后又从ὕδατος[水]之死活了过来。

从这段辑语我们不仅得知赫拉克利特关于事物相克相生的观点,还得知占希腊早期哲学中的四种基本元素的名称。

据第欧根尼·拉尔修记载,赫拉克利特死于水肿病,但第欧根尼记述的也是"据说",并非一定真有那么回事。自古以来就有人在猜,这种说法是否是在隐喻赫拉克利特的自然因素论:一旦缺火,万物(尤其灵魂)皆亡。残篇 101-104 的确说到,对灵魂来说,干燥比潮湿好。第欧根尼·拉尔修《名哲言行录》可比之于我们《汉书》中的儒林传,记载了大量上古哲人的言行,后人多从这里获得"文献"——不过,第欧根尼·拉尔修笔法的文学性可能要重得多。《名哲言行录》卷九(1-6)记载道,赫拉克利特从小与众不同,天性极高傲,年少时总说自己一无所知,成年后又宣称自己无所不知。对古诗人荷马、赫西俄德乃至前辈自然哲人们如毕达哥拉斯($Πυθαγόρας$),克塞诺芬尼($Ξενοφάνης$)和赫卡泰俄斯($Ἑκαταῖος$),赫拉克利特一律看不起,还说自己不是任何人的学生,他学到的一切都是从自己那儿学到的——其实,有人说赫拉克利特曾当过克塞诺芬尼的学生。不过,从他宣称博学并不等于有智慧来看,赫拉克利特的确真有智慧。第欧根尼·拉尔修还说,据传赫拉克利特写过一本书,谈论了自然的方方面面,共三个部分:论宇宙、论政治、论神。但赫拉克利特故意写得非常晦涩,以便只让那些有智识能力的人读得懂——可惜这本书没有传下来,如今我们能看到的,都是从后世作品的引述中辑录出来的"辑语"。

第欧根尼·拉尔修记述有关赫拉克利特之死的不同说法时语带嘲讽:赫拉克利特病倒后让人给自己浑身盖满牛粪,在阳光下曝晒,以免灵魂缺"火"素,最后被野狗吞食……似乎赫拉克利特死于盲信自己的自然元素论——不过,赫拉克利特的确说

过:尸体无非一堆厩肥(辑语108)。也许正因为赫拉克利特"迷信"火,他才对生生不息有信心。他曾说:

[辑语6]
ὁ ἥλιος νέος ἐφ' ἡμέρηι ἐστίν. [太阳日日新。]
The sun is new every day.

这话直译当是太阳随ἡμέρη[时日、白昼]变化,意思是:太阳对于白昼和黑夜一视同仁。在黑夜里,太阳仍然发着光,只不过离得远。白昼才使万物得以可见,而太阳随白昼沉落。换言之,对人而言,太阳才每天是新的,对太阳而言,白昼与黑夜都一样。这里我们又看到一个与时间相关的语词:"一天"。值得注意的是,时间具体到天日时,却与恒在的太阳联系起来。这条辑语可以与辑语99合起来看。

[辑语99]
要是没有太阳,就只有黑夜。

赫拉克利特说的不是"没太阳就没有白日",因此,这话也许要表达的是:即便有了太阳,仍然会有黑夜。赫拉克利特要突出的是两种对立因素的相辅相成。后来的一些智识人从这一自然理则得出如下政治伦理的理则:对于人来说,

Ἀγαθὸν καὶ κακόν, ἓν καὶ ταὐτό. [好坏一回事。]

这是个可怕的推论——尽管或者正因为言辞奇谲,或者不

如说,正因为这种关于人间没有恒在的东西的说法,赫拉克利特对后世产生了巨大影响,尤其雅典民主时代的公共知识分子——智术师派的著名代表高尔吉亚就是最早的追随者。不妨比较赫拉克利特的如下说法:

[辑语3]
太阳并不比一人的脚宽。
The sun is the size of a human foot.

这话原文的字面意思是:太阳只有人的脚掌的宽度,尽管太阳在自然界中最强有力。隐含的意思也许是,尽管太阳让一切显现出来(让人可以看得见东西),人在太阳下所看见的一切,最终还得人用自己的尺度来度量——即便太阳的光芒投射到人周遭的万事万物身上,人还是得用自己的尺子去测度万事万物。

太阳与黑夜的相克相生表明了事物变化的根源,各种物质之间的内在冲突(相克)才孕生万物的相生。说到底,冲突(相克)而非变化才是万事万物之王。下面这条辑语就是证明,也非常有名:

[辑语53]
争战既是万物之父,亦是万物之王,这既证明了神们,亦证明了人们;既造就了奴隶,亦造就了自由人。

"父"的含义是创生,"争战是万物之父"意味着,争战创生出万物。没有争战,万物就还处于寂然状态,就还没有伸展出自身。"王"意味着支配(统治),"争战是万物之王"无异于说,万物之间的生存原则是争战性的,任何一物唯有通过与彼物的对抗、抵牾、争斗才成其为自身。因此,每一存在者之成其为自身、保持自身、伸展自身,凭靠的都是争战的敌对性。在诸多敌对性中,首要的是神们与人们的敌对性。如果没有争战的敌对性原则(王、父),或者说,如果神们没有人们作为自己的敌对者,神们也不会成为神们。反之,人们成为人,也因为有作为敌对者的神们。敌对性原则也带来人与人的区分:在相互的抵抗、对抗、冲突中,有的人接受了敌对性原则,勇于争斗,便成为"自由者"——其含义是伸展自身、承受生与死之间的敌对性。有的人不敢接受敌对性原则,就会成为"奴隶"——其含义是没有能力获得自身的在性。赫拉克利特的这一思想对于西方政治思想具有深远的影响。

赫拉克利特自己当然属于"自由人",因此可以理解,他厌恶人群,不是远远躲在山上以吃草根树皮为生,就是隐居在阿尔忒弥斯神庙,与小孩子们在一起玩耍。有一次他在与小孩子们玩距骨游戏,几个成年人过来围观,他开口就骂:"傻瓜,有什么好看的,这比和你们一道治理城邦好多啦。"赫拉克利特还说过:

[辑语 52]
　　人生一世是个玩耍的孩童,在跳棋盘上推棋子;王权在这孩童手中。

这句箴言还讲究押韵——有三个语词以 -$\omega\nu$ 结尾,有三个语词以 $\pi\alpha\iota$ 开首,读起来具有宣叙式的庄严效果。这句箴言的关键语词是 $ai\dot{\omega}\nu$,通常译作"永恒",字典中的词义项其实首先是"生命期"甚至"寿命"。时流自在地流,倘若不是人注意到,时流根本就不在,从而,时间总是一个人自己的时间——aἰών首先指的是个体生命的时间,因此当译作"人生一世"。由此可以理解这个比喻"人生一世如玩耍的孩童":孩童在棋盘上玩耍,但受棋盘的规定——为什么是"跳棋"?跳棋的棋盘以线和方格来划分,有如时间被划分成线和方格(时段)。定了规则就不能打破,时间就是这样的规则。孩童玩跳棋犹如在时间的格局中掷骰子,需要事前算好。为什么是"孩童"在玩?孩童玩棋不带什么意愿,幸福就在玩棋本身,与棋局的终局无关。由此引出全句的要旨:孩童似的统治仅仅是游戏,不像成人有支配的心思和意愿。孩童式的统治仅仅是看起来在支配而已,其实始终与人世的自在达成自在的一致。

"王权在这孩童手中",无异于说,支配人生的统治法则应该是"玩耍"。毕竟,生命中没有恒在的东西,这是一种自由人生的感觉;

[辑语91]

Ποταμῷ γὰρ οὐκ ἔστιν ἐμβῆναι δὶς τῷ αὐτῷ. [不可能两次踏进同一条河。]

It is not possible to step twice into the same river.

人生河流从头到尾都在自身($αὐτῷ$),然而,你没法找到完全相同的人生。这河流既一直是其自身,又随时不是其自身。它的同一性既是其自己,而这自己又随时不是自己——如此说法让我们会想起海德格尔给 Sein 划叉。

这句箴言没有主语,可以把什么放在主语的位置?——我

们每个人自己的生命。这并非笔者的臆想,而是赫拉克利特自己的解释:

[辑语 49a]
我们踏入且没有踏入同一条河流;我们在又不在。

Into the same rivers we step and do not step, we are and we are not.

这话很可能说的是人生的实在性:正因为人既在又不在,人才确确实实地在。永远都在或一直都不在的东西,其实并不确确实实地在此。我们踏入的仅是人世河流的一个片断:每个人的一生涉足的仅仅是人世河流的一个瞬间。然而,正是由于我们的瞬间涉足,存在才变得在此(显得在如此不停地流逝)。"同一条河流"的含义突出的是存在整体的过往性质——动词"踏入"包含的主词是"我们"。这意味着,我们每个人的在此本身带有过往性质,常言所谓"人生如过客"。"我们"无需对自己生命的这种"过往"性质感到伤心,因为,恰是这种"过往"使得"我们"曾经生活过。谁想要真正地活过,就得敢于有这"曾经拥有"(佛教似乎恰恰要人摆脱这种生命的过往性质)。

这句箴言的精妙更在于"同一条河流"与"两次踏入"之间的对比;在造句上,τῷ αυτῷ ποταμῷ[同一条河流]分置句首和句尾,不仅框住全句,也形象地截断了河流,似乎有人踏入。这条辑语出自亚里士多德《形而上学》(1010a14)——亚里士多德引用这句箴言带出的问题是:是否还会"有真实的陈述"。因为,如果人们刚对某种现象形成认识、形诸语词,现象就已经变了,那就谈不上有对事物的真实陈述。这一记叙把我们引到一条有关柏拉图的重要材料——《形而上学》987a30 记叙道：

> 年轻的时候，柏拉图最先与克拉提洛斯相熟，由此熟悉了赫拉克利特的观点：所有感觉的东西都在流动，因此认知是不可能的。

看来，"不可能两次踏进同一条河"这句箴言最早是克拉提洛斯传给柏拉图的——在柏拉图的《克拉提洛斯》439c-d 中，苏格拉底与克拉提洛斯谈论到名称（名词）与认知世界真相的关系：名称是否能表达人们对事物的认识。名词是静态的，靠名词人们才能把认知所得固定下来，把握名称等于把握事物的真相。由此推知，抽象名词当能表达对世界的不变性质的认知。苏格拉底说，倘若我们像赫拉克利特那样主张"一切皆流"，抽象名词所表达的世界的不变性质就是假的，这些名词无异于在欺骗我们。苏格拉底的这一说法表明，赫拉克利特的这句箴言已经广为当时的智识人熟悉（亦见《泰阿泰德》182c）。

由此我们就得到了"不可能两次踏入同一条河流"这句箴言的背景，从而把握这句箴言的含义：人们对于世界不可能获得确定的、不变的认知。辑语 91 的字面意思不仅是说：河在不断地流动，同样重要的是 ἐμβῆναι [踏入] 这个动词。不定过去时在这里非常关键，它表达的是一次性的、不可重复的感觉。就好像说，我每天吃饭，每吃一口的感觉都不同，有如掉进了感觉的漩涡——每一次的感觉加在一起，也得不出相同的不变性质，这就是相对主义的要核。值得注意的是，亚里士多德接着说，赫拉克利特的如此观点影响了柏拉图一辈子，直到晚年，柏拉图还认为赫拉克利特是对的。倘若如此，我们又该如何理解柏拉图坚定不移地反对相对主义？

　　辑语 91 中的不定式短语在辑语 49a 中变成了句子，宾语 ποταμοῖς τοῖς αὐτοῖς [同一条河流] 成了复数，因为动词 ἐμβαίνομεν [我们踏入] 有了人称限定。从义理上看，"踏入河流"被明确地表达为"我们在"。由此会引出怎样的结果呢？倘若"我们"是一个政治共同体，那么，这句箴言意味着，一个政治共同体不可能有确定的、不变的东西。倘若如此，诸如道德观念一类的名词，对于"我们"的生活便没有意义，当然也没有约束力。由此得出的结论是：我们的生活本身虚幻不实——我们既在又不在。辑语 91 是无人称表达式，从而显得是一条关于自然的道理，或者说形而上学的道理。与此不同，辑语 49a 的表达式显得是一条涉及人们应该如何生活的道理，或者说关于伦理的道理。由此我们看到，一条看似中性的、无害的关于自然知识的道理（所谓哲学道理）一旦变成伦理性的，却可能对政治共同体有害到致命的地步。

　　让我们再回到亚里士多德的叙述——当说到柏拉图一辈子都受赫拉克利特的这个观点的影响后，亚里士多德说，苏格拉底转而专注研究"关于性情的知识"，努力寻求道德上普遍的、不变的东西，探寻定义，不再搞"关于自然整体"的研究。

　　亚里士多德没有细说苏格拉底为什么有这一重大转变，仅仅说柏拉图接受了苏格拉底的这一转变，但没有简单地抛弃赫拉克利特的观点，而是把这一观点限制在感知世界范围，另外再打造出一个 τὸ εἶδος αὐτὸ [理式本身] 的不变世界。绝妙的是，这个著名的 τὸ εἶδος [理式]（原文的词义是"样子"）本来就来自完全是感觉性的 εἰδέω [看见]。如果说"美"必定是可见的，不可见的东西的美无从谈起，那么，"美"也就有自身的"样子"。这让

1. 浑在自然之神

我联想到柏拉图在《希庇阿斯前篇》记叙苏格拉底与希庇阿斯讨论什么是美时引征赫拉克利特的情形(288e5-289b8):美的东西各种各样,是否有一种凡美的东西之所以为美的品质?或者说,是否存在着美本身,它使得所有具体的美的东西与丑的东西区别开来?比如,我们是否可以说,一个陶罐的美和一个少女的美是同样一种美?这时,苏格拉底引用了赫拉克利特的说法:

[辑语82]
与人类相比,最美的猴子也生得丑。

The most beautiful of apers is ugly in comparison with the race of men.

苏格拉底引用赫拉克利特的这句箴言意在迫使希庇阿斯得出如下结论:"与少女比起来,最美的陶罐也生得丑"。然后,苏格拉底又引了赫拉克利特的一句箴言:

[辑语83]
最有智慧的人与神相比,在智慧、美以及其他所有方面都显得不过是只猴子。

这两句都被后来的辑佚家从柏拉图的文本中辑佚出来,其实,这一句至少从文本上很难分辨究竟是赫拉克利特的话,还是苏格拉底加上去的——据古典学家考定,"美以及其他所有方面"这个短语是苏格拉底加的。赫拉克利特本来很可能只是简单地说:"最美的猴子也生得丑。"柏拉图的引用改变了此话的原本语境:与其说是援引,不如说是断章取义。

但我们又不能说柏拉图是随意"断章取义",因为他援引赫拉克利特,恰恰是在质疑赫拉克利特的品质相对论。在对话中,柏拉图的苏格拉底明显是在引导希庇阿斯放弃这种相对论,转而认定品质的实在论(美本身)。援引赫拉克利特,既表明希庇阿斯和其他智术师们所推崇的相对主义的确来自赫拉克利特,同时又是在反驳赫拉克利特,尽管其实也可能利用赫拉克利特的观点来反驳智术师(比如辑语20—22)。

赫拉克利特并非单纯冥思自然的哲人,其形而上学引导出的是伦理和政治观念。按亚里士多德的说法,赫拉克利特的品质相对论迫使柏拉图证明,任何一种带"普遍性"的品质只会让各种东西分有一点儿品质。因此,普遍的品质不存在于任何具体的可感知的东西之中,只能得自于某种"理式"(《形而上学》987a30—b14)。

不过,赫拉克利特比较神、人、猴子基于等级划分。人的等级位置在神和动物之间意味着,人的认知在神的智慧与动物的无知之间。在古代作家笔下,这种划分呈现出各种变文。不清楚的是,在赫拉克利特这里,猴子、人、神究竟喻指相互独立的三种存在,还是喻指同一次生命不断完善的进程中的三个阶段。倘若是前一种情形,既然三个等级之间毫无关联,比较本身就没有什么意义。因此,智术师们所继承的"赫拉克利特的相对主义"就不能等同于赫拉克利特本人的说法。倘若如此,苏格拉底引用赫拉克利特来反驳智术师希庇阿斯,也许是想让希庇阿斯明白,赫拉克利特并不主张一种绝对的相对主义。当然,我们不能排除如下可能:赫拉克利特构想了关于美的各种等级,从最丑的到最美的。换言之,他关注的不是品质的相对性,而是强调生命和品质的等级性,从而表明,人的美或智慧之所以值得肯定,不在于人本身的美或智慧,而在于完满、神性的美或智慧。

"最有智慧的人与神相比……都显得不过是只猴子"——这句话把我引向赫拉克利特对"神"的理解。施特劳斯不止一次指出,赫拉克利特的下面这句箴言对西方政治思想来说是决定性的,因为其中的观点表达了后来以柏拉图和亚里士多德为代表的古典政治哲学试图解决的根本问题。

[辑语 30]
乾坤秩序,亦即对万事万物来说同样的东西,既不是某个神,也不是某个人造出来的,它过去一直是、现在是、将来也是一团永活的火,按方寸燃起、按方寸熄灭。

这条箴言堪称赫拉克利特思想的核心命题之一,在思想史上被视为具有革命性意义。但理解这句箴言同样非常困难,争议很大。首先,"乾坤,亦即对万事万物来说同样的东西"究竟指什么,就有争议。*κόσμος* 有两个基本语义:"宇宙[乾坤]"和"秩序"。即便译作现代西文也得用不同的两个语词:world 和 order。就算译作 the ordered world,仍然无济于事。"永活的火"随后还有一句:"按方寸燃起、按方寸熄灭。"根据这句,大致可以确定,*κόσμος* 这里当译作"秩序"。但什么秩序?虽然有"对万事万物来说同样的东西"这一同位语进一步说明,仍然有疑问。因为,属格的 *ἁπάντων* 很含混,既可以指"万物",也可以指"所有人"。如果指万物,*κόσμος* 就是自然世界的秩序,译作"万物自身"也就没错,如果指所有人,意思就是"对所有人都一样"。从而,*κόσμος* 指的就是政治生活世界的秩序,相当于辑语 114 中说的,"所有人"的生活都得凭"神的律法"。但这样的理解又与

"既不是某个神,也不是某个人"的说法矛盾。因为,这句表明,*κόσμος*恰恰是自在自为的,已经否定了*τις θεῶν*[某个神]。折中的解释是,这里的"万事万物"指自然的和人的世界的整体。换言之,赫拉克利特把人的生活世界(政治生活)与自然世界融在一起,从而*κόσμος*指的是整个世界的秩序——这里的要害是:政治生活的法则从属于自然的法则。这样一来,"既不是某个神,也不是某个人造出来的"说法就比较容易解释了。

κόσμον τόνδε[乾坤秩序]强调的是"这个"世界,也就是说,是眼下这个实实在在的世界,而非某个臆想的世界。这世界不是许多世界中的一个,而是唯一的"这个"世界,其同位语*τὸν αὐτὸν ἁπάντων*[万事万物同样的东西]指这个世界中的所有事物和人。这个世界"既非由哪个神、也非由哪个人"制造出来的,不仅意味着"这个世界"本来"在此",而且表明,无论人们还是神们,都在这个世界之中。在这里,"神"用的是复数,从而表明指的是城邦信奉的诸神。

这个世界"既非由哪个神、也非由哪个人"造出来的还意味着,"这个世界"自身的作为不可以再回溯到一个更原初的行动。如此"世界"本身不停地活动着,永不止息(如火的跃动)。于此可以理解最后一句的妙处:*ἀείζωον*[永活的]这个形容词的"人生一世"含义与"是"动词的时态变异融为一体,"人生一世"体现为具体的"曾在"。按我们日常的理解,先是"现在",然后这个"现在"变成"过去曾在",赫拉克利特却先说"曾在"。他的意思可能是:"现在"并非实实在在的"在"("将在"更如此),而是随时都在变成"曾在",从而仅有"曾在"总是在(恒在)。火苗的闪动(一隐一显),既表达了"现在"(显),又隐藏着将要到来的。然而,永恒的火其实是假相,因为,严格来讲,火不过是瞬息燃起—熄灭—再燃起的不断延续。火象征的毋宁说是每一跃动的瞬息"时间"。"时间"作为"永活者"虽一直曾在，其现时当下的在却是忽闪忽闪的瞬息变幻，"人生一世"就在火苗忽闪的"瞬间"。因此，"火"的比喻的要点在随后的"按方寸燃起、按方寸熄灭"的"燃起"和"熄灭"——这两个词语是现在分词，似乎尽管火生生灭灭，但总在燃烧。火的燃烧状态就是瞬息之间的生灭，"过去一直是、现在是、将来也是"的三个系词恰好把火的燃烧状态延展开来。在传统的自然哲人那里，乾坤秩序的根基往往被追溯到某些物质性自然要素上去，这里的"火"固然也是自然要素，但重点在于生生灭灭的不断变化。

这让我联想到辑语 102：

> 对于神来说，一切都是美的、善的和相宜（正义）的；人却把这个取作不宜的，那个取作相宜的。

这句箴言在修辞学上称为对衬表达法：两个句子开头的"神"和"人"构成反题，句中"正义的"与"不正义的"构成反题。主词是 $πάντα$［整全］（万物的全数），由于神不拿取事物，对于神来说，万物才自在地呈现在此。所谓"美"，指事物自在地完满呈现的样子。对于神来说，万物也是好的（$άγαθα$），因为，万物对神来说没有可用不可用的问题，从而万物自身都是相宜的（$δίκαια$）。人要拿取事物，由于人的拿取，万物抽离了自身的本来样子，变得恰适或者不恰适于人。诗句尤其强调了 $άδικα$［不宜/不义］和 $δίκαια$［相宜/正义的］，意味着对人而言，由于人的拿取，事物变得来要么相宜、要么不相宜（不义）。由于人的天性不同，不同的人的拿取便割裂了万物整体。人成了万物的尺度,但这尺度却因人而异。

　　这句箴言辑自一个古代的荷马抄件的边注,注疏者很可能是个廊下派学人,因此,这句的语境很难确定。可以确定的是,这里在对比神与人的生存状态:神是单数,人是复数。但这神是什么? 不清楚。值得注意的是两句的动词不同,前者是表语句,后者是行为句,行为动词的被动态反而强调了人这个施动者。神不攫取万物,从而也不衡量、裁断万物,活得自在、安宁,人却要攫取、裁断、衡量万物,因此人活得不安宁。由于人活得有意愿,就产生出不宜的和相宜的区分。这并非是说,人的道德区分是任意的、没有根据的,而是说,人的道德区分反映了乾坤秩序(比较辑语114)。换言之,赫拉克利特的意思似乎是:人必须凭靠强制来界定正义——城邦通过法律决定什么是正义和不义。问题在于前一句:对于神来说,没有这样的道德区分。既然如此,人的道德区分的最终依据在哪里? 说到神的时候用了"美的、善的和相宜的",说到人时仅"不宜的和相宜的","美的、善的"是否就是"不宜的和相宜的"区分尺度呢?

　　我们不得不问,赫拉克利特心目中的"神"究竟是什么? 赫拉克利特辑语中提到"神"的语句不少,但直接描述"神"的仅一条:

[辑语67]
　　这神是白日与黑夜,是冬与夏,是战争与和平,是饱足与饥饿;变者如火,献祭时混杂焚香,依每一种香味呼其名。

　　这段描述由两个句子构成,前一句是个表语句(省略系词),非常简单,完全用名词构成,显得宁静。后一句较为复杂,是个主从复句,以三个动词为主干,充满动态感。起头的ὁ θεὸς[这神]带冠词,表明是特定的"神"——赫拉克利特知道传统的多神观念,他提到过狄俄尼索斯、哈得斯、狄克等传统的神(辑语15、94、23、28b),这里提出的ὁ θεὸς[神]显得是针对传统的"神们"。

前一个表语句把"神"描述为四组对立,前两组显得是"自然"的时日交替和季节交替。后两组则是人的生存状态的交替,显然,"自然"的时日交替和季节交替为人的生存提供了场所:白日为人们的劳作提供了可能,夏季就是收获劳作的季节,黑夜限制了人们的劳作,迫使人接受"自然"给予的限制。从而,劳作不仅是人的作为,也是时日交替的作为——神也参与了人的劳作。季节的交替规定了人类生活的节律,人不能改变这一节律。但这仅仅是外在节律,还有战争与和平、饱足与饥饿这一内在节律。这也是神给人设定的,如此内在节律是人类劳作的内在动因:战争与和平、饱足与饥饿的交替。然而,为什么偏偏是这两组对立?显然,这两组对立表达了人的生存状态最基本的极限经验,从而表明,人类永远需要操持自己的生活。

这四组对立因素相辅相成,不可能在没有对立面的情形下存在。这种对立因素恰恰是乾坤秩序的基本结构,对立是这里的基本特征,"神"是这些对立因素的总和。但在赫拉克利特的今存辑语中,"战争与和平"仅此一见。另一方面,"战争"又是赫拉克利特的主导观念;战争是常态(辑语80)。在这里,四对词组之间的关系恰恰是两种对立因素之间的争斗。这段"神"说的关键词有两个:前一句中的"战争"和后一句中的"火"。赫拉克利特对"战争"(辑语53)和"火"(辑语30)都有专门说法。人世的秩序和正义得靠"战争"和"火","战争"和"火"显得是新的取代宙斯的神力（辑语 32）——我们会想到，传统的宙斯动不动就使用霹雳。由此看来，ὁ θεὸς [这神] 很可能指人类生命的时间。

第二句的特色是没有主词，三个被动态动词包含的主语都是形式性的（无名的），从而显得神秘。"献祭时混杂焚香，依每一种香味呼其名"是比喻，比喻时节变化有如"献祭时混杂焚香"——既然混杂起来，每种香料就失去了自己的名称。反过来说，经过混杂后，每种香料的名称得靠人获得的舒适、愉快的气味来命名。这也许意味着，对前句的四组对立因素的感受，完全依赖于置身其中的人的个体感受——这里我们的确可以看到相对主义的源头。

第二句与前一句构成形式上的对比：前一句由九个主格名词构成，看起来就像是在罗列一串名称，没有出现动词（系词省略）；第二句连续并列三个被动态动词，没有出现一个主格名词，而且起头带有转折语气的小品词，从而构成句式上的对比。ἀλλοιοῦται [变化] 包含的主词，过去大多数学者认为是 ὁ θεὸς [这神]。但既然小品词带出转折，ἀλλοιοῦται [变化] 包含的主语就也可能不是 ὁ θεὸς [这神]。ὄκωσπερ πῦρ [有如火] 是插入性描述，也没有提供实质性主语。倘若如此，"变化"所包含的主词很可能仅仅是形式主语"它"，指代前文列举的四项对立因素所表达的变化本身，因此当译作"变者如火"。就句型来看，这个句子是主从复句：主句为 ἀλλοιοῦται [它变化]，ὁπόταν [一旦、每当] 引导一个时间状语从句。这个从句含两个并列句：θυώμασιν [用香料] συμμιγῇ [混合起来]，动词所包含的无人称主语相当于"人们"。

赫拉克利特的智识上升得很高，却不屑于下降。他看到了最高的东西,因此才认为该把荷马和赫西俄德这类诗人赶走,因为他们的教诲针对的是多数人——"赫西俄德是众人的教师"(辑语57)。赫拉克利特毫不掩饰自己对民众的轻视——众人的意见不过是"儿戏"。因此,在赫拉克利特那里,哲人与诗人、真理与意见、少数人与多数人的对立显得非常突出,关系绷得很紧——赫拉克利特厌恶众人,众人似乎也不喜欢他,幸好出身显赫的赫拉克利特也不屑于当王。

柏拉图笔下的苏格拉底在《高尔吉亚》中对卡里克勒斯说:在 οἱ σοφοί [聪明人] 看来,天与地、神与人建立起联系和友谊,才会出现秩序、节制、正义,"他们把靠这些而来的整个儿称为秩序,而非无序"(507e6-508a4)。苏格拉底与这些聪明人的差别在哪里?色诺芬说:苏格拉底从来没有做过不虔敬的事情、说过不虔敬的话。因为,他不像其他大多数哲人那样,论辩事物的本质,推想智识者们所谓的宇宙是怎么产生的,天上所有的物体是靠什么必然规律形成的(色诺芬,《回忆苏格拉底》卷一,1.11)。倘若如此,我们可以说,苏格拉底与在他之前的自然哲人(其中包括自己的老师)的根本区别在于:苏格拉底虔敬城邦的神,自然哲人则用自己的智识诋毁城邦的神。

2. 伊壁鸠鲁与宗教

经过西方 18-19 世纪启蒙哲学的洗礼,我国学界对宗教批判已经非常熟悉,或者说批判宗教已经是学界的常识。不过,经受过西方现代启蒙哲学的洗礼,不等于我们已经对启蒙哲学的性质有了透彻的理解。为了更好地理解宗教批判的含义,加深对启蒙哲学的理解,有必要进一步探讨什么是反宗教意识,以此了解启蒙哲学的宗教批判的根源和理由。

宗教批判是西方现代启蒙哲学的标志之一,启蒙哲学与基督教批判紧密联系在一起。哲学批判宗教的结果,就是以哲学取代宗教。但是,哲学批判宗教并非现代启蒙哲人的首创,而是古已有之——至少可以溯源到古希腊时期的哲人伊壁鸠鲁,以及马克思非常喜欢的古罗马哲人卢克莱修。西方启蒙哲人有很好的古典文学修养,如果我们要对启蒙哲学的性质有透彻的理解,就得熟悉养育过启蒙哲人的古希腊罗马文学——卢克莱修的六音步体长诗《物性论》就是一个很好的例子。

2. 伊壁鸠鲁与宗教

卢克莱修(T.Lucretius Carus，约公元前 98-前 55 年)可能是凯尔特部落的后裔，但生平系年已无从查考，他留名后世靠的仅是一部六音步体长诗，名为 *De rerum natura*。这个题目直译当为"论事物的本质(自然)"，中译本译作《物性论》，①显得非常哲学，十分恰切——德译本译作 Über das Sein，让我们想起 20 世纪大哲海德格尔关注的根本问题。

从篇名来看，卢克莱修似乎写的是形而上学式的理论著作，但为什么要用诗体形式呢？亚里士多德在《诗术》第一章结尾处说过，用格律诗体写作的诗人有两类：诗人和自然论说者——荷马用诗体讲述古老的英雄故事，苏格拉底之前的自然哲人则用诗体来表达对医学或自然的探究，"……可是，荷马与恩培多克勒除了都用诗体之外，并无共同之处。由此，称前者为诗人是对的，至于后者，与其称为诗人，不如称为自然论说者"(《诗术》，1447b9-23)。按照这一区分，卢克莱修不算诗人，而是"自然论说者"。可是，亚里士多德也是"自然论说者"，他并不用诗体来传授自己的"自然论"。在亚里士多德之后，卢克莱修仍然用诗体来论说"自然"可能有两个原因：要么是刻意模仿苏格拉底之前的自然哲人的表达，要么他的写作意图不是探究形而上学问题，而是传扬形而上学，以便让一般的读书人能够掌握形而上学，也就是如今所谓的哲学启蒙。

《物性论》卷一开始不久，就出现了一段对伊壁鸠鲁的赞颂(卷一，行 62-79)。由此可以断定，卢克莱修仍然用诗体来论说

---

① 《物性论》，方书春译，北京：商务印书馆 1982；亦参包利民等译，《自然与快乐》，中国社会科学出版社 2004。本文所引卢克莱修诗文，均出自笔者本人的翻译(依据 Cyril Bailey 校勘笺注本，Oxford 1947/1950；亦参考 W.E.Leonard/S.B.Smith 本，Wisconsin 1942；A.Ernout/L.Robin 本，Paris 1962 二版)。

"自然",为的是通过诗体这一易为人们理解的形式,使得与他相距两百年的古希腊哲人伊壁鸠鲁的哲学观在罗马共和国广为流传——可以说,卢克莱修的《物性论》是现存西方启蒙哲学最早的范本。

卢克莱修这样开始赞颂伊壁鸠鲁:

> 从前,人的一生明显悲戚地奄奄一息,
> 在大地上承受着宗教的深重压迫,
> 宗教昂首天宇
> [65]在凡人头上摆出一副可怖的样子,

起头的副词"从前"无异于在划分一种生存状态:"从前,人的一生(humana vita)"活得没有骨气,一辈子卑躬屈膝,一幅要死不活的样子,原因就在于人世生活一直承受着宗教的重压——"宗教"(religio,好些抄本作 relligio)这个拉丁语词在当时的含义是"对神的敬畏、虔敬、膜拜",译作"宗教"是按后来的用法。准确地说,"承受着宗教的深重压迫"的意思是,人承受着自己对神的敬畏感的压迫,或者说人自己压迫自己。所谓"宗教昂首天宇",指对神的敬畏感仰望天宇。换言之,人的精神没有自立,活得十分萎缩。对神的敬畏感指向上天的神明,但天上并没有神明。人之所以有敬畏感,是因为人心中充满生存恐惧。

> 直到有位希腊人率先敢对宗教抬起
> 凡人的眼睛,第一个与之抗争,

2. 伊壁鸠鲁与宗教

"有位希腊人"(Graius homo)指伊壁鸠鲁,他的出现改变了人们的精神面貌——卢克莱修没有说,伊壁鸠鲁有一双智性超常的哲人眼睛,而是说他敢于"抬起凡人的眼睛"(oculos mortalis)。言下之意,伊壁鸠鲁能做到的,普通人也能做到。这好比说,康德能做到的,我们也能做到。卢克莱修在这里两次用到"首先"(第一次是副词 primum,第二次是代词 primus[第一个]),不仅安排的位置显得是有意为之,重复使用也是有意为之,与两次用到介词 contra[针对](中文译作"[敢]对"和"与之")形成呼应。卢克莱修首先表明,伊壁鸠鲁与我们常人一样,没有什么特别,唯一的差别就在于他勇敢(形容词 ausus 来自动词 audeo[意图、打算、准备、敢于])。我们知道,"敢于"反抗传统宗教,是启蒙哲学推荐的美德。

> 无论神的传说还是天的闪电怎样可怕地
> 咆哮都没压垮他,反倒让他极大地
> [70]激发起心志的卓异,非要率先去
> 撬开自然之门那紧闭的门闩。

前面说到的"宗教"或对神的敬畏感现在变成了"神的传说"(fama deum),这表明对神的敬畏感是因袭传统,或者说敬畏感是习传的"神的传说"培育出来的。如果读者会动点儿脑筋,就会得出这样的推理:要革除压迫人心的宗教敬畏感,就得破除传统——启蒙哲学反传统,原因就在于此。卢克莱修的笔法将"神的传说"与"天的闪电"选择性地对举,暗含的意思是:常人不能认识"天的闪电",把这一自然现象当成神的显现。一旦人们认识了自然现象,就不会再相信"神的传说"。现在,卢

克莱修才进一步让我们看到伊壁鸠鲁不同凡响的个人精神品质:他的勇敢来自 animi virtutem[心灵的德性]。换言之,非要认识自然不可的精神才堪称"心灵的德性"——显然,哲人才有这种精神品质。卢克莱修没有用到"认识"这个语词,而是用十分形象的比喻:"撬开自然之门(naturae portarum)那紧闭的门闩。"认识自然本来是人世中极少数人的智性偏好,卢克莱修把这种偏好说成每个人都应该具有的精神品质。认识自然不再是一种个人志趣,而是人—类改造自己的起点:"德性"的原义就是通常所说的"优良品德"。

> 所以,这颗心志的生命力赢了,这位希腊人
> 阔步走出这天宇火焰熊熊的围墙,
> 凭着智性的心志探究无限的万有,

伊壁鸠鲁的"心志的生命力(vis animi)赢了",指他认识自然的心志"赢了"。凭靠这种心志,伊壁鸠鲁得以"阔步走出这天宇火焰熊熊的围墙"(flammantia moenia mundi)——这一诗意的说法指伊壁鸠鲁对自然现象的认识:天宇看起来有如一团火球,其实不过是一团大气而已。① Mundus 这个语词在词典里的含义是"世界",但这个词义是后来才有的。在卢克莱修笔下,这个语词更多指 caelum[天宇]或 aether[大气](比较卷六 123 行),相当于 naturae[自然]。伊壁鸠鲁能够摆脱传统的"神的传说","探究无限的万有"(omne immensum),凭靠的是 mente ani-

---

① 《物性论》卷五 457-470 行具体描述了大气火球的性质,英国诗人弥尔顿在《失乐园》卷三 721 模仿过这一说法:The rest in circuit walls this universe。虽然 mundus 被译作 universe,但意思已经不是伊壁鸠鲁的用法。

moque[智性的心志]①——"探究"这个语词的原初含义是"穿越"。卢克莱修进一步让我们看到,伊壁鸠鲁不是常人,而是有超常智性的人。智性是人性的标志之一,严格来讲,人人都有智性。因此,我们与伊壁鸠鲁的差异仅仅在于是否敢于运用自己身上的智性。卢克莱修避而不提另一个人性事实:"智性"并非在每个人身上都是"德性",不然的话,如今我们的孩子个个都会成为奥数冠军。卢克莱修突出的是,神的传说有如"天宇火焰熊熊的围墙",从前世人自己把自己囚禁在这围墙之内,只有"靠智性的心志"——哲人的"德性"才能走出这个囚室。

> [75]他从那儿胜利地给我们带回的是:什么会发生,
> 　　　什么不会发生,说到底,无论谁
> 　　　其能力都有限,根本上讲没法跨越界桩。

伊壁鸠鲁深入天宇(或自然)经过一番形而上的"探究"后,从天宇给常人"带回"关于自然的知识——"带回"(refert)这个语词也有"回家"的意思,但卢克莱修强调的是信使的认知含义。伊壁鸠鲁带回了穿越天宇时所得到的见识——"回家"的含义与带回见识的含义结合在一起。victor[胜利者]与伊壁鸠鲁是同位语,这个语词表明,伊壁鸠鲁"探究"天宇不是单纯的认识自然,而是在与传统的宗教作斗争:认识自然的哲学活动本身就是与传统宗教你死我活的较量。

卢克莱修把伊壁鸠鲁带回的自然认识精要地归纳为两个要

---

① 卢克莱修不止一次用过 mens animi,后来维吉尔有 magnam cui mentem animumque 的表达式(《埃涅阿斯纪》卷六 11),西塞罗、恺撒、李维、塔西佗也都有这种用法。

点:首先,他得知"什么会发生"和"什么不会发生",其次,他得知,人的认识能力受到自然的限制——多么像康德!用哲学行话来讲,这两个要点分别属于本体论和认识论范畴。terminus[界桩]这个比喻来自古罗马农民的经验:"界桩"标明分属两个所有者的土地,古罗马农民看重"界桩"有时甚至到了敬拜的地步。卢克莱修把这个语词转义为人的认识不可跨越、只可依循的自然法则(比较卷二,行 1087: vitae depactus terminus alte),看似在承认人的认识限度,实际上是用自然法则取代传统的"神的传说"——如果我们回想现代启蒙哲学的集大成者康德著名的二律背反学说,就不难理解这一点。

> 就这样,宗教重新被打倒,被踩在脚下
> 蹂躏,这场胜利使得我们与天宇平起平坐。

这两行诗句不难理解,与康德在"理性限度之内"承认宗教兴许没有什么差别。由于伊壁鸠鲁的自然探究,宗教或者说对神的敬畏感不仅"被打倒",还"被踩在脚下蹂躏"(religio pedibus subiecta)。由于哲人伊壁鸠鲁的智性的勇敢,常人得以"与天宇平起平坐"(exaequat caelo)——卢克莱修用的是"我们",与起头的"我们"相呼应。探究自然的奥秘本来是少数天生有智性"德性"的人的爱好,这种爱好所驱使的探究形成了形而上的知识。卢克莱修对伊壁鸠鲁的颂扬最后让我们看到,形而上的探究及其知识具有解放常人的伟大作用:把所有人从压迫人的敬畏感中解放出来。形而上的知识不是单纯的自然知识,从性质上讲,这种知识更是政治知识。卢克莱修对伊壁鸠鲁的赞美从"我们"的敬畏生活的悲惨起笔,以"我们""与天宇平起平坐"收尾,这等于说,两百年前的希腊人伊壁鸠鲁是一位政治英雄:他前无古人地敢于起身反抗传统的宗教生活方式。

卢克莱修没有告诉我们,伊壁鸠鲁的如此革命精神出自何种动机,我们不清楚他何以会从一个天生有卓异智性的人成为一个把大众从宗教压迫下解放出来的启蒙志士。毕竟,单纯的智性并非一定会导向革命——把传统的生活方式(宗教)打倒在地,还踏上一只脚。我们只能猜测,伊壁鸠鲁不仅有卓异智性,还有血性或激情:卢克莱修说伊壁鸠鲁"第一个"起来反抗传统宗教,似乎伊壁鸠鲁本来与"我们"众人一样,共同遭受传统宗教的奴役和监禁。伊壁鸠鲁的卓异智性使他得以解放自己,他的血性或激情则使他在解放自己之后还要解放大众。

卢克莱修笔下的伊壁鸠鲁毕竟是文学中的伊壁鸠鲁,真实的伊壁鸠鲁是否就是卢克莱修所描绘的那样很难说——关于伊壁鸠鲁的生平,如今流传下来的大多是传说(主要来源见第欧根尼·拉尔修的《名哲言行录》)。伊壁鸠鲁(Epicurus,公元前341—前270年)虽出生在萨摩斯岛(Samos),但祖籍雅典,因为他父母本来是雅典人——据说他父亲是个语文老师,算得上出生于所谓书香之家。伊壁鸠鲁有两个兄弟,唯有他从小聪颖过人。也许由于天生智力过剩,伊壁鸠鲁很早就恋上哲学。他先跟从一位名叫Pamphilos的柏拉图信徒学哲学,但没过多久,就觉得课程不对自己的胃口。这一传说表明,伊壁鸠鲁在学习哲学课程之前已经有自己的哲学品味。当他父亲把他转送到一个叫Nausipahnes主持的德谟克利特学派的学校学习后,伊壁鸠鲁才感到对自己的胃口。据说,伊壁鸠鲁在德谟克利特学派的学校得到的哲学见识是:"别让自己畏惧"——这表明伊壁鸠鲁学到的哲学知识首先关涉的是把握自我。依据这一信条,伊壁鸠鲁后来建立了自己的伦理原则:"别让自己心神不定"——套用陶渊明的诗句:"不喜亦不惧"。

18岁那年,伊壁鸠鲁离开家乡萨摩斯岛前往雅典,当时,新谐剧诗人米南德(Menander)正走红。那个时候,柏拉图学园仍然还有生气,伊壁鸠鲁在柏拉图学园掌门人克瑟诺克拉底(Xenokrates)那里听课,同时利用课余时间自己也办起了哲学讲座。估计他没见过亚里士多德,因为,亚历山大大帝死后,亚里士多德就离开了雅典。九年后(公元前310年),伊壁鸠鲁离开雅典,去了勒斯波斯岛,有点儿"归田园"的味道。但他没有采菊东篱下,而是聚集起一帮人在一个 $\kappa\tilde{\eta}\pi\sigma\varsigma$ [菜园子]里过起哲学生活,与柏拉图学园对着干。伊壁鸠鲁的"菜园子"对所有人开放,不分男女老少、本邦人抑或外方人、主人抑或奴隶,有如一个政治共同体或哲人城邦,只不过这个城邦的生活方式以伊壁鸠鲁所确立的哲学感觉为基础。可以说,这个城邦基于哲学的言辞,但又过的是实实在在的生活。在这里,只要热爱智性,谁都可以获得灵魂的安宁和定力——说到底,伊壁鸠鲁的哲学首先是一种生活方式,具有鲜明的修身性质。在这个"菜园子"里,一帮心性相近的朋友一起共同生活:晚间一起宴饮,有共同的节庆年历,还每年为伊壁鸠鲁贺寿——伊壁鸠鲁在世的时候,门人们已经尊他为"救主",跟神差不多(参见 Arr. Fr. 142)。门人向伊壁鸠鲁汇报"学术心得",据说要跪在这位"救主"面前念"稿子","救主"回答问题时同样跪着——可见,"菜园子"里的生活不仅有自己的规矩,而且显得具有宗教(虔敬)性质。

尽管如此,我们不能把伊壁鸠鲁建立的"哲人城邦"看作传统意义上的宗法城邦。毕竟,这个城邦的生活原则基于自然哲人德谟克利特的原子论。德谟克利特比伊壁鸠鲁早大约一百年

(约生于公元前450年),由于革命导师马克思也喜欢这位自然哲人,我国学界对他并不陌生。简单来讲,"原子论"学说是这样的:世界由一些原子(Atomen,希腊文意为不可分割之物,即最基本的粒子)组成,这些原子机械地联结在一起,一旦这种联结解体,物质就消亡。这种自然观不承认有超自然的东西或者神的存在,当然也不会有死亡之后的生命——德谟克利特曾说,"即便果真有神存在,他们对我们也漠不关心"。依据德谟克利特的原子论,伊壁鸠鲁发展出一种道德人生哲学,这种哲学的要义是:摆脱对死亡的畏惧——卢克莱修写长诗《物性论》的目的,就在于要让人们获得如此超然的哲学观。但是,这种具有修身性质的人生哲学与沉思自然的物性(原子)联系在一起,就好像格物致知与修身联系在一起。《物性论》的标题看起来是形而上学——探究自然物理的性质,实际上是修身哲学。或者说,《物性论》既是形而上学,又是伦理学(实践哲学)。正如在康德那里,形而上学的本体论和认识论都是为哲学的实践性打基础:"我应该做什么"这一伦理问题才是哲学研究的旨归。

去世前,伊壁鸠鲁在病榻上给朋友伊多美尼写了一封信,十分著名。这封信让我们看到,伊壁鸠鲁如何理解幸福——不是物质生活上的安逸,而是智性思辨的精神愉悦:"不喜亦不惧"的生活态度基于对自然原子的智性思辨。

> 我们把握着同时也过完了生命的幸福时光,于是我们给你们写下下面的话:尿淋沥没个完,还有痢疾,苦楚无以复加,在这些巨大的折磨中没法摆脱。可是,当一想起我们曾进行过的探讨,灵魂(深处)的喜悦就抵消了所有这些(病痛)。为不辜负你从小就(表现出的)对我和哲学的倾

慕,你好好为 Metrodors 的孩子们操心吧。

年迈且身患重病的伊壁鸠鲁对自己面临的大限泰然自若,因为在他看来,生命的终结与幸福地活过是一回事。生活的目的是幸福,既然幸福地生活过,死就不会留下什么遗憾。毕竟,死是自然而然的事情,不过就是物质聚在一起后又离散。灵魂是物质构成的,因此,灵魂也不是不死的。哲人不需要灵魂不死一类的说法来欺骗自己,而是看重自己生命中实实在在"把握过"自己"生命的幸福时光"。对于伊壁鸠鲁来说,探讨自然哲学问题就是生命的"幸福"时光,由此产生的"灵魂(深处)的喜悦"不仅足以抵消身体上的病痛,也足以使得大限时日不足为惧。伊壁鸠鲁最后勉励晚辈的话把"我和哲学"并称,可见对他来说,"哲学"与"我"的生活方式是一回事——这种精神堪称古典的自由主义精神。古典学大师尼采写下的一段关于伊壁鸠鲁的话,看起来就像是对这封临终书简的疏解:

> 的确,对伊壁鸠鲁的感觉,我也许与某些人不同,我为此而骄傲,凡我在他那里听到和读到的东西,无不是在享受古代午后的幸福——我看到他的目光瞥向辽阔的、白茫茫的大海,越过撒满阳光的岸边岩石,大大小小的动物在这阳光中嬉戏,与这阳光和那目光本身一样自得而又安宁。唯有一个一直在受苦的人才会发现如此幸福,这样一个目光的幸福,在如此目光面前,此生的大海(das Meer des Daseins)变得沉静起来。对于大海的表面,对于大海斑斓、柔和而又令人悚然的景色,这目光会再也看不够:如此简朴的福乐以前从未有过。(《快乐的知识》,45 条)

2. 伊壁鸠鲁与宗教

尼采的这段美文通过描绘自己对伊壁鸠鲁的感觉把古典自由主义的精髓表达得非常"到位",文字本身也堪称德语古典文学的美文。

在古希腊文学中,书简是一种文体,用今天的学术行话来说,书简是古典文学的一种形式。在 Herculanum 发掘出来的古希腊文献中,考古学家意外地得到伊壁鸠鲁当年一个弟子的私人藏书,其中有伊壁鸠鲁本人的书简抄件残段。人们看到,伊壁鸠鲁并非整天与人谈"物性",也谈非常日常的事情。下面这封信没有开头称呼和结尾签名,很可能是写给一个小孩的:

> 我们——我、皮托克勒斯、赫马科斯和克特希珀斯——来到拉姆普萨卡斯,我们身体很好,还在这儿遇上忒米斯塔和其他朋友,他们身体都好。你表现也很好,关心自己的健康,还有你妈妈,要一如既往处处听(你)爸爸和马桐的话。你可要知道哟,为什么我和其他所有人都忒喜欢你:因为你在方方面面都听他们的话。

这话看起来说的都是日常的"关心自己的健康",但伊壁鸠鲁所理解的"健康"与搞哲学相关——《名哲言行录》记载的一封伊壁鸠鲁"致美诺俄库的信"中这样说哲学与健康的关系:

> 伊壁鸠鲁向美诺俄库问好!
> 一个人在年轻时千万别放弃研究哲学,到了老年也别厌倦哲学。为了灵魂的健康,任何年龄都不会太迟或太早。说研究哲学之时尚未到来或已经过去,就如同说幸福的时刻尚未到来或者已经不再。年轻人和老年人都应该沉思哲

学:对老年人来说,由于过去凭靠幸运而得到的好东西而老还小;对年轻人来说,由于不惧怕未来,年轻也会是老沉。因此,我们必须关心带来幸福的东西,真的,有了这些东西,我们便拥有了一切,缺少这些,我们就要尽一切努力,直到拥有它。

这段文字质朴、清爽,即便读希腊语原文,也不算太难,但对我们理解伊壁鸠鲁思想的启蒙品质却十分重要。美诺俄库是谁,如今已不可考,总之是伊壁鸠鲁的一个亲近的学生——这些话并非是对所有人说的,但听起来却是对所有人说的:沉思哲学、灵魂健康、人生幸福三者是一回事。"搞哲学"就是"朝向幸福",无论在人生的哪个年龄阶段,都"应该沉思哲学"。一旦沉思哲学,生命就可以获得自由:老年人可以返老还童,年轻人不惧怕未来——生命的时间本身已经没有意义。成为一个伊壁鸠鲁门徒,就是成为一个自由人——尼采对"我们为什么显得是伊壁鸠鲁门徒"作了如下解释:

> 一种几近伊壁鸠鲁式的认识偏好,它不会轻易让事物的可疑特征遛掉;与此同时,这也是一种对道德大话和大姿态(die großen Moral-Worte und-Gebärden)的讨厌,是一种拒斥所有笨拙得胖墩墩的对立面的趣味,这趣味在练习葆有骄傲时自觉到自己。(《快乐的知识》,375条)

伊壁鸠鲁死后,据说伊壁鸠鲁的"菜园子"还持续了差不多五百年,竟然没有变味,可见伊壁鸠鲁的思想魅力。伊壁鸠鲁学说要在古罗马的政治环境中立足并不容易,因为其学说的自由人精神与罗马的国家伦理很难相融——贺拉斯在用诗体写的书简中曾经这样调侃"伊壁鸠鲁发现了真正的感觉"：

> 你要是想欢笑，就来找我罢，你会发现我丰腴而又容光焕发，皮肤保养得忒好，[简直就是]一头从伊壁鸠鲁养的牧群中跑出来的小猪（*Liber prior*, *epistula IV*）。

在古罗马时期，伊壁鸠鲁派成了最有影响力的古希腊哲学派别之一，与廊下派旗鼓相当，这两个派别都重视哲学的修身性质。西方古典文学中的哲理散文，就是从这两个当时非常流行的哲学派别中发展出来的——所谓"哲理散文"，不仅是在传扬一种生命感觉，也是在劝谕热爱哲学。在伊壁鸠鲁那里，搞哲学说到底是一种生命方式，但与苏格拉底的哲学生活方式不同。尼采的确准确地把握到伊壁鸠鲁思想的精髓——不是所谓本体论或认识论，而是一种诗意化甚至宗教化的生活感觉。在说过"我们为什么显得是伊壁鸠鲁信徒"后，尼采紧接着又说：

> 我们缓慢的时日：所有的艺术家和"作品"的人们（Menschen der "Werke"），即母亲式的人（die mütterliche Art Mensch）都这样来感觉：他们总是相信，在自己生命的每一片断（bei jedem Abschnitte）——一部作品每次所切割的片断，都已然达到了自身的目的，他们总会带着这样的感觉耐心地迎面死亡："对死我们已经成熟。"这可不是什么厌倦的表达——毋宁说，倒是某种秋日的阳光及和煦的表达，即作品本身、一部作品已然成熟本身每次留给其创作者的东西。所以，生命的 tempo[节奏]放慢了，生命变得稠

密、蜜一般地稠密——缓缓流向那长长的乐音休止符,流向对这长长的乐音休止符的信赖。(《快乐的知识》,376条)

生命的进程被比喻为音乐节律,身体的死亡不过是"乐音休止符",是生命的完美静谧——这种生活感觉可以而且应该成为所有人的生活方式吗?懂得伊壁鸠鲁之心的尼采也不相信,所有人都能够过上这种诗意的自由生活。毕竟,这种生活方式的前提是沉思自然的"原子"颗粒。伊壁鸠鲁的实践哲学所依凭的德谟克利特原子论在古希腊的古典哲学时期遭到柏拉图和亚里士多德的拒斥,但在近代却成了新兴自然科学的支撑点——近代自然科学的开端是对自然的数学化观察,这种观察堪称古希腊自然哲学的"感觉"原子论的精致化。[①] 换言之,能够以沉思自然"原子"为生的人,在任何时代、任何国家都不可能很多——近代启蒙哲学的奠基人之一斯宾诺莎在给朋友的信中写道:

> 柏拉图、亚理士多德和苏格拉底的权威,对我来说并没有多大份量,要是你提到伊壁鸠鲁、德谟克利特、卢克莱修或任何一个原子论者,或者为原子作辩护的人,我倒会感到吃惊。那些想出了"隐秘的质"、"意识中的影相"、"实体的形式"和无数其他无聊东西的人,又捏造出幽灵和鬼怪,并且听信老巫婆编造的神奇故事,以便削弱德谟克利特的威信,这不足为怪,他们太忌妒德谟克利特的好声誉,以致烧

[①] 参见柯瓦雷,《从封闭世界到无限宇宙》,邬波涛、张华译,北京大学出版社2003,页17。

毁了他的所有著作,而这些著作正是他在一片颂扬中发表的。①

不用说,斯宾诺莎的智性不是一般常人能够相比的。如果要求所有人都以沉思自然"原子"为生活的基础,明显不太可能。但是,以伊壁鸠鲁的实践哲学理念为基础来建构国家秩序则是可以设想的。这样一来,传统的宗法秩序就得让位,这就是现代启蒙哲学的政治要核。② 在卢克莱修那里,这种政治要核已经准备好了——在这位古罗马共和晚期的诗人笔下,伊壁鸠鲁成了反抗传统宗教的英雄,或者说卢克莱修把伊壁鸠鲁的自然哲学中所隐含的实践哲学目的提高到与国家宗教对抗的地步:通过揭示自然的"原子"真相让人在生活中不再有任何对神圣的东西的敬畏感,从而有可能过上自由品质的生活。

"文化大革命"不仅在中国、也在欧美发达资本主义国家风起云涌的那年(1968),施特劳斯出版了一本题为《古今自由主义》(*Liberalism Ancient & Modern*)的文集,其中收入了绎读《物性论》的长文 Notes on Lucretius("卢克莱修简注"或"注意卢克莱修")。③ 这部文集的书名、篇目乃至篇章顺序都值得品味,因为"文化大革命"首先造反的是传统的文教制度。所谓"古今自由主义"当然说的是古代和现代的自由主义,但这部文集要探讨的是古今自由主义的差异还是两者的内在关联,并不清楚。

---

① 《斯宾诺莎书信集》,洪汉鼎译,北京:商务印书馆1996,页226。
② 霍布斯与伊壁鸠鲁学说的关系,参见 B. Ludwig, *Die Wiederentdeckung des Epikureischen Naturrechts. Zu Thomas Hobbes' philosophischer Entwicklung von De Cive zum Leviathan im Pariser Exil 1640-1651*, Frnakfurt a.m. 1998。
③ 中译见罗晓颖编,《菜园哲人伊壁鸠鲁》,北京:华夏出版社2009。

从篇章顺序来看，这部文集要探讨的是文教制度与"好社会"的关系：起头两篇文章讨论何谓"自由教育"，最后以一篇讨论"好社会"的文章结尾——似乎要促使我们思考：彻底批判传统宗教究竟会造就出好社会还是坏社会。紧接两篇关于"自由教育"的文章之后的是一篇讨论古典政治哲学的自由主义的文章，标题指明的是"古典政治哲学"的自由主义，而非伊壁鸠鲁的自由主义。随后是四篇古典作品的解读：柏拉图的《米诺斯》——这篇作品讨论的是法律与传统宗教的关系。顺便值得提到，原子论者德谟克利特不仅沉思自然"原子"，在他流传下来的残篇中也有不少关于法律和自由的论说。随后就是"卢克莱修简注"，然后是中古犹太哲人迈蒙尼德的《迷途指津》和中古晚期基督教哲人马西留。四篇解读古人的文章之后，是一篇无题作品，谈的是现代政治学问（教育）的基础——但这篇文章主要讲现代政治学问的基础是亚里士多德，因为"新政治学问的基础是逻辑"，康德和黑格尔实际上模仿的都是亚里士多德（参见英文版，页210）——我们知道，海德格尔也更多用力于亚里士多德，而非柏拉图。这个篇章安排不仅隐含着柏拉图与德谟克利特（其完整的表达是卢克莱修）、迈蒙尼德与马西留的对比，也彰显了柏拉图与亚里士多德的对比：古今对比说到底是柏拉图与亚里士多德的对比。因此，现代的自由主义精神早在古希腊时期就已经有了——施特劳斯在序言中特别提到，某些前现代的思想显得更为靠近现代的思想，比如，康德哲学就与卢克莱修的思想有内在关联。

在这部文集中，"卢克莱修简注"具有独特的地位，因为《物性论》并非以论说形式而是以诗作的形式呈现伊壁鸠鲁派学说。施特劳斯以此为例，提醒我们充分注意前现代思想的写作

2. 伊壁鸠鲁与宗教

艺术,或者说注意哲学启蒙教育的文学方式。

卢克莱修花了很长时间写作《物性论》,据说直到去世也还没杀青,古罗马共和国的大哲人西塞罗从卢克莱修的遗物中发现了这部未竟稿,经整理后刊行,成为当时和后世读书人的必读书,包括后来的基督教徒学者。卢克莱修写作时,拉丁语的书面语还不成熟,卢克莱修抱怨过自己的母语 egestas linguae[言语贫乏],难以表达 novitas rerum[新事物]。拉丁语口语相当笨拙,表达方式滞重、呆板、慢条斯理,卢克莱修为了把哲理讲透彻,采用了富有激情、勃勃有生气的表达方式,描述崇高的事物时注重用词严肃庄重,描写欢乐场面时则带抒情诗的情致。为了追求论证的说服力,卢克莱修有时还生造语言表达式,形成了相当个人化的语文风格,促进了古典拉丁语文的形成,对后世的拉丁语经典作家和诗人(恺撒、西塞罗、维吉尔、贺拉斯、昆体良)产生过巨大影响。施特劳斯把这篇古罗马文学经典放到西方启蒙思想史的大脉络中来解读,使得西方启蒙文学史的线索大为延长。大诗人维吉尔在《农事诗》卷二中表示,自己要做一个有学识的诗人(行 475-482),指的就是要以卢克莱修为楷模——可以说,西方真正的大诗人无不是"有学识的诗人",尽管这不等于就是启蒙诗人。

3. 卢克莱修笔下的阿刻戎深渊

对于古希腊人来说，荷马、赫西俄德的"神话诗"是赖以生活的精神食粮，诗人不过是奥林珀斯山神族的仆人。因此，柏拉图笔下的苏格拉底提到的著名"诗与哲学之争"（参见《王制》卷三），说到底就是哲学与宗教之争。就此而言，如果"诗与哲学之争"源远流长，那么，所谓"启蒙"问题同样如此："启蒙"可以说是哲学与宗教之争的别名。长期以来，我们以为，揭露宗教意识的虚妄是近代西方启蒙哲学的首创，教人摆脱宗教蒙昧是18世纪启蒙哲学的伟大历史功绩。目光锐利的思想史家施特劳斯告诉我们，对宗教意识的批判至少可以溯源到古希腊时期的哲人伊壁鸠鲁。① 由于伊壁鸠鲁的文字流传下来的不多，古罗马共和时期的诗人卢克莱修的六音步长诗《物性论》就成为今人

---

① 参见施特劳斯，《斯宾诺莎的宗教批判》，李永晶译，华夏出版社 2013，第一章"宗教批判的传统"。

能够看到的唯一既系统又完整的伊壁鸠鲁哲学。恰如其分地说,《物性论》是古罗马时期最重要的哲学著作——毕竟,伊壁鸠鲁哲学对西方思想的影响持久而深远,如果我们今天要探究自由主义思想的源头,也得回溯到伊壁鸠鲁。

《物性论》在西方文学史上同样具有显要地位,因为,卢克莱修在古罗马文学史上辈分很高,大文豪西塞罗、大诗人维吉尔、贺拉斯乃至纪事作家李维等,都算得上卢克莱修的学生。恰如其分地说,卢克莱修也是古罗马共和时期的大诗人——倘若如此,我们就遇到一个问题:如果古希腊传统诗人提供的无不是具有宗法性质的人世理解,也就是后来所谓的神话或宗教,自然哲人攻击神话诗人,等于是在攻击人民的宗教。换言之,如果诗与哲学之争就是宗教与哲学之争,哲人与诗人的身份就不可能兼得,卢克莱修何以可能既是哲人又是诗人?

卢克莱修在《物性论》第一卷(行920-950)为我们解答了这个问题——这段解答堪称西方诗学史上的经典文本,尽管仅短短30行,却极为明晰地阐明了一个自然哲人何以应该而且能够同时是一个诗人。近代以来,西方的启蒙哲学名著大多具有文学形式,如果我们并不清楚为何如此,卢克莱修的这段诗论就能让我们明白——施特劳斯提醒我们:卢克莱修"是公开用诗的形式致力于将人类精神从宗教束缚中解放出来的第一位诗人"。① 由近40位西方文艺学史专家撰写的教科书《诗学

---

① 参见施特劳斯,《卢克莱修疏证》,见 Leo Straus, *Liberalism Ancient and Modern*, New York 1968,中译见罗晓颖编,《菜园哲人伊壁鸠鲁》,北京:华夏出版社2009,页216-228,引文见页200。施特劳斯还指出,卢克莱修认识到,诗艺以对感觉的深刻理解为前提,而他的老师伊壁鸠鲁也未必认识到这一点(见页201)。在施特劳斯启发下,尼古拉斯的《伊壁鸠鲁主义的政治哲学》(溥林译,北京:华夏出版社2004)对这段著名诗论作了较为详细的解析(见页8-22)。

史》没有提到这段诗论,不能不说是一大遗憾。①

哲学的苦涩与诗的甘甜

卢克莱修的这段诗论首先告诉我们,作为自然哲人,他将要在《物性论》中教诲人们极为重要的人生大事,这就是把人的灵魂从宗教枷锁的可怕束缚中解救出来(卷一,行931-932)。常人要让自己的灵魂摆脱宗教的压迫,就得听他这位自然哲人讲解关于自然的哲学或者说自然的道理。但卢克莱修说,他清楚地知道,对于常人来说,自然的道理过于"晦涩"(obscura),要理解这些道理非常困难。因此,他必须借助诗神缪斯的魅力,让自然的道理由"晦涩"变得"明澈"(lucida)起来(卷一,行933-934)。卢克莱修相当自信地认为,还从来没有哲人尝试过利用诗的方式来表达"晦涩"的自然之理——用他自己的话说,自古以来还没有哪位自然哲人啜饮过缪斯的清泉,也没有哪位诗人从自然哲理中采摘过花朵。卢克莱修把自己用诗体来编织自然哲理视为在替自己编织王冠,他之所以配得上这个王冠,是因为他能把"晦涩"的自然之理编织成花环,然后戴在俗众很难开窍的头上(卷一,行926-930)。

这段诗论让我们看到两个异质类别的融合:"晦涩"的自然之理与明澈甘甜的诗是异质的,卢克莱修力图让两者融合起来;少数哲人与大多数常人是异质的,卢克莱修力图让两者融合起来。卢克莱修清楚地认识到,大多数常人能够接受甚至喜爱明澈甘甜的诗——卢克莱修在《物性论》中多次把诗言的魅力称

---

① 参见让·贝西埃等编,《诗学史》,上册,史忠义译,百花文艺出版社,2001。

为"甜蜜的言说"(suaviloquenti:卷一,行 945,卷四,行 20;suavidicis:卷四,行 180、909;参见尼古拉斯前揭书,页 12),但常人很难接受甚至拒绝接受"晦涩"的自然之理。卢克莱修相信,"晦涩"的自然之理才是对人生有益的东西,明澈甘甜的诗却包含着让人的灵魂变得病态的毒品——比如种种宗教观念。卢克莱修觉得,自己的使命就在于如何使得大多数常人能够接受甚至品尝出"晦涩"的自然之理的甜蜜。他想到的办法是:用"晦涩"的自然之理置换明澈甘甜的诗中所包含的宗教毒品,使得"俗众"(vulgus)能够啜饮对灵魂有益的自然哲理。为了形象地说明这一点,卢克莱修把自己比作灵魂的医生,把"晦涩"的自然之理比作可以治病的苦药,把俗众比作孩子,把明澈甘甜的诗比作抹在苦药的杯子周围的蜂蜜——换言之,他的自然哲理之诗无异于哄骗孩子喝下的良药(卷一,行 936-942)。

这不是在欺骗孩子吗?的确如此!但卢克莱修区分了实质性的欺骗和手段性的欺骗:传统诗篇用明澈甘甜的诗欺骗常人啜饮宗教观念,堪称实质性的欺骗,因为常人喝下的是宗教毒品。他自己的哲理诗用明澈甘甜的诗欺骗常人啜饮自然哲理,仅仅是手段上的欺骗,因为常人喝下的是良药——用今天的说法,这不能叫欺骗,应该称为启蒙。毕竟,常人喝下卢克莱修的自然哲理之诗,仅仅是看起来"被愚弄"(ludificetur)、"被欺骗"(decept;卷一,行 939-941),实际上灵魂获得的是新生。这位医生给常人的饮料不仅喝在口里让人觉得甘甜,最终,常人的灵魂也会逐渐体会出苦涩中的甘甜。说到底,卢克莱修教诲自然哲理时所采用的诗体形式并非仅仅是诱饵,或者说并非仅仅是在哄骗常人学习伊壁鸠鲁哲学。毋宁说,他传授的自然哲理本身就是甘甜的诗,只不过在没有经过哲学教育之前,常人的灵魂品尝起来难免会觉得苦涩。口味属于身体感觉，但支配身体感觉的最终是灵魂，要改变口味的感觉，必须先改造灵魂。在改造常人的灵魂之前，决不可指望他们一开始就能改变口味。卢克莱修设计的启蒙教育的方式是，先让苦涩的良药具有甜蜜的口感，常人品尝多了以后，苦涩的良药就会让常人的灵魂滋生出甜蜜的感受。卢克莱修说，这就是他为什么要把"晦涩"的自然之理作成"如此诱人的诗"的理由。

我们应该清楚，卢克莱修并非仅仅用诗体形式来写作《物性论》就成了大诗人。虽然自然哲人恩培多克勒用诗体来表达对医学或自然的探究，亚里士多德说，他仍然只能被称为"自然论说者"（《诗术》，1447b9-23）——我国宋代的大道士张伯瑞用诗词体来陈述医术及其自然之理，没有谁称他为诗人。① 哲人能否成为诗人，关键在于能否把自然之理本身制作成诗性的甜品。不用说，这绝非易事。倘若如此，卢克莱修是如何成为大诗人的呢？思想史家们尽管注意到《物性论》的诗性特征，在解析《物性论》时又往往掠过其中具体的诗性特征，甚至对其中的著名诗性段落也一掠而过，比如《物性论》第三卷中的"阿刻戎深渊"（*Acherunte profundo*，行 978-1023）——现在我们就来体味一番卢克莱修的这一诗性启蒙的典范段落。

进入文本之前还得再次强调，卢克莱修写作《物性论》的意图是传扬伊壁鸠鲁哲学，以此置换常人头脑中的宗教意识。无论伊壁鸠鲁还是卢克莱修都生活在基督教诞生之前，他们对宗教的尖锐批判与基督教无关。换言之，我们所熟悉的近代启蒙

---

① 参见张伯瑞，《悟真篇浅解》，王沐浅解，中华书局 1990。据说，大多数新柏拉图主义者都偶尔会做诗（参见奥林匹奥多罗，《苏格拉底的面相》，宋志润译，华东师范大学出版社 2008），这与成为诗人是两回事。

哲学的基督教批判不过是古已有之的宗教批判的延续。基督教遭到启蒙哲人的尖锐批判,并非因为基督教信仰的独特性。我们都知道,基督教信仰的要义在于灵魂的得救甚至身体的复活,其前提是灵魂不死的教义。但相信灵魂不死并非基督教独一无二的观念,古希腊宗教同样相信灵魂不死——自然哲人与所有宗教为敌,而非仅仅与基督教为敌。在卢克莱修看来,灵魂属于人的身体,既然身体是物质体,灵魂当然也是物质体。灵魂在身体中的作用,与人的手脚或身体的其他部分一样,不过有自己的独特功能而已——灵魂的作用是使得身体具有感觉能力。灵魂由极为微小的四种物质性原子混合而成,聚合在身体之中。既然身体会死灭,灵魂同样如此。因此,灵魂不死的信仰是欺骗。如果这种欺骗对人世生活无害也就罢了,问题在于,灵魂不死的信仰使得常人恐惧死亡,以至于要敬拜天上的神。常人相信灵魂不死,其实是因为惧怕自己的死。一旦常人认识到自己的死并不可怕,就不会再去崇拜天上的神。说到底,对死亡的恐惧是常人的心性标志。要让常人摆脱对死亡的恐惧,就得说服常人明白灵魂终有一死——不用说,这个道理对常人来说的确苦涩得很,但如果常人学会接受灵魂像身体的其他部位一样也会死,就能学会不害怕自己的死。

驱散灵魂的恐惧和黑暗

《物性论》第三卷可以题为"论人的灵魂本质",因为卢克莱修在这里用了21条论据来证明灵魂不可能不死,条条论据都讲述得既生动又形象。临近结尾时,卢克莱修说到了古传宗教中所说的冥府,并反其意而用之,以此来启发常人的生命意识——这就是第三卷中著名的"阿刻戎深渊"段落。这个段落有明显的独立性,以至于很像一个插入段。因为,这段的起头与前一段落(行952-977)的连接还显得自然,结束时(行1023)与后一段落(行1024-1052)的连接却显得突兀,似乎又回到了之前的段落。有些古典学家据此认为,这一段落是诗人后来添加的:既然卢克莱修已经阐明了灵魂必死的道理,插入"阿刻戎深渊"这个段落就显得多余。但情形也可能是,"阿刻戎深渊"乃卢克莱修证明灵魂不可能不死的点睛之笔:既然灵魂与身体一样会死,冥府这个宗教传说中的所谓人死后灵魂的去处就是子乌虚有。卢克莱修相信,伊壁鸠鲁哲学可以使得常人而非仅仅是少数人的眼睛变得光明起来,重新认识"阿刻戎深渊"就是最好的检验。

卢克莱修这样开始他对阿刻戎深渊的描述:

[978] 再说,阿刻戎深渊中有的那东西,
    传说一点没错,我们活着所有的不过就是这一切。

阿刻戎(Acheron)是古希腊宗教传说中连接阳间与冥界的五条河流之一,又名苦河(其他四条河为:哀河科基托斯,忘河勒塞,火河皮里弗勒革同,恨河斯提克斯),河上有给阴魂摆渡的著名艄公卡戎,后来阿刻戎直接喻指冥界。① "传说"(prodita sunt)的字面意思是"据前人讲"——卢克莱修的拉丁语比较古朴,在后来的拉丁语作家笔下,prodita(prōdō[叙述、讲述]的现

---

① 参见荷马,《奥德赛》卷十,行511-514:"你把船停靠在幽深的奥克阿诺斯岸边,/你自己前往哈得斯阴湿的府邸。/火河和哀河在那里一起注入阿刻戎,/哀河是斯提克斯流水的一条支流"(王焕生译文)。亦参《奥德赛》卷十一,行157,《伊利亚特》卷八,607-608行;赫西俄德《神谱》,行134。

在完成时分词)写作 tradita,英文 tradition 与这个词有词源关系。对于常人来说,冥界当然可怕,因为常人会担心死后灵魂在冥府受到不好的待遇甚至惩罚。可以说,在大多数古老的传统宗教而非仅仅在古希腊的宗教传统中,冥界都是奖惩各色常人的地方。没有冥界等于没有最后的灵魂审判,如果没有冥界,各色常人在阳间的生活就得靠别的东西来约束——比如强制性的法律,否则,人的行为就没有什么可约束的了。

卢克莱修说,冥府的传说"一点没错",似乎他认同传统,但随后一句便表明是反讽。这里的"我们"(nobis)泛指常人——"我们"在阿刻戎深渊有的仅仅是恐惧,卢克莱修启发"我们",这种"恐惧"并非我们死后才有,而是今生中才有的东西。

> [980] 坦塔罗斯并不是那么可怜兮兮地惧怕悬在空中的
> 巨石,如像传说的那样,在没有意义的恐惧中发呆;
> 毋宁说,空虚的恐惧在为天神极度地烦恼,
> 必死者无不惧怕命运带给每个人的偶然。

卢克莱修让"我们"在阿刻戎深渊首先看到的是坦塔罗斯(Tantalus)——这位宙斯和海洋女神所生的儿子取狄俄涅为妻,生下一儿一女。自恃为宙斯之子,坦塔罗斯骄纵妄为,比如,泄露神们的秘密,把天神宴席的仙食盗给凡人。最邪门的是,为了试试众神是否无所不知,他竟然杀掉自己的儿子,煮熟后宴请众神,想看众神是否真能辨识肉味。① 坦塔罗斯有此奇思妙想,足

---

① 本文所涉神话角色的传说,参见晏立农、马淑琴编,《古希腊罗马神话鉴赏辞典》,吉林人民出版社 2006。

见他颇有智性,反过来看,也足见智性可以邪乎得不可思议。宙斯见到如此邪乎大怒,不仅用霹雳击死坦塔罗斯,还让他在冥府遭受三重煎熬:水在颌边喝不着,果实在眼前吃不到,头上还悬着一块随时要掉下来的巨石——前两种惩罚用焦渴来折磨坦塔罗斯,后一种惩罚用无时不在的恐惧来折磨坦塔罗斯。坦塔罗斯的邪乎想法堪称智性可能犯下的邪乎得不可思议的罪行,宙斯的惩罚是对邪乎智性的惩戒。提到这一传说的古希腊诗人并不少见,他们更多强调坦塔罗斯在冥府遭受的焦渴折磨(参见品达,《奥林匹亚凯歌》1,87-103;欧里庇得斯,《俄瑞斯忒亚》5)。卢克莱修单单提到"恐惧"(metus),因为他针对的是常人对死的恐惧[①]——按卢克莱修的说法,坦塔罗斯的恐惧其实是"我们"常人所有的恐惧,冥府中的坦塔罗斯自己反倒没有恐惧,这无异于说,坦塔罗斯在冥府中没有受到惩罚。

"必死者"(mortālis)这个语词指的即是常人,荷马已经用这个词来区别人与神:人才有自己的死,神没有自己的死。卢克莱修把坦塔罗斯死后才有的恐惧比作我们"必死者"活着时有的恐惧,是在启发我们"常人",所谓冥府或地狱,不过是"常人"的一种意识:常人活在对死亡的恐惧中,等于活在"没有意义的恐惧"(cassa formidine)意识中。卢克莱修一针见血地指出,"必死者个个恐惧(mortalis casumque timent)命运带给每个人的偶然"。言下之意,每个人自己的死不过是自然而然的偶然,本来没有什么可怕,或者说恐惧也没用。因此,卢克莱修说,这种"恐惧"是"空虚的"(inanis)。卢克莱修提到了"天神"(divos),

---

[①] 西塞罗用到这个典故时,跟从卢克莱修的用法,也侧重恐惧(参见《论善恶的极限》卷一,160;亦参《图斯库卢姆谈话录》卷四,35)。

这个语词是罗马习传宗教的"神",虽然卢克莱修说的是古希腊宗教的传说,他眼下要教育的是罗马人,因此用了罗马人熟悉的语词——罗马人为自己的这个民族神自寻"烦恼"(urgeō),无异于说,罗马人的"天神"根本就不存在。罗马人敬拜"天神",不过是因为罗马人恐惧自己的死。

短短四行诗句,卢克莱修两次用到名词"恐惧"(选用同义词)、两次用到同一个动词"惧怕"。形容词"空虚的"也用了两个同义词(cassus — inanis),这两个语词的细微差异可能与"天神"和"大气"(aer)的差异有关;cassus 也有"无意义的"含义,用来指"天神"很恰当,inanis 的意思是"空虚的",用来指"大气"的性质也很恰当。"命运"(fors)与"偶然"(casum)连用,显得也是同义词,与"无意义的""天神"和"空虚的""大气"配对。

指出"惧怕"偶然的死是常人的基本生存意识之后,卢克莱修接来下剖析这种意识的根源——他让我们随之看到的是冥府中的另一个亡灵提堤奥斯(Tityos):

> 兀鹰其实碰不着趟在阿刻戎中的提堤奥斯
> [985]实际上,从他那巨大的心胸中无论怎么寻找
> 兀鹰们也没法找出穿越时空的东西。

提堤奥斯是宙斯与厄拉拉所生的巨人,厄拉拉怀上他时,宙斯怕赫拉嫉妒,把厄拉拉藏在地下,提堤奥斯是在地下出生的。提堤奥斯长大以后,赫拉实施报复,怂恿性成熟后的提堤奥斯狂热追求宙斯非常喜爱的女人勒托(Leto),也就是阿波罗和阿尔忒米司(Artemis)的母亲。宙斯见这个不孝之子竟然敢追自己

的女人,一怒之下发霹雳击死提堤奥斯不说,还让他的尸体在冥府拉伸四肢足以覆盖九亩地,再派遣两只兀鹰不停啄食其肝。在古希腊神话中,肝脏是情欲的象征,因为肝脏的自生力很强,有如情欲,损掉后又自发滋生出来。随着月亮圆缺,提堤奥斯被兀鹰不停啄食的肝又重新长出来。

> 无论提堤奥斯把躯体拉伸得有多长,
> 拉伸开来的四肢占据的即便并非九亩
> 之地,而是整个广袤的大地,他也
> [990] 没法承受得起永恒的痛苦,
> 遑论不断用自己的躯体[给兀鹰]供奉食物。
> 毋宁说,我们就是地上的提堤奥斯,躺在情欲之中
> 任由兀鹰啄食:既有焦虑不安在吞噬,
> 又有种种于心不甘以这样那样的欲望在啃啮。

情欲是身体的一部分,提堤奥斯有情欲当属自然,但他追求父亲的女人,破坏了伦常秩序,宙斯的惩罚是对不受宗法约束的情欲的惩戒。卢克莱修用被拉伸的尸体"占据"(optineat)"整个广袤的大地"来比喻"我们"常人的情欲,甚至说"我们就是地上的提堤奥斯"(Tityos nobis hic est,直译为"提堤奥斯属于在这里的我们"),无异于根本否定了自然情欲。按照卢克莱修的说法,"我们"的在世特征就是"躺在情欲之中"(in amore iacentem),自然情欲是"我们"常人"永恒的痛苦"(aeternum dolorem)的来源。为了突显"我们"常人"永恒的痛苦",卢克莱修的诗性笔法让常人的"身体"(corpus,出现了两次)被极度拉伸,"肢体"(membrum)甚至覆盖"整个广袤的大地"(terrai totius orbem),并用了三个排比句来形容常人在地上如何悲惨。"被兀鹰撕食"(volucres lacerant)为随后的两种哲理说法提供了形象描绘:"既有焦虑不安在吞噬"(atque exest anxius angor),"又有种种于心不甘的欲望在啃啮"(aut scindunt cuppedine curae)。显然,常人的焦虑不安和种种操心都源于被兀鹰啄食的肝脏(情欲)。"永恒的痛苦"实际上是恐惧与情欲的交织,因为,肉体的情欲不断再生,肉体却终有一死。如果心思受情欲支配,一想到肉体会死就难免痛苦不堪——"情欲"(amor)与"欲望"(cuppedo)堪称诗意的同语反复,相互说明,"焦虑的不安"(anxius angor)更是如此。①

深刻的诗意反讽更在于:传说中的提堤奥斯忧虑的是兀鹰不断来啄食他的肝,卢克莱修却说,提堤奥斯的忧虑是多余的,因为,兀鹰来找的不是提堤奥斯身上的肝,而是他身上"穿越时空的东西"(perpetuam aetatem)——这个词组的字面意思是"在时间中永久持存的生命",这里喻指的是伊壁鸠鲁哲学。兀鹰在提堤奥斯"巨大的心胸中"(sub magno pectore)无论怎么寻找,也找不出"穿越时空的东西",言下之意,"我们"常人心胸中没有伊壁鸠鲁哲学(比较伊壁鸠鲁《论句集》18)。

卢克莱修已经让我们看到,他如何利用古希腊冥府神话来喻说自己要教诲的伊壁鸠鲁哲学——从坦塔罗斯到提堤奥斯的说法包含的理性推论如下:坦塔罗斯惧怕悬在空中的巨石其实是"我们"常人在空虚的恐惧中为大神烦恼,因为实际上并没有"天神",所谓宗教虔敬不过是因为"常人无不恐惧命运带给每

---

① 维吉尔在《埃涅阿斯纪》卷九89 模仿过这种表达:timor anxius angit。西塞罗把 anxius angor 视为一种 aegritudo[疾病],参见《图斯库卢姆谈话录》卷三27。

个人的偶然"。兀鹰从天而降,有如"天神"从天而降,让常人心中有如此空虚的恐惧,是因为常人身上只有情欲,没有哲学。由于胸中没有哲学,即便常人的情欲铺满整个大地,"也没法承受得起永恒的痛苦"……下一步哲学推论是把"我们"常人比作徒劳辛苦的西绪弗斯(Sisyphus)

> [995] 同样,我们的生命明摆着就是西绪弗斯
> 他谋求从人民那里获得几束残忍的
> 斧钺,换回的不过总是可悲的惨败。
> 即便求得权位也是空虚一场,何况不可得,
> 且不说为此还得总是忍受沉闷的苦役。

这里再次出现"我们"(nobis)——对于 20 世纪的读者来说,西绪弗斯神话因法国存在主义哲人加缪的哲理散文而非常著名。在加缪笔下,西绪弗斯是人生荒诞的表征,卢克莱修用短短几行诗句就表达了加缪用一本小书来证明的观点,而且还显得比加缪深刻,因为他突显了人世政治性质的荒诞。古罗马执政官出巡时,由手执一束斧钺的仪仗队开路,表明执政官的权力来自人民。① 执政官是古罗马共和国的最高行政长官,每年一换,可想而知,人们获得世间权力的机会大得多。卢克莱修把行政长官也归在"我们"常人一类,"来自人民"(ā populō)的说法既反应了古罗马共和政制权力的来源——如今的自由主义理论家称为自由民主政制的古典典范,也表明了权力的欲望属于

---

① 比较《物性论》卷五,行 1234:pulchros fascis saevasque secures;亦参维吉尔,《埃涅阿斯纪》卷六,行 819:Consulis imperium hic primus saevasque secures Accipiet [他将第一个获得执政官的权威,掌握无情的斧钺]。

3. 卢克莱修笔下的阿刻戎深渊

"我们"常人。"我们的生命明显就是西绪弗斯"（Sisyphus in vita quoque nobis ante oculos est），如果直译的话，意为"西绪弗斯对我们来说明显就在生命之中"。这无异于说，白费气力的欲求是我们"常人"的内在生命本身。因此，这里的"求得权力"（imperium）可以理解为对常人欲求的高度概括：人世中的欲求很多，最大的欲求莫过于获得权力。获得权力"也是空虚一场"，等于说人世的所有欲求都徒劳无益。前面出现过的"空虚"（inane）一词现在与"总是忍受沉闷的苦役"（semper durum sufferre laborem）连接在一起，等于解释了"空虚"的含义。

> [1000] 这岂不就是拼着命往山上推
> 　　　石头，石头却偏偏又从最高的地方
> 　　　滚回，非要回到平坦原野的底部不可。

西绪弗斯是古希腊传说中最早的科林多的王，他遭受徒劳地推石头上山的惩罚，是因为他生性奸诈、贪婪，生前品行卑劣且诡计多端，尽管被人民拥立为王之后政绩赫然，关于他的神话传说无不强调他的奸诈狡猾。卢克莱修抹去传说中的惩罚含义，利用荷马笔下"当他正要把石块推过山巅"（《奥德赛》，卷十一，行598）却终于白费气力的说法，渲染常人的现世生活徒劳无益的性质。"拼着命"（原文nixantem直译意为"努力于、致力于"某种事情的人）指现世中的所有人，"石头"（saxum）是自然物体，西绪弗斯非把石头推上山，石头却非要回到平坦的地方，因为它本来就在那里——这无异于说，人世的生活从本质上讲违反自然。卢克莱修让我们看到，由于我们"常人"胸中没有伊壁鸠鲁哲学，在世生命才成了"忍受沉闷的苦役"——"苦役"（laborem

=labor)的字面意思是"辛苦、劳累;受苦"。按伊壁鸠鲁的教诲,与"沉闷的苦役"相对的生活方式是自由的沉思生活,这要求人们远离日常奔忙的艰辛(比较伊壁鸠鲁,*KD*,7)。换言之,辛劳的生活是违反自然的,沉思生活才符合自然。按尼采的说法,并非谁都有资格过自由的沉思生活,这需要很高的灵性和最为精细的天资——换言之,没可能鼓励(遑论要求)所有常人具有所谓"自由精神"。因此,伊壁鸠鲁派有如一个密宗教团,伊壁鸠鲁门徒只能是精选出来的教团兄弟(参见尼采,《善恶的彼岸》,61条)。卢克莱修在这里暗含的教诲是,所有常人都应该具有"自由精神",这无异于说,所有常人都应该成为密宗教团的兄弟——这就要求所有常人祛除自己身上根本性的情欲和贪恋。

  人世生活从本质上讲就是政治生活,一旦把人世生活的品质定性为"总是忍受沉闷的苦役",必然会得出反人世政治的自由主义政治主张。通过学习伊壁鸠鲁哲学的确可以消除人身上根本性的情欲,从而根除"焦虑不安",但所有常人是否都能通过习得哲学成为"自由精神"呢?或者说,人世的政治性质是否能彻底根除呢?按卢克莱修的教诲,这是可能的,前提是常人得改造自己的灵魂,而改造常人灵魂的前提则是教育常人认识自己的灵魂——卢克莱修接下来用八行诗句揭示了"我们"常人灵魂的"本质":

    所以,饲喂灵魂不知足的本性,不断
     用好东西去填满它,却永不能让它满足
[1005]恰如一年四季对我们所做的那样,循环
     往复,带来果实和各色尤物,

可生命的果实根本填不饱我们；
在我看来,这正应了人们传说的
如花年华的少女们把水蓄进满是窟窿的瓶子,
[1010] 而这瓶子根本就没法装满。

卢克莱修把我们"常人"灵魂的本质界定为贪得无厌,因为我们的灵魂具有"不知足的本性"(animi ingratam naturam)。"本性"这个语词本来就有"自然"的含义,但这里真正用来表达"自然"的是"一年四季"(annorum tempora)的循环。大自然不断给常人提供"生命的果实"(vitai fructibus)这样的"好东西"(bonis rebus),"我们"常人仍然不满足(nec tamen explemur),这无异于说,常人的生活没有依循自然。卢克莱修恰好在这里强调了自己与常人的区别:"如我认为的那样"(ut opinor)——依循自然来生活的"知足"是伊壁鸠鲁信徒与"常人"的根本差异。卢克莱修把常人不知足的灵魂比作古希腊传说中的"如花少女",修饰"少女"的"正当如花岁月"(aevo florente)与前面的"一年四季"(直译为"年的时日")相呼应。言下之意,正当如花年华的女孩子本来应该满足于自己的如花年华,却整天往脸上抹高档化妆品,无异于把水倒进满是窟窿的木桶——"根本无法装满"用了固定短语 nullā ratiōne [无法],这个短语的字面意思是"没有理性"。

这里提到的"如花少女"指的是传说中的古埃及王子达那俄斯(Danaus,宙斯的四世孙)的 50 个女儿。由于达那俄斯的兄弟埃古普陀斯的 50 个儿子非要娶她们为妻,达那俄斯命女儿们在新婚之夜杀死丈夫。49 个女儿听从父命,在新婚之夜把利剑刺进兄长的颈喉,唯有一个女儿没有下手……49 位女儿们因谋杀丈夫被罚在地狱里给满是窟窿的木桶装满水。① 从性质上讲，与西绪弗斯所受的惩罚一样，"如花少女"遭受的惩罚是徒劳的苦役，卢克莱修抹去传说中的惩罚含义，用"如花少女"比喻常人心性不知足的本性——由于女儿众多，传说没有提到她们的具体名字，正好可以用来比喻芸芸众生。

可以看到，卢克莱修选用的神话传说无不涉及犯罪行为的死后惩罚，而他的诗意用法则无不是抹去死后惩罚的含义，把惩罚本身说成常人的在世生命品质。② 如果说古老的宗教传说带有惩恶扬善的教谕目的，卢克莱修的启蒙首先删除的就是这一教谕目的，这堪称卢克莱修式的自由主义教育。传说中的冥府景象的确让常人感到恐惧，卢克莱修则启发我们"常人"，这些景象本身不过是我们常人的灵魂自己制造出来的虚相。

> 甚至还有刻尔柏洛斯，三个疯狂精怪和光明的贫乏，
> 以及从喉咙里冒出可怕雾气的塔尔塔罗斯，

---

① 这则传说流传很广，参见埃斯库罗斯，《被缚的普罗米修斯》，行865-868。索福克勒斯以这则传说为题材写了剧作《林扣斯》（散佚），亚里士多德《诗术》提到这部剧作。据泡塞尼阿斯的《希腊旅行指南》（卷十31，9），古代画家 Polygnotus 以此为题材作过一幅壁画。

② 维吉尔的《埃涅阿斯纪》卷六有一段讲惩罚（行548-627），与卢克莱修在这里对古希腊神话的寓意解释很相似；但维吉尔在596行和601行还提到伊克西翁（Ixion）——此公向狄俄纽斯的女儿狄娅求婚时，许诺她父亲重礼，结婚后不仅不给，还把泰山大人推入炭火坑活活烧死，犯了发假誓和凶杀双重罪，唯有宙斯可以涤除这样的重罪。宙斯给他涤罪后带他上了奥林珀斯山，他见到天后赫拉竟然不管三七二十一就爱上去，气得宙斯七窍生烟，造出一片像赫拉的彩云，伊克西翁上当，与彩云赫拉结合，生了个马人。这时，宙斯继续惩罚他：先用雷电打击，然后命赫尔墨斯把他绑在冥土不停推动一个轮子，不停有蛇的鞭打，还给他吃一种魔药让他永远不死，以便永远推动轮子——"伊克西翁的轮子"成为永无休止的折磨的象征。有注疏家推断，卢克莱修这里本来也有一段关于伊克西翁所受惩罚的描绘（塞涅卡《道德书简》24，18似乎证实了这一点，亦参奥维德《变形记》卷四465）。

3. 卢克莱修笔下的阿刻戎深渊

其实压根儿就没这些玩意,的的确确不会有!

刻尔柏洛斯(Cerberus)是古希腊传说中的冥界看门狗,据说有三个头(参见荷马《奥德赛》卷十一,行623),赫西俄德甚至说它有50个头,头上和背上还缠结着无数条蛇。刻尔柏洛斯守在冥府门口,亡灵准进不准出,还得看住不让没死的人进入——俄耳甫斯下冥界寻妻,用美妙的歌声催眠刻尔柏洛斯才得以进入冥府;枯迈的西彼拉带埃涅阿斯进入冥府,靠的是扔给刻尔柏洛斯浸过酒的面包……"三个疯狂精怪"(Furiae = furia[狂怒、疯狂]大写复数特指"复仇三女神")指古希腊传说中大地和黑夜生下的三个蛇发女儿:阿勒刻托(Alecto)、马厄格纳(Maegera)和提西福涅(Tisiphone)——她们专门追逐恶人,使之变得疯狂。塔尔塔罗斯(Tartarus)是传说中冥府最深处的深坑,从那里到地面的距离与大地到天宇的距离相若,周围有三道铜墙(参见荷马,《伊利亚特》卷八,行14-16),专门囚禁神们的敌人。"从喉咙里(faucibus)冒出可怕雾气",比喻这个冥界惩戒所的入口非常狭窄。颇为奇怪的是,卢克莱修在列举这些可怕形象时插入了一个抽象名词"光明的贫乏"(lucis egestas),显得不协调,从语法上看,似乎也有残缺,因此有校勘家推断,这里可能漏掉一句诗行。另一种可能是,这里没有脱漏,而是省略连词和错格修辞。① 倘若如此,四项列举似乎也能构成精巧搭配:奇兽、精怪、

---

① 省略连词(asyndeton)指的是,具有同样句法功能的句子成份不通过连词连接起来,类似情形在《物性论》中并不乏例(参见卷一行455,卷二行500)。这里还出现所谓错格法(anacoluthon),即两个句子并置的不连贯,第二个句子突然改变原有的句子结构,出现了两个不同结构的句子,没法连起来识读。有意的错格是一种修辞手段,这里的错格为出现一串名词,随后是关系代词,没有主干句,类似情形亦见卷二 342 以下,卷四 123-126。

抽象名词、地名——刻尔柏洛斯和疯狂精怪通常被看作冥府阴森可怖的象征,塔尔塔罗斯则表明阴森可怖的来源。常人对冥府的恐惧说到底是对死后灵魂受到惩罚的恐惧,"光明的贫乏"既可以喻指冥府中的黑暗,也可以寓意"理性的贫乏"。言下之意,一旦常人有了理性认知,就不会再有对死后灵魂受到惩罚的恐惧——所谓理性认知具体指的就是,认识到灵魂不可能不死。① 既然灵魂会随着身体的死亡灰飞烟灭,冥府中的惩罚当然是无稽之谈。卢克莱修接下来就说:

> 毋宁说,这是恐惧,惧怕活着时做坏事受到惩罚,
> [1015]惧怕自己令人发指的邪门被回以邪门、惧怕受惩赎罪:
> 什么囚牢呵、用石头可怖地砸到岩底呵,
> 鞭笞呵、刽子手呵、地下刑讯呵:淋沥青、烧烙铁,

卢克莱修的这段教谕从常人的"恐惧"开始,以常人的"恐惧"结尾——这位哲理诗人以层层递进的笔法剖析"恐惧":首先是"对惩罚的恐惧"(metus poenarum),然后是"对干了坏事害怕惩罚的恐惧"(metus poenarum pro male factis),最后是恐惧"令人发指的邪门被回以邪门"(insignibus insignis)——与前面提到的三种具体的冥府恐怖形象刚好对应。如果直译的话,"令人发指的邪门被回以邪门"可译作"以坏得出奇"(insignis)的行为来惩戒"种种坏得出奇"(insignibus)的行为——塔尔塔罗斯这样的地方的确说得上坏得出奇。

---

① 西塞罗在《图斯库卢姆谈话录》卷一10也说到刻尔柏洛斯、阿刻戎、西绪弗斯等,很可能与这里的这段文本有关。奥维德《变形记》卷四行465和塞涅卡《道德书简》24,18,也都否认有这样的精怪。

3. 卢克莱修笔下的阿刻戎深渊　　　63

既然对冥府的恐惧不过是常人对自己的在世不良行为会受到惩罚的恐惧，卢克莱修的启蒙意在涤除的就是传统宗教灌输给常人的"涤罪"（scelerisque luela）意识。卢克莱修随之罗列的一系列惩罚，都是古罗马共和政制时期对犯罪分子的实际惩罚，而非冥府中的惩罚："可怕地被石头砸进深渊"（horribilis de saxo iactus deorsum）指的是处以死刑——古罗马人处决犯罪分子的方式是，把罪犯带到刑场塔尔培（Tarpei）山岩，用石头活生生砸死到岩底。按照如今启蒙之后的自由主义观念，死刑本身就不"人道"，遑论如此残忍的方式。"鞭笞"（verbera）和"刽子手"（carnifices）与前面的"囚牢"和处以死刑形成对举。"地下刑讯"（robur）一词的本义是"橡木"，也指杖挞，后来成为古罗马地下刑讯室图里阿努姆（Tullianum）的代称。这个刑讯室建于王政时期，在古罗马城广场附近（至今还可见到遗址），犯罪分子通常先在这里受讯，然后再押送刑场塔尔培处死。因此，"图里阿努姆的杖挞"（robur Tullianum）的说法在古罗马非常有名，见于多位古典拉丁文学经典作家的作品。① 随后列举的几种主要刑具代指的是用刑方式："沥青"（pix）指烤刑，也就是用烧热的沥青淋在犯罪分子身上；"烙铁"（lammina taedae）指用烧热的铁器作刑具，也就是一种火刑。按照卢克莱修的说法，这些惩罚都没有意义，因为，按照伊壁鸠鲁哲学，做错事算不上真正的罪过，真正的过错是在世时活得"惊恐不安"（ἀταραξία）——对死亡的"恐惧"本身才应该受到惩罚。因此，在冥府中首要的恐怖其实是"光明的贫乏"。可以设想，如果有了理性的光明，

---

① 参见撒路斯特，《卡提林纳阴谋》，55；李维，《罗马建城以来史》卷三十八59，10；塔西佗，《编年纪事》卷四，29。

刻尔柏洛斯、疯狂精怪和塔尔塔罗斯都将会像幻影一样消失。卢克莱修接下来就说到"心智"（mens）：

> 即便没有这些,心智也会因意识到所做所为
> 　先就自己恐惧起来,心如针扎,用鞭打折磨自己,
> [1020]而且看不到恶的尽头会在
> 　哪里,也看不到这些惩罚的目的究竟何在,
> 　何况还恐惧这些惩罚会在死后加重。
> 　蠢人们在此世的生命最终变成了地狱。

　　明明根本就没有什么冥府,甚至也没有现实罪犯所承受的这些刑罚,常人却自己"先恐惧起来"（praemetuens）,"用鞭打折磨自己"（torretque flagellis）——贺拉斯后来用这样的句式来形容爱情的狂热,卢克莱修描绘的则是常人没有受过哲学教育的"心智"状态：自己吓唬自己的精神恐惧。起头说到常人的"恐惧"之后,卢克莱修连接的是常人的"情欲",现在连接的是常人"心智"。言下之意,常人的首要要务是改造自己的"心智"。除了"心智"这个哲学概念,这里还出现了"意识"（cōnscius）这个哲学概念,卢克莱修把这些概念融入具体的诗性言说。"没有看到"（nec videt）出现了两次（第二次为省略用法）,包含的主词都是"心智"。言下之意,由于缺乏理性认识能力,常人的"心智"才看不到"恶的尽头"（terminus malorum）和"惩罚的目的"（poenarum finis）——所谓"意识到自己的所作所为"（conscia sibi factis）,等于说常人对自己的行为缺乏自我意识。

卢克莱修与苏格拉底

卢克莱修的这段教谕以"阿刻戎深渊"开始,以对"地狱"的认识结束,构思极为精巧。整段教谕体现为启发常人认识自己的在世生命,或者说"驱散灵魂的恐怖和黑暗"(terrorem animi tenebrasque necessest,卷一,行146)——虽然整个段落都在描写冥府,寓意却指向常人的在世状态:"我们的生命明摆着就是西绪弗斯"(行995)与"害怕活着时做坏事受到惩罚"(行1014)两句相隔近二十行,都用到 vita[生命],显得两相呼应。"我们就是地上的提堤奥斯"(行992)句与"蠢人们在此世的生命最终变成了地狱"(1023)两句相隔三十行,都用到喻指"此世"的 hic[在此],同样两相呼应。如果用理论表述来表达,可以这样来简述卢克莱修的观点:常人的在世特征是恐惧(坦塔罗斯),因为常人在世受情欲支配(提堤奥斯);常人的在世辛劳徒劳无益(西绪弗斯),因为常人贪恋今生永不知足(如花少女)。结论是,常人心智缺乏哲学的自我意识,这就是"蠢人"的标志。

就整部《物性论》而言,这段"阿刻戎深渊"的教谕也显得起着画龙点睛或穿针引线的作用:卷一序诗 31-93 行已经点明,常人对死后惩罚的恐惧是常人对神的恐惧的根源。"阿刻戎深渊"的教谕从对神的恐惧开始,最后落脚在对死后惩罚的恐惧,堪称全书主题的缩影——全书开头(卷·62-135 行)已经重墨说到常人对神的恐惧,卷四 1058-1287 行进一步深化对提堤奥斯所表征的情欲的批判,卷三 59-64 行已经批判过西绪弗斯所表征的政治热情,卷五 1120-1135 行又再次鞭挞西绪弗斯。澄清人生与自然的关系是《物性论》的根本性主题,全书经常出现,"如花少女"的比喻就是这个主题的表征(卷三 1053-1075 行再次说到这个比喻)……凡此可见,在卢克莱修笔下,"阿刻戎深渊"的传说成了关键性的教谕材料。

不过,早在雅典民主政制时期,"阿刻戎深渊"的传说就已经成为各派哲学的教谕素材——柏拉图笔下的苏格拉底临终时就用"阿刻戎深渊"传说作过一首教谕诗(《斐多》111c-113d),整理《物性论》的西塞罗虽然反感伊壁鸠鲁派,也多次用到这个神话。① 因此,用"阿刻戎深渊"施教并非卢克莱修的创举,而是古已有之。既然如此,我们不妨比较苏格拉底与卢克莱修施教的不同,由此进一步认识卢克莱修的哲学品质。

我们的确可以说,卢克莱修是用诗歌来传播系统的自然哲学的第一人。② 可是,我们不能说,卢克莱修是西方思想史上由哲人成为诗人的第一人,尽管他是用诗施行启蒙哲学教育的第一人。在柏拉图笔下,苏格拉底也是诗人——临终前的苏格拉底宣称,作诗是自己的天命,而且要作的是人民喜闻乐见的诗(《斐多》60d-61b)。苏格拉底在临终作诗之前,与爱好哲学的青年讨论了一整天"灵魂不死"的证明问题,这至少表明,对苏格拉底和爱好哲学的青年来说,灵魂究竟是否不死尚有待证明,从而是否真有冥府的问题也悬而未决,显得与卢克莱修的哲学立场颇为接近。既然如此,哲人苏格拉底又何以会相信自己即将踏上去往另一个世界的旅程(《斐多》61d),为何要在临终前作涉及"阿刻戎深渊"的诗(《斐多》107c-115d),而且称之为"美好的神话"(《斐多》110b1),却没有因此成为用诗施行启蒙

---

① 西塞罗,《图斯库卢姆谈话录》卷一 5,10;21,48;《论神性》卷一 31,86。
② 阿斯米斯,《伊壁鸠鲁派与"诗与哲学之争"》,见罗晓颖编,《菜园哲人伊壁鸠鲁》,前揭,页284-285。

3. 卢克莱修笔下的阿刻戎深渊

哲学教育的第一人?

让我们从荷马说起——除了"如花少女"的传说外,卢克莱修提到的冥府景象都出自荷马的《奥德赛》(卷十一,行576-600)。换言之,早在荷马笔下,冥府已经成为教谕素材。如果说整部《奥德赛》的基本主题是奥德修斯的自我认识过程,那么,《奥德赛》卷十一讲述的奥德修斯作为一个活人面见冥府中的各色亡灵,就是奥德修斯的自我认识至为关键的一课。① 荷马写道,当奥德修斯见到各色亡灵时,"立即陷入苍白的恐惧"($\chi\lambda\omega\rho\grave{o}\nu$ $\delta\acute{e}o\varsigma$ $\mathring{\eta}\rho\epsilon\iota$;《奥德赛》卷十一,行43)。可以说,奥德修斯在冥府中经历的自我认识过程是从"恐惧"开始的,在结束时,我们看到,奥德修斯的"恐惧"消失了。卢克莱修笔下的"阿刻戎深渊"同样从"恐惧"开始,最后又回到"恐惧",但他的叙述意图明显在于通过消除"冥府的黑暗"(tenebras Orci,卷一,行115)驱散对冥府的恐惧。严格来讲,卢克莱修笔下的阿刻戎深渊场景结束时,"恐惧"同样消失了。与荷马笔下的冥府场景比较,卢克莱修笔下的阿刻戎深渊教谕仅仅化用的是荷马笔下的冥府阅历中很小的一段,并没有涉及前面的大段重要内容。两者的实质性差异在于:荷马说的是盲先知对奥德修斯这个独一无二的英雄的启蒙,卢克莱修的叙述意图则在于启发常人的自我意识,是自然哲人对无数常人的启蒙——《物性论》堪称最早的启蒙大众的长篇教诲诗。我们看到,卢克莱修笔下的"阿刻戎深渊"教谕以谴责常人收笔:"愚众的生命/人生(stultorum vita)就这样最终成了人间地狱"——"地狱"的原文 Acherusia

---

① 参见黄瑞成,《盲目的洞见:忒瑞西阿斯先知考》,华东师范大学出版社2011,第二章。

由"阿刻戎"衍化而来,加上副词 hic［这里］(指在这个世界上),意指常人由于自己的"愚蠢"而把世间"变成"了"地狱"。

伊壁鸠鲁派哲人和廊下派哲人都喜欢用 Stultus［蠢人］来称呼因欠缺哲学教育而"欠缺明智的人们"(ἄφρονες ἀνόητοι),与此相对的是受过哲学教育的 sapiens［聪明人］。奥德修斯天生聪明,"诡计多端",他仍然需要经受哲学教育才能成为聪明人——何谓"聪明人"呢?

> 忒瑞西阿斯先知预言,"奥德修斯的最后旅程"归来后,就会过上"在闲适中"等待死亡("从海上十分平静地降临")的幸福生活,历尽苦难的奥德修斯无论如何要选择过"摆脱了政治事务的个人生活",选择过"没人注意的"生活,无非是想做一个"最自足的人"。(黄瑞成,《盲目的洞见》,前揭,页 72)

倘若如此,奥德修斯最终会成为一个伊壁鸠鲁式的"哲人",他会等待自己的死,绝不会恐惧自己的死——用苏格拉底的话说,学习哲学就是学习准备死亡(《斐多》61d-63e)。可是,如果荷马在《奥德赛》中并没有想过要让所有常人都成为奥德修斯这样的人,他也就不会责骂常人是"愚蠢的人"。谁最早说所有不会哲学地生活的人"愚蠢"呢?据说是著名的唯物论自然哲人德谟克利特,他的确说过:

> 愚蠢的人按照命运提供给自己的好处来安排生活,认识这些好处的人们则是按哲学提供的好处来安排生活。(残篇 132)

3. 卢克莱修笔下的阿刻戎深渊

德谟克利特还说过,

> 有些人对我们这有死的自然之身的解体毫无所知,但意识到自己生活中的恶行,就一辈子虚构着关于死后的来世生活的荒唐神话,受着烦恼和恐惧的折磨。(残篇232)

> 人们捏造出了偶然这个偶像,借以掩盖自己的轻率。偶然造成的悖理的事情很少,一个心智敏锐的人就能把生活中大部分事情安排妥当。(残篇95)①

这些说法听起来无不是卢克莱修所宣扬的伊壁鸠鲁哲学信条。的确,伊壁鸠鲁是德谟克利特的信徒——西塞罗说过,伊壁鸠鲁从德谟克利特那里尽可能汲取源泉来浇灌自己的菜园子。由此看来,启蒙哲学的源头还应该溯源到自然哲人德谟克利特。倘若如此,我们就遇到了西方思想史上的一场恶战。据第欧根尼·拉尔修记叙,柏拉图最憎恨的哲人就是德谟克利特,对德谟克利特只字不提,即便在反驳他的地方也不提,至多把他作为无名的反驳对象,还想把能收集到的德谟克利特的书统统烧掉——看来烧书并非罗马教廷宗教裁判所的发明。倘若如此,想必德谟克利特的哲学思想的确具有超强的能量,柏拉图与德谟克利特的思想斗争因此是颇为值得注意的思想史事件。忒拉绪洛斯按四连剧结构编排整理了柏拉图的著作,也按同样结构编排整理了德谟克利特的著作——如第欧根尼所说,如果柏拉

---

① 北京大学哲学系编译,《古希腊罗马哲学》,北京:三联书店1957,页116、124、112。

图在自己的作品中明言反驳德谟克利特,他必将会与这位"最优秀的哲人之一发生一场战斗"。①

临终前的苏格拉底告诉爱好哲学的青年,虽然"灵魂不死"尚未得到最终证明,我们还是应该相信"灵魂必死"的传说。由于苏格拉底的这番话是对向往哲学生活的青年说的,而非对大众说的,他的意思就应该是说:即便"灵魂必死"对哲人来说能够得到证明,哲人也值得相信"灵魂不死"的古传说法。因为,一个人如果不关心灵魂的去处,就会有陷入邪恶的危险(《斐多》107c—d)。

苏格拉底说,如果有谁宣扬"灵魂必死"的学说,得益的当然首先是邪恶的人,因为他们不必再担心自己死后灵魂会受到惩罚,作恶更加肆无忌惮——用今天的话来说,苏格拉底十分清楚,维护"灵魂不死"的传说具有重大的社会意义。相比之下,卢克莱修怎么施教呢? 他用"阿刻戎深渊"作为教材告诉人们,根本没有死后灵魂受惩罚这回事,因为根本就没有死后的灵魂旅程。在讲述"阿刻戎深渊"之前,卢克莱修谈论的正是"我们最终死后"(post mortem denique nostram,卷三 975)的问题。我们看到,他随后讲述的"阿刻戎深渊"全然勾销了"我们最终死后"这回事情。可见,卢克莱修相信,所有常人都可以通过学习哲学把握自己的灵魂,从而理性地活、理性地死——正如施特劳斯所说:

---

① 参见第欧根尼·拉尔修,《名哲言行录》卷九,7,39-45,徐开来、溥林译,广西师范大学出版社 2010,页 905。在《情敌》这部作品中,据忒拉绪洛斯说,柏拉图笔下的苏格拉底反驳的那个无名人物就是德谟克利特。因为,当苏格拉底问哲学是什么时,此人回答说是博学多闻。德谟克利特有哲学上的"全能运动员"之称(《名哲言行录》卷九,7,37),他的确为自己的博学非常自豪。据说,德谟克利特其实认识苏格拉底,但苏格拉底并不认识他。

3. 卢克莱修笔下的阿刻戎深渊

对于人类灵魂的特殊差异，卢克莱修则缄口不言。人像牛一样居于热血沸腾的怒狮与淡漠寡情的怯鹿之间。在这方面，同一族类的不同个体间存在着天生的差别，至少人这个族类如此。训练或教育能够使一些人变得同样优雅；它却不能根除基本的、天生的差异和不平等。但是，理性强大得足以抹掉这些天生缺陷的痕迹，最终没有什么能妨碍一个生命走向诸神（行262-322）。卢克莱修的意思难道是，一个人无论多么愚蠢都可以而且能够掌握伊壁鸠鲁学说，并由此过上诸神的生活？这种看法会考虑诸神的智力吗？难道他是说，原则上人人都能生活在宗教的约束之外？对一个为黑暗中的一切而颤栗和畏惧（行87-88）的孩子而言，这难道也对？（施特劳斯，《卢克莱修疏证》，前揭，页220-221）

苏格拉底临终前讲述的冥府神话一开始就说到塔尔塔罗斯深渊，并且明确说，这说法来自荷马，言下之意，他愿意跟随荷马的教谕传统。按古老的传说，冥府中有多条河流，这些河流与大地上的河流是连在一起的（比较《奥德赛》卷十，行512-515）。这意味着人的在世生命旅程与死后的冥府旅程有内在关联，或者说大地上的生命与冥府中的灵魂有内在关联。冥府中最大最靠外的一条河流叫环河（Okeanos），在大地上环地周流（比较《伊利亚特》卷十四，行201；《奥德赛》卷四，行567-568）。与环河反方向流动的叫阿刻戎河，这条河流在大地上经过许多沙漠，再流入哀伤湖——也就是卢克莱修说的"地狱"。苏格拉底说，大多数死者的亡灵都来到这个湖边，停留一定期限后才被送回，重新投生成为生灵（《斐多》113a2-6）——所谓大多数亡灵指常人的灵魂,他们没有很强的道德冲动,平生过得平平常常。与此相对的是另外两条河流,喻指更好和更坏的两类人:"曾美好而又虔敬地度过一生"的亡灵(《斐多》113d3-4)与活得不义的亡灵。无论哪类人品,到冥府后都要按生前行为的或善或恶得到奖罚。火焰河连泥带沙蜿蜒曲折地流进冥府深渊的深处,喻指的就是恶贯满盈、不可救药的灵魂,他们在冥府深渊将受到无法挣脱的惩罚(《斐多》,113e1-6)。按苏格拉底的讲法,人的亡灵有等级,不同等级的灵魂之间并没有平等,亡灵的等级取决于灵魂在生前的道德表现——可见,苏格拉底的施教以灵魂类型的区分为前提。

哲人卢克莱修自己不相信灵魂不死不说,还劝导所有人相信灵魂不死——与此相反,在苏格拉底看来,即便哲人自己知道"灵魂必死",他也应该相信灵魂不死。如果我们也热爱哲学,对我们来说,更为重要的当然是搞清楚,为何在苏格拉底看来,相信灵魂不死不仅是对常人的要求,也应该是热爱哲学的人对自己的要求,甚至首先是对这类人的要求——毕竟,苏格拉底的冥府神话是讲给少数热爱哲学的青年听的。

苏格拉底讲完古传的冥府神话之后有一段评论(《斐多》114c-115a5),他说,对一个有理性的人来讲,即便"灵魂明显是不死的"(ἐπείπερ ἀθάνατόν γε ἡ ψυχὴ φαίνεται οὖσα),仍然"值得[不相信的人]冒险去相信灵魂不死"(ἄξιον κινδυνεῦσαι οἰομένῳ οὕτως ἔχειν;《斐多》114d4-6)。苏格拉底显得已然假定灵魂会死,仍然要求相信灵魂不死。苏格拉底给出的理由是,人死后灵魂会开始新的旅程,这时,灵魂的现世教养就会决定灵魂在冥府的际遇。换言之,人的亡灵去往冥府时会带去自己在现世的修身。这无异于说,热爱哲学的人习得的自然理性并不足以保证自己的在世生活具有道德品质。

就冥府的最后审判而言,热爱哲学的人与常人是平等的。然而,在讲古传的冥府神话之前,苏格拉底已经区分了灵魂自身与灵魂的教养。如果说就作为身体的一部分而言,所有人的灵魂都是一样的、平等的,灵魂的教养则并不一样,也并不平等——无论在世还是死后都如此。苏格拉底还说,每个人的命都由自己的命相神灵统领,人一死,每个人各自的命相神灵就会领着亡灵到冥府接受最后审判。这时,生前的灵魂教养将成为人死后的亡灵在冥府中继续旅程的向导。亡灵的冥府之旅会遇到许多岔路,而且曲里拐弯,一不小心就会迷路。苏格拉底还说,生前品行端正、热爱智慧的灵魂不会在冥府中迷路,因为,这种亡灵的向导是生前的哲学教养。有这种教养的灵魂在世时也不会恐惧死亡,生前迷恋肉体,贪恋看得见的世界,反复挣扎,吃尽苦头也不肯离世的灵魂(有如卢克莱修描绘的提堤奥斯、西绪弗斯、如花少女),由自己的命相神灵生拉硬拽才能带走——苏格拉底把这种灵魂称为有罪的不洁灵魂。这类灵魂到达冥府后,亡灵们都会躲着它,谁都不愿给它指路,只能孤零零地茫茫四顾,最后由"必然"带它去罪有应得的地方(《斐多》107d-108c)。

苏格拉底在讲述冥府神话之前和之后的说法有如一个框架,使得他讲述的古传神话具有哲学证明的意义。换言之,与卢克莱修一样,通过讲述冥府神话,苏格拉底证明了哲学教养对人生在世的意义,但苏格拉底与卢克莱修所证明的哲学教养的意义却判若云泥。的确,与卢克莱修一样,苏格拉底区分了有哲学教养的灵魂与无哲学教养的灵魂,或者说区分了有自我意识的灵魂与无自我意识的灵魂。但苏格拉底证明的是:有哲学教养的灵魂清楚地知道自己的在世生活应该有德性上的自我要求，清楚地知道自己的生活选择的道德含义——苏格拉底说，热爱哲学就是学会死亡，指的是在世时的道德追求。虽然在冥府神话中苏格拉底仅仅对比了缺乏道德冲动的多数人和有道德追求的热爱哲学的人以及天性恶劣的人，实际上，苏格拉底把有道德追求的热爱哲学的人与常人中天生有美德的一类人归在了一起。因为，苏格拉底在与两位青年讨论灵魂是否不死的证明之前曾说过："最幸福的人去了最美好的地方，这些人曾致力于村社的和城邦的德性[οἱ τὴν δημοτικὴν καὶ πολιτικὴν ἀρετὴν]，也就是所谓节制和正义，这些产生于习惯和训练，并不带有热爱智慧和心智"(《斐多》82a10-b2)。单纯热爱理智的人的在世生活绝不比有政治德性的常人的在世生活高，也没有资格单凭纯粹理性就可以贬低所有常人。

苏格拉底讲述的冥府神话让我们看到，他在教育少数爱好哲学的青年的同时，尽可能完整地保留了习传宗教的寓意。苏格拉底启蒙少数追求智性的人，却不启蒙常人，或者说不用哲学取代宗教。这意味着，哲学教育说到底始终且最终都是自我教育，是少数追求智性的人对自己的自我教育。卢克莱修化用古希腊习传宗教的冥府传说施教则是为了彻底颠覆习传宗教，用哲学教育取代习传宗教——宗教意识的表征之一是信奉灵魂不死的传说，破除宗教意识就得解构传统的冥府传说。卢克莱修利用古希腊神话传说来解构常人对神的畏惧和对死亡的恐惧，成为现代启蒙哲学解构宗教意识的先驱，可以说是他无视苏格拉底问题的结果。

在《王制》卷三开头，苏格拉底要求教育城邦卫士时删除古诗中所有恐怖骇人的词汇，如哀嚎河、恨河以及"地下的幽魂、

僵尸"之类让人听了毛骨悚然的说法——他说,

> 也许,这些东西有其他什么用场,然而,我们却为城邦的卫士们担心,生怕他们受这些令人汗毛竖立的东西的影响而变得更温和、更软弱,不如我们的要求。(387b-c,王扬译文)

在苏格拉底的神话诗中,我们可以看到阿刻戎河、哀嚎河、火河……但看不到"地下的幽魂、僵尸"之类。在卢克莱修笔下的阿刻戎深渊中,我们没有看到不同的河流(或不同的灵魂),却看到了令人毛骨悚然的"地下的幽魂、僵尸"…… 坦塔罗斯、提堤奥斯、西绪弗斯以及达那俄斯的女儿们,都被卢克莱修用来恐吓常人——在卢克莱修笔下,常人即便能逃脱罪的惩罚,受折磨的意识依然还在,除非他们学会懂得原子唯物论哲学原理……

二、西方基督教时期的哲学与宗教

4. 司各脱和他的《论第一原理》

认识历史上的某个思想家,首要的途径是用心研读他写下的文本,而不是听信哲学史书对这个思想家的什么"主义"、"学说"的描述和概括。稍微夸张一点讲,自从出现了哲学通史或思想通史一类读物,历史中的思想就开始变得面目全非。如果以为通过思想史可以更快接近历史中的思想,那么,事实可能刚好相反。

就思想的事情而言,甚至某位思想家的生平有时也与我们了解其思想未必有太大干系。据一位研究中国思想史的美国教授说,只有打通社会史,才能搞透思想史研究①——其实,当这位教授兢兢业业求索清代公羊学复兴的社会关系状况时,公羊学思想的事情本身已然被遗忘了。毕竟,有的思想家的生平材料少得可怜——比如,史称"建立了自己的学派的思想家"司各脱(John Duns Scotus,约 1266-1308,比阿奎那[1227-1274]小一

---

① 参见艾尔曼的《从理学到朴学:中华帝国晚期思想与社会变化面面观》和《经学、政治与宗教:中华帝国晚期常州今文学派研究》(均为江苏人民出版社 1998 年版)。

代),其生平很难考订清楚。① 对这样的思想家,是否因其生平史不清楚就可以干脆不理会了呢?

文本与版本

关注文本而非"学说",就是关注纠缠着思想者的问题。在读司各脱之前,我们已经听说什么"唯名论"、"唯意志论"一类由哲学通史总结出来的司各脱学说。现在,如果我们要直接读司各脱的文本,最好先扔掉诸如此类的标签。

直接研读古代思想家的文本,当然有不少技术上的困难。即便当今研究中国思想史的学者,也都得有赖于文献学专家对原始文本的校勘,不大可能直接用未经文献学者整理的本子。西学对汉语学者来说更如此,我们几乎没有可能(也没有必要)亲自去整理原始的文本(遑论声称直接据古本翻译)。依赖古文献学家的校勘和翻译,仍然必要,也不可避免。

司各脱的原文著作收在米涅(J.—P.Migne)神父编的《拉丁教父集》(*Patrologia Latina*)卷196,另有瓦丁(Luke Wadding)编

---

① 司各脱的生平和著述综述的权威版本为 Carl Balic, *Life and Work of Duns Scotus*,见 John K.Ryan 和 Bernardine Bonansea 编, *John Duns Scotus*:1265-1965(《司各脱诞辰七百周年纪念文集》), Catholic Uni. of America Press 1965,页1-27。亦参 Camille Berube, *La Rennaissance de l'Individuel au Moyen Age*(《中世纪的个体复兴》), Montreal 1964,论司各脱的两章;Hans-Joachim Werner, *Johannes Duns Scotus*《司各脱》,见 Hans Freiherr von Campenhausen 主编, *Nimm und lies: Christliche Denker von Origenes bis Erasmus von Rotterdam*《从俄利根到爱拉斯莫的基督教思想家》, Stuttgart 1991,页247-267。最早研究司各脱的权威论著是 Chaeles R.S.Harris 的两卷本 *Duns Scotus*(Oxford, 1877),虽然舛误不少,却不乏见识。笔者所见最新的司各脱思想评述的英文文献为 Richard Cross, *Duns Scotus*(Oxford Uni. Press 1999),附有较为完备的司各脱研究的英语文献。最新的法语的司各脱研究专著是, Francois Loiret, *Volonté et Infini chez Duns Scot*(《司各脱论意志与无限》), Paris 2003,附有丰富的研究文献。

的《司各脱全集：附司各脱派对文本的注释、题要和疏解》(*Opera omnia, collecta, recognita, notis et scholiis et commentariis illustrate*, Lyon 1639 版,Hildesheim1968 重印,共十二卷),然后有 Vives 编的二十四卷本(*Paris* 1891–1895,这个版本实际上是重印 Luke Wadding 编本,但没有收注释、提要和注疏)。要求汉语学者直接依据这些拉丁语文本来研究司各脱,至少目前不可能；要求某个译者直接从这些文本翻译司各脱作品,也是过高的要求——尽管我们希望不久的将来能够做到。这些版本有的没有经过考订,有的没有经过整理,即便我们有了精通拉丁语的人才,汉译学者没有可能做考订,何以谈得上按古本翻译? 上个世纪 30 年代,梵蒂冈设立了"司各脱著作编辑委员会"(Scotistic Commission),由巴利克(P.Carl Balic)神父牵头编辑考订版《司各脱全集》(*Opera ominia: Studio et cura Commissionis scotisticae ad fidem codicum edita*),召集多位专家共事,历时 12 年才考订出 *Ordinatio* 中篇幅不大的两卷(Vatican City Press 1950)。考订校勘的事情非常艰难,清代学者整理十三经,往往耗费一生精力才搞成一两部经书。

　　汉译司各脱的著作目前不可能直接从现有的拉丁文本全集移译,必须依赖西方古典学者的考订整理和翻译。近半个世纪以来——尤其近 20 年来,司各脱单篇论著的西方现代语文译本有了显著进展：沃尔特(Allan Bernard Wolter)用力最勤,他编辑和英译的 *John Duns Scotus. Philosophical Writings*(New York: The Bobbs—Merrill 1964,Cambridge:Hackett 1987 重印),是司各脱论著的一个虽简要却相当精当的选本(有精要的导论);阿龙提斯(Felix Alluntis)和沃尔特编辑、英译的 *God and Creatures: The Quodlibetal Questions*(Princeton Uni. Press 1975)也是一个不错的选本。沃尔特还编辑、英译了另一个选本：*Duns Scotus on the Will and Morality*（The Catholic University of America Press 1986）。雅成（A. Vos Jaczn）编辑、英译的 *Contingency and Freedom: Lectura* I 39（London：Kluwer 1994），以及弗兰克（William A. Frank）与沃尔特编辑、英译的 *Metaphysican*（Purdue Uni. Press 1995），都是专题性译本。① 汉语学界的司各脱研究值得从这些研究成果入手，接触司各脱的文本。②

《论第一原理》(*Tractatus de primo principio*) 是司各脱最后的著作,在司各脱著作中占有特殊地位,虽然直到上个世纪40年代才有了缪勒（M. Müller）的考订注释本（Freiburg im Breisgau 1941）和洛赫（E. Roche）考订、英译（New York：St. Bonaventure, 1949）的两个现代文本。以后又有沃尔特考订并英译的本子（1966）、克鲁克森（Wolfgang Kluxen）考订、注疏和德译的本子（Darmstadt 1974）。十多年后,沃尔特又修订了自己的英译本（Chicago：Francisan Herald Press 1982）——笔者组译的中译本③由我国知名的西方逻辑学史学家王路教授执译,选用的是Kluxen的本子,因为它有较为详细的疏解（篇幅比正文多近一倍）,这对我们细读原著非常有帮助。

---

① 其他语种的校勘、翻译本有：F. Alluntis 编辑并译成西班牙文的 *Cuestiones cuodlibetales*（Madrid 1963）；Olivier Boulnois 编译的法文本 *Sur la connaissance de Dieu et l'univocite*（Presses Uni. de France 1988）。

② 司各脱文本的校勘和翻译还见于学刊：Allan B. Wolter 编、译, *Duns Scotus on the Neccessity of Revealed Knowledge* [Ordinatio, prol, I. un]，刊于 Franciscan Studies, II（1951），页 231-271。Allan B. Wolter 和 Marilyn McCord Adams 编、译, *Duns Scotus's Parisian Proof for the Existence of God*，刊于 Franciscan Studies, 42（1982），页 248-321。J. Ribailler 编、译, *De Trinitate*，刊于 Textes Philosophiques du Moyen Age, 卷6。

③ 指的是《论第一原理》（司各脱著，王路、王彤等译，华东师范大学出版社，2003）。

司各脱在中世纪思想史中的位置

如今读古代的思想文本似乎有两个目的:要么为了从中汲取思想养分——这意味着,历史上过去远久的思想家所想的问题并不因为时过境迁而不再是问题;要么为了思想史研究而整理、复述材料。日尔松(Etienne Gilson)是西方学界公认的中古哲学—神学研究权威,其名著《中世纪哲学精神》可以说属于前一类读法;但日尔松的大部分论著都属于为了整理思想史材料而写的述评——比如他关于司各脱的专著就是如此。①

思想史研究很难彻底摆脱现代哲学—神学问题意识的影响,毕竟,对思想史上某位大家的解释和定位,倚赖于论者对思想历史的通盘看法。就考究中古哲学—神学思想而言,如果没有将它放在与古希腊哲学和近代哲学的关系中来看的眼力,就不大可能搞清楚中古哲学—神学思想的来龙去脉。日尔松写过一本小书——《西洋哲学发展史》,试图厘清中世纪哲学与近代和现代哲学的内在关联。全书分四章,第一章题为"中世纪的试验",以后三章分别讲笛卡尔以后直到 20 世纪初的哲学。②在"中世纪的试验"一章中,日尔松主要讨论了阿伯拉尔德、波拉文图拉、奥卡姆,然后是代表中古哲学—神学衰落的埃克哈

---

① Etienne Gilson, L'Esprit de la philosophie medievale,中译本;台北;商务印书馆 2001,沈清松译;Etienne Gilson, Johannes Duns Scotus. Einführung in die Grundgedanken seiner Lehre《司各脱学说的基本思想导论》,Dusseldorf 1959。这类性质的司各脱思想研究的中译文献有:Frederick Copleston,《西洋哲学史:中世纪哲学》,庄雅棠译,台北:黎明文化出版公司 1988,页 652—754。

② Etienne Gilson,《西洋思想发展史》,陈俊辉译,台北:水牛出版社 1989(1997 重印)。

特,对司各脱仅匆匆一页带过(《西洋哲学发展史》,前揭,页53)。① 似乎就中世纪与近代哲学的关系而言,司各脱并不那么重要。可是,业内人士都听说过康德和莱辛关于神义论的论述,其问题来源是莱布尼茨的《神义论》,而莱布尼茨的神义论问题就与司各脱的思想有很大关系。② 由此看来,司各脱思想与近代思想的关系,并非如权威的哲学史家讲的那么简单——力挽西方形而上学衰颓命运的海德格尔在其修习年代以研究司各脱起步,恐怕不是偶然。

司各脱的著作通常被分为两类:哲学撰述(如《论第一原理》)和神学撰述(如《牛津评注》),前者讲单纯理性如何可能使人的上帝信仰有所得,后者讲神学可以帮助形而上学有何所得。司各脱试图揭示哲学在意识上的未达之处,限制神学中理性成分的过分突涌,以便维护信仰和神学的空间。③ 神学与哲学在司各脱那里显得要为对方的认识目的服务,其前提显然基于神学与哲学的区分。如果要确定司各脱在中古思想史上的位置,首先得搞清楚在司各脱那里何以有神学与哲学的区分。

日尔松的《西洋哲学发展史》虽然几乎忽略了司各脱,但他

---

① 蒂利希的《基督教思想史》(香港:道风书社 2000,尹大贻译)几乎等于没有提到司各脱。
② 参见 Douglas C.Langston, *God's Willing Knowledge: The Influence of Scotus' Analysis of Omniscience*(《上帝意愿的知识:司各脱对全能学问之分析的影响》), The Pennsylvania State Uni. Press 1986。
③ 参见 P.Bohner/E.Gilson, *Theologie und Metaphysik*《神学与形而上学》,见氏著 *Christliche Philosophie*, Paderborn 1954; L.Honnefelder, *Der innere Ort der Frage nach dem Seienden als solchen im theologischen Werk des Duns Scotus*《如此在者问题在司各脱神学著作中的内在位置》,见氏著, *Ens inquantum ens*, Münster 1979; Martin A. Schmidt, *Johannes Duns Scotus: Zwischen Metaphysik und Ethik*(《司各脱:形而上学与伦理学之间》), 见 C. Andresen 主编, *Handbuch der Dogmen-und Theologiegeschichte*(《教义—神学史教程》), Bd.1, Göttingen 1982。

花了相当笔墨来谈论的一件事情对理解司各脱相当重要,这就是伊斯兰教和犹太教哲学对基督教神学造成的压力(《西洋哲学发展史》,前揭,页 29-43)。

哲学史大多会讲这样的思想史常识:经院哲学—神学依傍亚里士多德,与早期基督教神学更多依傍柏拉图不同。倘若如此,我们就要问:为什么基督教神学要从依傍柏拉图转向依傍亚里士多德?

从哲学史书上我们可以读到这样的解释:伊斯兰教思想家阿尔法拉比(Alfarabi)、阿维森纳(Avicenna)、阿威洛伊(Averroes)致力注疏亚里士多德著作,复兴了亚里士多德形而上学,从而给基督教带来了压力:基督教信仰是否也是一种理性的知识?

面对这样的压力,作为基督教神学家,司各脱希望证明,基督教信仰中也有理性成分。① 司各脱是苏格兰人,在苏格兰,据说有好几个姓"司各脱"的僧侣思想家。我们说的司各脱有一个著名的称呼——"精微博士"(Doctor Subtilis),可见这个司各脱天生有精于思辨的资质。在他之前,有个叫 Richard Scot(1123-1173,通常用他的法语名 Richard de St. Victor 或拉丁语名 Ricardus de Sancto Victore Scotus)的前辈,在苏格兰创立了有影响的方济各僧侣团,在学问上追随安瑟伦和方济各,把上帝对造物的爱和人爱上帝的律令作为神学学问的中心——他发现,启示对于基督教思想家是无上的权威,对于非基督教思想家却没有权威。

从 Richard Scot 到"精微博士"司各脱之间,还有一位苏格

---

① Allan Bernard Wolter,《司各脱论意志和道德》,前揭,编者导言,页 5。

兰思想家叫 Michael Scot(？－1236)，他借道西班牙把伊斯兰教学问家对亚里士多德的阿拉伯文注疏翻译成基督教的拉丁语言，特别是阿威洛伊的亚里士多德注疏。① 通过解释亚里士多德，阿威洛伊改变了理性在思想秩序中的位置：绝对的真理只能在理性的哲学中找到，信仰启示是人的知性十分虚弱的表现。按照这种解释，哲人的使命就是把人从启示中解放出来，基督教神学的启示基础因此而受到严重挑战。

可是，从哲学史书上我们也得知，在司各脱时代，启示信仰与理性知识的关系早已不是新问题。司各脱本人所面临的，并非启示信仰与形而上学知识的突发对立，在他之前，已经有好些基督教思想家作出过思想上的努力，化解伊斯兰教学问家复兴亚里士多德形而上学给基督教信仰带来的冲击。既然如此，司各脱思想的历史位置兴许就在于：其思想前辈化解亚里士多德形而上学给基督教信仰带来的冲击并没有成功，因而需要重新思考解决方案。

司各脱深入形而上学问题，不仅因为其思辨天性喜好思考这类问题——理性思辨本身也是一种愉悦的生活，更重要的是，在司各脱看来，其思想前辈对亚里士多德形而上学的理解成问题。对亚里士多德形而上学的重新理解，将引出新的上帝理解——近代的形而上学问题就是从这种上帝理解的演变中产生出来的。也许可以说，中古思想与近代思想的关联，重要的不是早期或中期的经院神学，而是晚期经院神学——布鲁门伯格的研究也许证实了这一点。

---

① Alexander Broadie, *The Shadow of Scotus: Philosophy and Faith in Pre-Reformation Scotland*(《司各脱的影子：宗教改革前苏格兰的哲学与信仰》)，Edinburgh 1995，页2－6。

我国学界对西方古代思想的研究一向薄弱,中古思想的研究则是薄弱中的薄弱,中古思想中的晚期经院神学可以说还不曾有人问津。《论第一原理》的翻译出版,至少让汉语学界有机会一睹晚期经院神学的一点原貌。

《论第一原理》的沉思形式

《论第一原理》被现代的思想史家归为哲学论著——然而,《论第一原理》开首却是一段祈祷文。司各脱向上帝"这位最真的老师"祈求,让属于"芸芸众生"之一的自己有足够的理解力把握上帝显示其名的话语:"我是我之所是"(《圣经》和合本译为"我是自有永有")。

哲学论著始于祈祷,在现代哲人看来匪夷所思。我们一开始就遇到这样一个理解文本的困难:何以哲学思辨始于祈祷。

理解《论第一原理》的困难还不仅止于此。比如,书中提到的人物不多,不像当今的哲学论文,总得扯上几十百把个人才算合乎"学术规范"。如果按提到的人物的年代顺序排列,司各脱提到:柏拉图、亚里士多德、奥古斯丁、安瑟伦、阿维森纳。司各脱的形而上学沉思基于这些人的著作,但他的讨论没有事先介绍这些人物的思想,似乎预设了读他的书的人对这些人物的论著已经了如指掌。不仅在国朝学界,就算在如今的西方学界,也不大找得出几个对这5位历史上的思想大家的学说均了如指掌的高人。至少得熟悉柏拉图的《泰阿泰德》、《蒂迈欧》、《智术师》,熟悉亚里士多德的《形而上学》、《物理学》、《动物学》、《工具论》,熟悉奥古斯丁和安瑟伦的三一论,以及阿维森纳的著作——就我们可以接触到的而言,至少得熟悉其《论灵魂》、尤其该书第一和第五章,①理解《论第一原理》中的论述才会有起码的基础。

由此我们值得提出一个问题:《论第一原理》是写给谁看的?

可以肯定,《论第一原理》不是写给普通信众看的,正如亚里士多德的《形而上学》一类书不是写给普通民众看的。僧侣思想家是尼采所谓的隐士,在修院大墙内沉思。形而上学流传到市场,是启蒙时代的事情。

《论第一原理》在形式上很可能遵循着形而上学论著的格式,全书分四章,似乎"四"是一种论证的阶梯。② 第一章篇幅最短,犹如形式逻辑推理程序中的大前提,仅仅提出要讨论的形而上学问题的思辨基础:划分"四种秩序(次序)",并说明这种划分是从亚里士多德那里来的。

第二章的篇幅比第一章稍长,仍然很短,犹如形式逻辑推理程序中的小前提,进一步瞄准问题——论题的展开:秩序中何者是优先的。在讨论一开始,司各脱就提到了奥古斯丁的《论三位一体》。

为什么提到奥古斯丁,而非圣托马斯或别的哪位经院神学前辈?显然,这不仅仅因为,秩序中何者优先的问题与上帝在存在秩序中的位置问题相关。要么,在司各脱看来,阿维森纳对亚里士多德的解释确实撼动了奥古斯丁建立的基督教神学大厦的基础;要么,对于司各脱来说,如果要应对形而上学的冲击,还得

---

① 伊本·西那(阿维森纳),《论灵魂》,北京大学哲学系译,北京:商务印书馆1985。

② 西美尔有《形而上学四章》、施米特给其《政治的神学》一个"主权学说四章"的副题,海德格尔的《形而上学导论》亦为四章。

回到奥古斯丁——这也许意味着从亚里士多德回到柏拉图。阿维森纳随奥古斯丁之后出现了(2:4)，这也许表明，阿维森纳的形而上学著述的确给基督教神学带来了一些必须解决的难题。不过，问题仍然是亚里士多德的形而上学带来的：什么是第一原因。司各脱多次引用阿维森纳对亚里士多德《形而上学》的疏解，绝非偶然。在司各脱之前，已经有好些基督教神学大师致力化解亚里士多德形而上学对基督教神学的冲击，司各脱没有提到这些神学大师，但我们肯定不能说，他不晓得这些前辈的解决方案。毋宁说，司各脱相当清楚，问题的要害在前辈们那里被忽略了——正如我们将会看到的那样，《论第一原理》实际上暗含着对经院神学前辈的批评。

第三章从形式上看当是给出大小前提后的推论，同样以祈祷开头：

> 我主上帝，你确实说过，你是第一的和最终的，你教育你的仆人通过理性来证明他有以确切无疑的信念所把握的东西，即你是第一起作用的东西，第一优越的东西和最终的目的。

第三章进入对形而上学问题的沉思，祷文提示了司各脱的意图：对上帝的信仰如今遇到了形而上学，司各脱希望通过形而上学来证明自己的信仰。当然，基督信仰并不需要形而上学证明——信仰本无需这样的证明。然而，既然世上有形而上学这种证明，那我们也不妨用来证明一下对上帝的信仰。

《论第一原理》是哲学著作？

哲人并不沉思基督徒的上帝，神学家也不沉思哲人的本体。然而，如今形而上学问题成了学问领域的主导问题，喜好思辨的信徒就不能撇开这些问题。上帝与形而上学世界的关系,不能等同于上帝与世界的关系。上帝与世界的关系,《圣经》已经讲清楚了,但亚里士多德的形而上学讲了另一种世界的构成,对沉思的基督徒来说,必得对这一形而上学的世界构成作出回答。①司各脱的主要沉思对象与其说是亚里士多德的《形而上学》,不如说是阿维森纳对亚里士多德《形而上学》的解释(尤其参见 3: 18)。在这里,司各脱试图确定形而上学思考的前提,亦即第一章中提出的秩序——最后的祷文再次强调:

> 对于每一种理智来说,每一个在者都是有秩序的东西……因此,对于从事哲学研究的人来说,去掉某种东西的秩序是不可思议的。

第四章最长,似乎在给出大小前提并经过精微推论后,司各脱要给形而上学问题一个总的回答,因而,沉思对象转向亚里士多德本人(4:3)。

看起来,对于司各脱来说,如果要面对亚里士多德的形而上学,最难处理的问题就是存在秩序中的"偶在"。从使用的语词来看,这一章的神学成分明显增多了,在结构上与第二章中的三一论相对应——奥古斯丁和安瑟伦的三一论成为论证的依据(4:9)。司各脱不仅讨论了天使的存在(4:4-4:6)这一来自希腊教父的论题,②还直接涉及对上帝的信仰(4:7)——直接沉思

---

① Hans Blumenberg, *Work on Myth*(《秘说考》),MIT 1990,页 215-261。
② 这里涉及与阿奎那的论争——通过阅读阿维森纳,阿奎那系统地讨论了所有存在者的 factic contingency[实际的偶在],也就是说,存在者的所有变化的可能性都不是基于上帝意志的德性,而是基于自己天性的德性,天使就是这类存在最显见的例子。

"你"(上帝)。因而,在这一章里,祈祷次数随之增多,不仅仅起头和结尾才祈祷,论述中也时而出现祈祷(4:8,4:9,4:10)。

第三章推论引出的似乎是这样的问题:如何理解形而上学存在秩序中的偶在。在这一问题框架下,第四章转向了上帝的存在,从而沉思的问题是:究竟形而上学的何种属性可以加诸上帝的存在。我们看到,4:9中关于上帝的无限性的论述是全书中篇幅最长的一段。传统三一论中上帝的意志论题由此进入了亚里士多德的形而上学问题框架,如司各脱所写道:"他试图弄明白,如何能够以某种方式从自然理性推论关于你[上帝]的形而上学表达。"

司各脱的结论是,信徒可"以各种方式推论出哲学家所知道的关于你[上帝]的更多的完善性"。由此来看,《论第一原理》能称作纯粹的哲学论著吗?

哲学的本性是爱智,基督信仰的本性是爱上帝。第四章在说到上帝的存在本性时,司各脱提出了爱的本体同一性:"第一本性爱自身,这与第一本性是同一的"(4:6)。这爱是意志——意欲的爱,"意志与第一本性是同一的。因为,一个意志活动只是一个意志的活动;所以,意志是不能被引起的"(4:6)。论证这一点后,司各脱再论上帝存在与理智的同一(4:7-8)。也许可以说,《论第一原理》仍然是神学论著,只不过它采取了以形而上学来反驳形而上学的思辨方式,以至于看起来成了形而上学的论著。

偶在、意欲、这一个

海德格尔在扼要论述现象学的解释学原则时提到:费希特、

谢林、黑格尔的观念论哲学来自于某种神学,这种神学植根于新教对路德的新虔敬态度的解释,而路德的新虔敬态度则基于对保罗—奥古斯丁的解释及其对晚期经院思想的分析——海德格尔提到四位晚期经院思想家,第一位就是司各脱。① 按照海德格尔的看法,真正的形而上学在基督教化的希腊传统中变了味。要回到真正的形而上学,一方面要"解构"式地解释思想史,另一方面得回到亚里士多德,如实地阅读其文本。所谓如实地阅读,就是要在文本脉络中关注其中关键语词的语义行程。

按海德格尔建议的方式来看《论第一原理》,可以说,"偶在"是《论第一原理》中的关键语词。② "偶在"(又译"偶性")最早见于亚里士多德《形而上学》卷七中讨论质料与形式的划分,《论第一原理》在一开始就提到质料与形式的划分,并提出形式优先的原则。根据优先地位,形式是"在先的",因为它是最完善的(1:7)——在第二章里,司各脱还说,亚里士多德把这一点看作显见的道理(2:9)。随着对《形而上学》卷七中形式与质料问题的沉思,司各脱对偶在的沉思在第二章里进一步深入(2:7、2:14),并与"意欲"连接起来。意欲意味着向着"目的"的运动,目的是比向着目的的东西"更好"的,或者"目的作为被喜爱的东西使起作用的东西向被引起的东西运动"(2:16)。在接

---

① 参见 Martin Heidegger, *Phänomenologische Interpretationen zu Aristoteles*(《对亚里士多德的现象学解释》),Stuttgart 2002,页36。

② 关于司各脱的偶在论,参见 Michael Sylwanowicz, *Contingent Causality and the Foundations of Duns Scotus' Metaphysics*(《偶在的原因与司各脱形而上学的基础》),Leiden:E.J.Brill 1996; Giorgio Agamben, *Bartleby, or On Contingency*,见氏著 *Potentialities, Collected Essays in Philosophy*, Stanford Uni. Press 1999,页243。偶在问题在奥康那里得到进一步发展,参见 William Ockham, *Predestination, God's foreknowledge and future contigents*(《预定说、上帝的预知与偶在的未来》),trans., with notes and appendices by Marilyn McCord Adams/Norman Kretzmann, Indianapolis/Cambridge 1983。

下来的"第一个结论(推论)"中,偶在与意欲关联的在体论含义得到揭示:

> 一旦存在着意志偶在的东西,它就可能由不在而在;所以它不是由自身而在,也不是由不在而在——因为,在的这两种情况都会从不在到在;因此,存在着能够被另一事物作用的东西。

司各脱清楚地说明,按照阿维森纳的看法:偶在问题是"根据从事哲学研究的人的观点……"引出来的,"哲人并不是在的本质秩序的原因,而仅仅是在存在着偶然秩序的原因假定意志无穷性"(3:2)。我们可以感觉到,在这一说法背后有一个神学的前提,或者隐含着神学与哲学的关系问题——上帝的秩序与形而上学的秩序何者优先:"由于宇宙只有一种秩序,因此只有一种与第一的东西有关的秩序"(3:6);"有一种占有优先地位的本性,它根据完善性是绝对第一的"(3:12)。经过第三章的推论,第四章将意志与偶在的关联问题与"对上帝意志活动的理解"连接起来。司各脱被看作主张意志优先论,就因为他说,"第一起作用的东西是意志'真正'起作用的东西,因为,在每一个偶然原因之前,都有一个在先的东西"。如果第一起作用的东西为了一个目的而起作用,这个目的就是把第一起作用的东西作为一个被一种意志行为所喜欢的东西来推动(4:4)。"或然"的东西与意欲的关系成了问题的关键——"没有与意志或伴随意志的东西不同的或然起作用的原理;因为,其他每一个原因都由本性的必然性起作用,所以,不是或然地起作用"(4:4)。讨论意志与或然的关联,是为了证明意志的优先性,而证明意志的优先性则是为了证明或然性不是第一性的——因而,形而上学的世界本质构想不是第一的。书名 *De Primo* 意为"论第一",正如中译者指出的,德译 Das Erste 比英译 the First Principle 好。如果套用中国古学中的说法,可以译作"论乾元"——"乾元兹始乃统天"。司各脱沉思的不是第一"原则",而是第一"秩序"——形而上学的秩序抑或上帝的秩序是第一的。

司各脱从阿维森纳对亚里士多德形而上学的解释出发来思考。按阿维森纳《论灵魂》中译者前言中的说法,法拉比是阿维森纳的引路人,让他搞懂了亚里士多德,从而追随法拉比"抛弃柏拉图路线,走亚里士多德的道路"(《论灵魂》,前揭,页 xiii)。我国学界迄今没有研究阿维森纳的专家,中译者前言的这段话很可能是未注明出处地引自某位西方或者俄国的哲学史学者的观点。如果这种说法不错,司各脱是否也"抛弃柏拉图路线,走亚里士多德的道路",或者说抛弃奥古斯丁,走圣托马斯的道路呢?①

在《论灵魂》的第一章,阿维森纳就说到"灵魂的偶然性质",而且清楚表明,这些论题是从亚里士多德那里来的(《论灵魂》,前揭,页 14)。按阿维森纳对亚里士多德的解释,偶在与意欲相关联——潜在的与实现的东西的关系,是意欲问题出现的前提:

---

① 司各脱靠近奥古斯丁抑或圣托马斯,是个有争议的问题,一说司各脱是 Richard Scot 精神的传人,其思想一方面依傍方济各的爱的意志——遥接奥古斯丁,另一方面依傍安瑟伦的理解的理智论;一说司各脱看起来批评圣托马斯,其实是批评 Henry of Ghent, Godfrey of Fontaines, Giles of Rome 等,相反,司各脱明显发展了圣托马斯用逻辑理性来论证上帝的方式。"如果谁希望读懂阿奎那的那些形式完美的论证,就应该读司各脱对这些论证的再陈述。"Cecil B.Currey, *Reason and Revelation: John Duns Scotus on natural theology* (《理性与启示:司各脱论自然神学》),Chicago 1977,页 11。

4. 司各脱和他的《论第一原理》

> 当意欲机能所产生的那种推动的意志由于有一个动机来自想象或理智活动因而成为可能的适合,运动机能就毫无疑问地会推动起来。所以,如果意志不是可能的,运动机能就不会去推动。(《论灵魂》,前揭,页39)

在讨论"理性灵魂"的时候(《论灵魂》,第5章),偶在问题深化到"这一个"(haecceite,中译本译作"唯此性")——或者灵魂的单一性问题:动物有"情欲灵魂",人有"理性灵魂"而动物没有,那么,人的灵魂还是否是单一的呢?

这一问题来自灵魂与身体(形体)的关系。从举的例子来看,阿维森纳要说的是,灵魂是否支配身体——身体是多样的("这一个"),但灵魂是同一的。身体是偶在的,只有灵魂才使之成为"我"的:

> 这个肢体并非本身通过本质而是我知觉到是我的那件东西;相反地,这个肢体是通过偶性而是"我"。(《论灵魂》,页260-261)

在司各脱那里,"这一个"的论题得到了远为深入得多的讨论,以至于成了司各脱思想的一个重要标志。

然而,"这一个"的论题来自柏拉图,而非亚里士多德。在《泰阿泰德》(*Theatetus*)中,苏格拉底与泰阿泰德讨论到如何区分"可知与不可知的东西"时说到,知识不可能建立在感觉材料之上,思维如果不超出感觉经验层次,知识是不可能的。苏格拉底说,他梦见有人说:

起初的东西正像一些"元素",我们和其他一切事物都是由它们组成的,它们无可解说。每一个元素只可能用其自身来命名,对它不可能再说其他,甚至不可说它存在还是非存在。因为这样说就会把存在和非存在附加给它;而假如想单独谈论它,就什么也不可附加,那些词儿哪一个也不行——"它"、"那个"、"每个"、"独个"——还有"这一个"和许多其他[a5]这类词儿。因为,这些表达可以随处用于任何东西,但又有别于使用它们的东西。假如元素可说、有其自己特定的解说,也不会用所有这些附加的东西来说。事实上,这些起初的东西中任何一个都没有解说的余地。因为,对它除了"命名"不能做别的事——它仅有名称——然而,正如由这些元素组成的事物是这些元素的织体,它们的名称也如此。一旦它们编织在一起,就构成了解说。由于名称的织体就是"解说",所以,实际上用这种方式,"元素"还是可以被察觉,尽管它们不可解说又不可知,而"音节"——元素的织体——则是可知、可说、可被真实意见所判断的。简言之,当任何人获得有关任何事物的真实意见而没有解说——他的灵魂说出此物的真相,但并不知道该物,因为任何人不能给出和接受解释——即为缺乏对此物的知识。但若他也得到了解说,那么他在所有方面都有了能力,能有最完备的知识。(《泰阿泰德》,201e1-202c5,贾冬阳译文)①

---

① 柏拉图作品中说到"这一个"的另一重要段落见《蒂迈欧》49d-e,说法与此近似。

4. 司各脱和他的《论第一原理》

奥古斯丁的思想基本上遵循的是柏拉图的知识理论,司各脱属于奥古斯丁的思想传统。就偶在与"这一个"的关联来看,恐怕很难说司各脱抛弃了柏拉图跟随亚里士多德,因为,那就意味着抛弃了奥古斯丁。

可是,《论第一原理》提到柏拉图仅一次,而且是否定性的:

> 确定无疑的是,你的本质是在所有可认识性的意义上认识每一种可认识的东西的完善根由;无论谁愿意称它为观念,我在这里都不打算停留在这个希腊和柏拉图式的词上。(4:10)

也许,这唯一一次否定性地附带提到"柏拉图式"恰恰表明,司各脱熟悉某种"柏拉图式的"神学—哲学传统,只不过没有在这里明言而已。如果不是仅仅听信流行的哲学史书上的说法,而是亲自切实地深入司各脱的文本,说不定司各脱与柏拉图的关系会重见天日。①

偶 在 的 神 学

虽然主要讨论形而上学问题,《论第一原理》仍然是神学论著。然而,这种与形而上学交融在一起的神学是一种什么样的神学呢?

德尔图良(Tertullian)的"我信,因为其荒谬"(Credo quia

---

① 比如,John W. McGinley, *Miasma: "Haeccetas" in Scotus, the Esoteric in Plato, and "Other Related Matters"*(《司各脱的"这一个"、柏拉图的隐微说辞及"其他相关之物"》), Uni. Press of America 1996。

absurdum）与安瑟伦的"寻求理解的信仰"（fides quaerens intellectum）代表了基督教神学传统的两种不同样式，司各脱的神学属于后一种样式。根据安德尔森（C. Andresen）主编的 *Handbuch der Dogmen-und Theologiegeschichte*（《教义—神学史教程》）所提供的司各脱研究文献，笔者认为，司各脱的神学观可称作"偶在的神学"。

据有的思想史家说，"寻求理解的信仰"意味着理性受到制约，理解的理智行动是一种在 inventio［大前提］中的行动，为支持已经有根据的东西寻找根据，从已经明确相信的东西开始去思想，与哲学（如苏格拉底）从无知开始思想不同——现代哲学家罗素就曾挖苦中古神学家费力用烦琐的思辨来论证他们已经信以为真的东西。可是，罗素不也曾用 360 页细密论证来证明他已经信以为真的"1+1=2"么？罗素的论证不是为在任何情形下已经知道的东西提供证明，而是为一种思辨本身提供证明——论证数学可以逻辑一般化的原理。同样，安瑟伦的"寻求理解的信仰"也不是为已经信仰的东西提供证明，因为安瑟伦一再问："我究竟信仰的是什么？"这一提问问的不是信经，而是信经的含义。fideles［信仰者］和思想者（哲人）都在寻求理解。安瑟伦的所谓"本体论证明"，并不是要证明上帝的存在，而是探问上帝存在的样式。"寻求理解的信仰"不是寻求上帝存在的证明，而是上帝存在本身：不是问上帝是否在，而是上帝如何在。①

追随奥古斯丁，司各脱认为原罪败坏了人的理性，人不可能有"恰切的"（proper）上帝知识。对于中世纪思想家来说，"恰切

---

① 参 Alexander Broadie，《司各脱的影子》，前揭，页 9-11。

的"知识是直观的、直接的知识,在其特殊性和独一性(quiddity)中得到揭示的对象。恰切的知识揭示一个对象的本质,这种知识让人可以进一步推衍知识。在司各脱看来,这种知识对于人是不可能的,人顶多只有一些直观的概念(intuitive concept),这些概念总是模糊的、此时此地的(偶在的)所知,而非实在的所知。两种知识,也就是所谓直接的直观认知——实存的知识(我看到你)和间接的抽象认知——普遍的知识(我认识你的本质)的区分,是希腊哲学(柏拉图—亚里士多德)已经讲明的知识论原理。司各脱似乎想要寻求一种能混合这两种知识的方式:概念的、抽象的、演绎的混合知识。这种混合知识没有提供与主体直接的直观关系,比如,圣保罗直观地知道了上帝的心意,但他的启示性写作被信徒不着边际地接受。① 司各脱面临的理论问题因此是,作为一种关于认信的知识学的神学究竟如何可能。

在司各脱的时代,神学面临新的学问处境:由于接受亚里士多德的知识理论和形而上学,所有理论性的知识必须成为scientia [学识]。司各脱承认,基督教神学只有与时代的知识诉求交织在一起,才能确保自身的可理解性。神学是我们在上帝的超自然启示的基础上拥有的一种知识,其最高观念是无限的存在。由于我们并没有对上帝的直接知识,我们只能在这一本质的具体观念的某个替代品中把握上帝。这一替代观念是由一般观念(存在和无限的观念)配置成的,其明证性不是从对象,而是从另一边(彼岸)获得的,不是从直接的观照,而是从权威

---

① 迈蒙尼德已经提出过这种区分:摩西直观地得到启示,而不是摩西教导的那些人直观地得到启示。迈蒙尼德指出的内在困难是:信徒必须信赖先知个人的说法,而先知个人必须有直观经验。

和演绎思维获得的。神学的可能性基于上帝的恩典,其知识来自《圣经》中提供的直观经验。因而,作为一种知识,神学是theologia contingentium[偶在的神学]。

我们不能有恰切的知识,不能知道事物的本质,不等于我们什么都不知道。不可能有直观的概念,但能够抽象某些知识。司各脱承认亚里士多德形而上学的基本原理,但他觉得,分析人的自然知识必须重新认识感觉与理智的区别。感觉涉及个别,是直观的,理智涉及普遍,是抽象的。不过,司各脱认为,理智也有关于个别的直观知识而无需涉足圣托马斯说的幻相过程(proces of phantasm)。在当下的生命中,个别者的直观仅是实存的(existing)直观,是对个别者的"这一个"(thisness)的混合知识,在来生的得福中,理智可以成全这些个别者的知识。

为什么司各脱要提出直涉个别者的理智论?

中古思想家熟悉存在的层级体系的思想——每一事物的存在都在确定的秩序中有其确定的位置。按照这种思想,理智的位置高于感觉,因此也可以做次于自己的感觉能做的。奥康后来对这一立场提出批评:如果这可以成立的话,一个没有任何视、听、说、嗅觉的人也可以有感觉知识。但司各脱的论证是:人能通过感知达到某种类型的演绎的抽象知识,问题是如何知道这一点?司各脱必须证明在演绎的知识中已经获得了某种确实的东西。司各脱分析了四种类型的确实知识:1.自明的原则(同义反复的陈述);2.经验知识(太阳多次升起,由此知道明天太阳升起,从观察和归纳得来的知识);3.一个人自己的行为的知识(近似笛卡尔的"我思故我在");4.通过当下感觉得到的知识(感觉到火,知道火可以燃烧)。经验知识可以说是知觉的表征论:如果表征总是相同,对象就相同,如果不相同,可以通过感觉再观察。通过这些演绎的抽象,虽然人因原罪不可能得到真确的知识,但能形成涉及自然世界的真确判断。

通过规定神学的对象和知识性,司各脱深入思考了知识的本质和形态。Scientia[知识]是一种心灵的习性(habitus)和认识的理智能力的品质,这种能力通过对某种确定内涵完满的或积累的认识而产生出来并得到确定。将认识的内涵加以特别的归类整理,乃是知识习性的本性;就特别的、本来的意义而言,知识习性在形式上归属于一个陈述的内涵。这意味着,知识的习性是一种自然的类似性,这种类似性尾随在陈述中展开的内涵的认识。从狭义上讲,有诸种知识,正如有诸种知性上可知的陈述。从一般的意义上讲,就知识习性处理一个宽泛的陈述而言,它能够潜在地拥有诸多陈述(命题)。因为,这样的陈述作为习性在形式上牵涉到一个第一命题,其他命题潜在地包含在这第一命题之中。从形式上对一个确定的个别内涵加以归序,与潜在地对在这一命题中包含的其他命题加以归序是不同的,两者相关联的就是知识的本质秩序。所有归属于一个确定的知识习性的内涵,都在这一秩序之中。一门知识的种种推导出来的命题和原则的本质秩序,都牵涉到这"第一命题",因而这第一命题是一确定的主体(Subject)。换言之,各知识的所有原则和推论结果,都已经潜在地包含在这主体之中了,知识意味着掌握对这主体来说可知的、在具体知识的形式中可习得的东西。

就其理想的形式而言,知识是在一个各种命题的公理的演绎系统中展开的对某种何是(Washeit)的所知。这何是性构成了一门知识当下的"第一主体",不仅构成其统一性,而且提供了与其他知识区别开来的标准。知识之所以有真理可言,乃因为它已经潜在地被包含在其第一主体中了。至于靠何种知识方式实际地得知这真理,无关紧要。

"第一客体"(objectum primum)与"第一主体"具有同样的意义。一种习性并不是一种从一个一般观点来看各种对象(客体)的效果,而是作为效果从一确定的个别对象中形成的。这个别对象潜在地包含着这一知识的所有真理,从而能够涵养整个习性。所以,没有必要严格区分知识的主体和习性的对象。知识并没有一个能容纳所有知识对象的总类,只有某一特定的个别实性,这实性就是知识的第一主体。知识的习性及其主体—客体之间的如此关联,还只是知识的理想情状,实际上,知识本身与具体在我们身上的知识是不同的,知识本身与在我们身上的知识是有分别的。司各脱因而区分了自在的知识和我们身上的知识。知识本身——自在的知识能完全如对象自身所是那样认识对象,当理解一个相关的客体时,这客体得到完满的衡量。在这种理想形状下,习性与内涵的关联完全得到实现。我们身上的知识指通过人的理解把握的知识对象,在这种知识中,只有人的知性实际上(即在人的当下条件下)能够达到对象的知识。人的知性只有通过认识的 quia(即由对另一对象的认识来支撑的推论形式)来把握特定的命题。

就在两种知识中诸命题的第一主体是相同的而言,两种知识都是知识。差别在于,知识的命题是否能呈现对第一主体的何是性的直接且恰切的见识的演绎解释,从而完全地、严格系统演绎地说出其潜在的蕴涵。

尽管有其神性的权威本源,神学毕竟是一种人的知识。可以区分种种超自然的神学,每一种都相应地对应一种超自然的上帝认识。重要的是,与关于自然的知识一样,神学也区分为 theologia in se[自在的神学]和 theologia in nobis(我们中的神学),两者又都分别有必然的和偶在的两种样式:关于必然的真理和关于偶在的真理的神学。

必然的神学或theologia divina[神性的神学]把握关于自在的上帝的真理,其最高观念——(第一主体)是上帝。自在的神学是一门在与上帝相当的人的理解力中达成神学对象的知识,这种认识能呈示与认识对象均衡的理智,从具体的在性触击在其绝对的独一性中的上帝。这种知识拥有自在的上帝作为自身的对象,因而这种神学能够拥有与上帝这一认识对象相适应的理智,在上帝的确定本质的在性中认识上帝。必然的真理的神学的第一主体只能是上帝本身,在上帝的确定本质之中,潜在地包含着神学的所有必然真理。这种能观照到自在的上帝的神学,是唯一关于上帝的完满科学。

这种自身中蕴涵着纯粹观念的神学如何可能?只有在一种能恰切、完满地认识神性本质的理智中,这种神学才实际存在。可是,这样的理智只会是神性的理智,因为,只有无限的理智才能认识无限的本质。既然神性的本质是所有实际的认识中可认识的内涵的前提,当然就只有自在的上帝才拥有完满的认识。

偶在的神学把握关于人与世界之关系中的上帝的真理,在这种神学中,上帝是作为具体的在性得到认识的。从根本上讲,自在的神学对于人来说是不可能的。所谓"我们中的神学",指的是在我们人的有限度的理智中通过一般观念认识上帝,因此只能"含混地"(confuse)把握上帝。人的认识能够把握的,只能是与其有限的理智相应的对象,我们身上的神学就是我们的有限理智能够把握的上帝的知识。如果一门知识的习性得从对象获得其明证性,那么这第一对象必须不仅蕴涵这一习性的所有真理,而且潜在地蕴涵这一习性的真理的明证性。对于偶在的神学来说,这些条件没有满足。既然人的理智总是受当下处境的限制,也就不可能认识自在的神性本质。偶在的神学的第一主体是在当下处境限制中认识到的上帝,能说出的是直接通过启示间接得到的真理。在受当下处境限制的理智中把握到的最完满的上帝观念,只能是一个 ens infinitum[无限存在]的观念。这意思是说,仅就观念本身来讲,偶在的神学与自在的神学有同样的第一对象。就认识的实际情形而言,第一对象潜在的完满性在偶在的神学中并没有得到认识,仅仅是如我们所知地得到认识。

在自在的神学的第一对象中,并没有蕴涵偶在的、依赖于自由的、不可推导的上帝旨意的真理,在偶在的神学中,出现了偶在的真理的证明,我们身上的神学的明证追踪偶在的真实。上帝之偶在的真实只有上帝自己知道。自在的神学的偶在真实在第一对象中得到认识,乃因为第一对象本来就是如此被造就的,从而偶在的事物本身在其中能够被观照到。在我们身上的神学中,所认识到的对象中的真实之蕴涵不是从对象明证地得到认识,所以,偶在的神学也没有上帝之偶在真实的认识。

当然,可以说还有一种圣者的神学,它有两种观照可认识之物的本质的可能性。也就是说,它能把本质本身变成认识,这些本质在神性本质的显象中呈现给福乐的神学。所以,圣者的神学能伸展到所有可认识的事物。不过,神性的本质并非天生地作用于福乐者的理智,而是取决于上帝的意志。这即是说,圣者能认识到什么,完全取决于上帝的自由意志的决断。相比之下,我们身上的神学可认识之物的限制要大得多。人的认识能力的当下欠缺使得我们身上的神学不能把握所有在者,只能认识其自身的对象,这自身的对象是上帝通过在《圣经》中写下的启示实际地给予我们的。偶在的神学因此是 theologia nostra revelata [启示给我们的神学]。这种当下地自然获得的明证知识并不属于由其特别地认识到的东西(即便通过启示),而是以天生已知的东西为前提。

实际上,司各脱区分了三种神学——自在的神学、圣者的神学和我们的神学,它们都涉及与上帝的本质有关系的所有在者,某种关系的认识是其相关的认识的前提。只不过,三种神学涉及的在者与上帝的本质处于不同的关系。所有受造的在者与上帝的关系当然只能在这种上帝的在性得到认识的条件下得到认识。

只有当知识拥有一种可靠的认识的特性,才能在严格意义上是知识。这意思是说:相关的认识具有某种必然性的东西作为其内容,而且受一个初因唤起,这初因是明证地给予理智的,从而,认识能把自己的内容作为从这明证地认识到的初因通过演绎推理过程导出的东西来把握。自在的神学无需这种演绎的可推导性就实现了这一条件,演绎的可推导性作为一种不完满的认识理智的应急措施在这里是多余的。在圣者的神学中,这种条件也是满足了的。在自在的神学中,偶在真实尽管是确实的且明证的,却不是作为必然的东西包含在第一对象中。可是,从对象方面而言,必然性仅作为一种认识的确实性的前提而被要求。当神性中的偶在真实在一种确实且明证的认识中被照察时,这种前提就多余。

总起来讲,在各脱看来,我们能习得的仅是偶在的神学。在这一意义上讲,哲学对于神学有益。

为什么还要读司各脱?

司各脱是中世纪晚期的思想家,如今已是后现代了,为什么还要读司各脱?

声名显赫的思想史家伯林说:

> 中世纪神学和形而上学的模式被 17、18 世纪的各门学科横扫过后,就销声匿迹了。原因主要是,在描述、预测、控制外部世界方面,这些模式不能与新科学相匹敌。一旦人被视为物质自然界中的一种对象,各种人文科学——心理学、人类学、经济学、社会学等等,就开始取代原先的神学和形而上学。①

如今,各类思想史教科书上诸如此类的论说几乎成了行话,而行话通常都有问题。近代的"新科学"的确横扫了中世纪的神学和形而上学,问题是,"新科学"是从哪里冒出来的?伯林和好多跟着伯林说的思想史家都没有问这个问题,好像"新科学"是 17、18 世纪的天才发明。相比之下,布鲁门伯格对"新科学"起源的研究不仅难能可贵,其进深度也令人赞叹。② 按布鲁门伯格的研究,近代"新科学"恰恰是从晚期中世纪神学和形而

---

① 伯林,《政治理论还存在吗?》,见古尔德等(James A.Gould/Vincent V.Thursby)编,《现代政治思想:关于领域、价值和趋向的问题》,杨淮生等译,北京:商务印书馆 1985,页 430。

② 在此之前,研究这一论题的经典论著当推科耶夫的老师和友人 Alexandre Koyrè 的 *From the Closed World to the Infinite Universe*(《从封闭的世界到无限的宇宙》),Baltimore 1957)。

上学中衍生出来的。如果近代"新科学"取代先前的神学和形而上学这回事是真的,便无异于说,中世纪晚期的神学和形而上学孵生出新科学,然后让自己的儿子合理地弑父。

布鲁门伯格的研究很可能得自尼采的启示:《快乐的科学》第125条格言用"疯子"为题描述了这一弑父的精神运动。"疯子"大白天打着灯笼在集市上找上帝,可集市并非找得到上帝的地方——集市上能找到的仅仅是人——不信上帝的人,集市上的人嘲笑和讥讽寻找上帝的人是疯子。他们没有想到疯子却说:"上帝哪去了?让我告诉你们吧!我们把他弑了!是你们和我弑的!我们大伙儿全是凶手。""疯子"是近代"新科学"之父,他这样解释"我们"的弑父:

> 我们把地球从太阳的锁链下解开,怎么办呢?地球运动到哪里去?我们运动到哪里去?离开所有的太阳?……我们是否会像穿过无穷的虚幻一样迷路吗?……我们,最残忍的凶手,如何自慰呢?……用什么水可以清洗我们自身?……这伟大的业绩对于我们是否过于伟大了?

布鲁门伯格不仅要致力搞清楚近代"新科学"弑父的起因——在他看来,原因在于中古晚期的神学形而上学推论,而且试图回答"我们如何重新寻得安慰"。因此,近代"新科学"的弑父不仅仅事关近代"新科学"的起源,也事关现代—后现代生活世界的道德政治秩序。如韦伯看到的那样,自17、18世纪以来,新科学致力把所有人生意义问题变成实际的(事实)问题,但并没有成功——两百多年后,德国学界就科学与价值的关系展开的大论争就是证明。

新科学在人生意义问题上的失败,不仅牵扯到新科学的性质,而且牵扯到现代的政制形式和政治文化的性质。① "把地球从太阳的锁链下解开",就是近代"新科学"的形而上学行动——必须记得,近代"新科学"的原貌是一种形而上学,这种形而上学把我们置于如此境地:"我们运动到哪里去? 离开所有的太阳?"

对为什么还要读司各脱这一问题的回答,就在尼采的如此提问中。

---

① 参韦伯,《学术与政治》,冯克利译,北京:三联书店 1998;亦参 G.Gohler 编,*Politische Institutionen im gesellschaftlichen Umbruch: Ideengeschichtliche Beitrage zur Theorie politischer Institutionen*《社会变革中的政治制度:政治制度理论的思想史论集》,Opladeden 1990。

5. 辩证法与平等的思想自由习性

按照现代自由主义的观点,思想的自由/平等需要某些外在条件,比如法制化的公共领域,自由的市场经济和宪政上的言论自由保障等等。然而,即便有了这些外在条件,不会自然而然就有思想的自由/平等,还需要或者说首先需要的是某些思想上的内在条件。何况,思想的自由与思想的平等还不是一回事,有前者不一定有后者。本文将通过讨论欧洲思想史上辩证法的演化来表明,思想的自由/平等更多依赖的是某些内在条件。

一、思想语法与思想的自由/平等类型

我所说的思想,指的是哲学思想。什么叫哲学思想?不同的思想体系会有不同的解释。何谓哲学思想,得由某种思想系统来界定,而思想系统又是某种哲学思想的结果。于是,我们陷入循环论证。伯林说,哲学思想有两个基本负担:1.检查(反思)

人们的价值行为和判断的根据;2.思考不属于经验型和规范型的问题,即不知从何去找答案的问题。① 这种说法看似较为平稳,然而,人的价值行为和判断的根据以及无从找答案的问题,都受文化圈的思想习性支配。这种思想习性也许可看作是思想的语法或逻辑。哲学家在检查价值行为、判断的根据和思考无从找答案的问题时必会遵循一种思的逻辑,这是蕴含在其哲学思想之中的。逻辑是思想的语法。一种语言只有按一套语用规则的语法来使用,才是可理解和可沟通的,尽管这种语法可能只是一种约定俗成的习惯。与此类似,一种思想只有在一套思考规则的逻辑中运思,才是可理解和可沟通的。要了解一种思想,就要掌握其逻辑,正如要掌握一门语言,就得掌握其语法。在这一意义上,可以把什么是哲学思想的问题转化成什么是思想语法的问题:哲学思想乃是以某种特定的思想语法检查价值行为、判断的根据和思考无从找答案的问题的思想。

不同的哲学思想体系自有其相应的逻辑,这里的逻辑还不是指类似于西方形式逻辑的逻辑。一位印度哲人说,

> 对任何一种哲学都不能用它自己的逻辑予以攻击,因为采用一种逻辑就是接受了它所根据的哲学。用不同学派的逻辑来攻击它也不能生效,因为这种逻辑的预先假定是不为它所接受的。②

---

① 参 B.Magee 编,《思想家》,周穗明、翁寒松译,北京:三联书店 1987,页 39。
② 达斯(R.Das),《哲学就是逻辑吗?》,见《哲学译丛》,6(1963),页 59。

5. 辩证法与平等的思想自由习性

这里所说的逻辑,是与特定的思想质料融贯在一起的思想语法,不妨称为质料逻辑,以有别于与思想质料分离的形式逻辑。从文化圈及其思想类型的角度看,大致可以区分西方思想、印度思想和中国思想。这些思想有各自的质料逻辑,亦即思想的语法,或者说与这种思想自身有连体关系的思想规则。例如,印度思想的逻辑与印度的宗教有关,墨子的逻辑思想与名份论有关,惠施、公孙龙的逻辑与存在相对论有关,先秦儒家思想的语义论辩的逻辑学与正名理论及其伦理—政治理论相关。① 存在论、逻辑或思想语法的同一,并非西方哲学思想独有。存在论的差异引致质料逻辑(思想语法)的差异,或反过来说,质料逻辑(思想语法)的差异引致存在论的差异。西方基督教神学的理性化思想语法,是在亚里士多德的逻辑思想影响之下形成的;而亚里士多德的逻辑思想是在对作为第一因的在(Being)的哲学关注中发展出来的。以东方思想的逻辑来批判西方思想的逻辑,就近于无理取闹。海德格尔对西方逻辑的批判是与其对亚里士多德存在论的批判一体的,这种批判也值得批判地审视。

如果要讨论思想自由/平等的内在机制,就得从思想语法入手。然而,若思想语法是文化地缘——民族体质地有差异的,以致可以说思想的自由/平等也有文化类型上的差异,又何以可能求得人类思想共通的自由/平等条件? 为了避免这一困境,就得区分质料的和形式的思想语法。每种思想系统都自有其语法与有一套关于思想语法的思想,是不同的两回事。东方哲学家也

---

① 参末木刚博,《逻辑学的历史》,见同一作者编,《现代逻辑学问题》,杜岫石、孙中原等译,中国人民大学出版社 1983,页 3–41;孙中原,《中国逻辑史(先秦)》,中国人民大学出版社 1987;周山,《智慧的欢歌:先秦名辩思潮》,北京:三联书店 1994;翰森,《"公孙龙子·白马论"的翻译、评注和总看法》,见《哲学译丛》,3 (1988),页 53–56。

承认,"一般说来,对人类逻辑思维形式系统化的有意识的尝试,是从亚里士多德对形式逻辑的探求开始的。"①这种观点并不否认不同的思想习性具有不同的思维语法,也并不否认不同的思想系统对自身的思维语法的特殊规定。任何思想系统都具有的一套思维语法,是质料性的,而形式的思想语法基于思维语法(逻辑)的纯形式与思想质料的分化。

> 逻辑不考虑所谓心灵和言语形式与现实的一致,因为这是具有批判精神的哲学的责任,逻辑也不考虑作为对环境反应的观念和语词,因为这是心理学问题,逻辑只考虑它们的样式和排列。尽管逻辑会有助于说明情况要点,它的基本作用却是整理任何出现的东西,而不区别真的和假的,有用的,漂亮的和难看的。逻辑能够这样做是因为,如同所有专门化的能力一样,它进行抽象。……这里我们触及到中世纪辩证法中始终存在的对立,即类型和事物之间,思考分离的实体和接受现存的上帝之间,理性的动物和历史的人之间的对立,这最终是形式和质料的二元论的对立。一门科学或任何活动的特殊目标被经院思想家称为这门科学或活动的形式对象。②

在希腊文化圈出现的思想"工具论"即是探究思想的纯形式语法,形成了对形式化的思维语法的系统认识,这种认识的前提

---

① 泽田允茂,《哲学和逻辑学》,见末木刚博编,《现代逻辑学问题》,前揭,页86。
② 吉尔比(T.Gilby),《经院辩证法》,London 1949,页13-14(中译本见王路译,上海三联书店,2006)。

是形式与质料的二元区分。从这一意义上讲,探究思想的纯形式语法,确是西方思想的二元论的结果。这种区分及其对思想的纯形式语法的探究,又促成了一种特别的质料性思想语法的形成,这就是希腊的辩证法,它在中古经院思想中得到制度化的发展。

亚里士多德从形式上系统地思考了思维的纯心灵模式,即形式逻辑。形式逻辑被界定为一种方法或工具,而不是目的,是科学的发动机。尽管形式逻辑学包含了一系列关于形而上学和认识论的题目,但"在严格的意义上,(形式)逻辑代表对有效推理的格和科学方法的研究,而作为这种需要,它不假定有关现存实在的本质的态度"(《经院辩证法》,前揭,页5)。思想立场与思想语法因此就分开了,思维语法(形式逻辑)与思想质料的这种分化在人类思想史上有重大意义:从思想的质料中分化出来的形式逻辑演化为一种"心灵和方法的心性"(同上,页1)。这种习性在中世纪经院学中成为质料性的思想语法,史称经院辩证法。

二、或然知识的辩证法是自由—平等的思想习性

将辩证法看作"心灵和方法的习性"是什么意思?

所谓"方法的习性"指希腊思想中的辩证法。形式逻辑不等于辩证法,但也不是不相干。吉尔比说,形式逻辑和辩证法是重叠的语词,前者专门考虑纯形式,后者与世界的多样性和可感性交织在一起。因此,形式逻辑和辩证法既有内在关联,又有差异。不过,对我们的论题来说,区分辩证法与质料逻辑,可能具有更重要的思想意义:每一思想体系都有自身的质料逻辑,却不一定有辩证法,这是一种特殊类型的质料逻辑。13世纪的拉姆

贝特说,形式逻辑是普通的艺术,辩证法是艺术的艺术(ars artium)。① 这一见解包含着对思想品质的洞识。

辩证法作为思想艺术的艺术,与亚里士多德的形式逻辑中或然知识的辩证推理相关。究明推理的形式、区分知识的性质,是思维的形式语法(逻辑)与思想的质料语法(逻辑)分化的首要步骤。亚里士多德在《论题篇》和《辩谬篇》中区分了三种推理的形式。1.证明的推理:以普遍真实的原理为依据,即以可具共识、无可置疑的原理为起点推理,由此获得必然性的知识。2.辩证的推理:以或然性的原理或多数人的意见所能接受的道理为依据,采纳与此相反的论题为推理程序,形成对答式的辩难(辩证)推理。3.诡辩的推理:以似是而非的前提为自己的推理依据,或前提可信,但推理程序不对。② 亚里士多德的推理学说讨论的思想(推理)的形式类型,突出了推理程序的形式对产生具有公义性的知识的重要意义:诡辩的推理要么前提有问题,要么推理程序有问题。一旦人类社会中无可置疑的原理愈来愈少,辩证推理的推理程序的形式正当性对思想的公义性就愈来愈具有意义。例如在当今民主化时代,利益和价值观中可具共识的思想愈来愈少,争纷趋于激烈,避免某一思想的专治法权的途径,只能是持守辩证推理的形式程序。

希腊的辩证法源于论辩传统,辩证法的原意是对话的思维方法,对话从无结果的矛盾陈述中得出相对的论断,柏拉图称之为获得真实意见的方法。"科学"的含义至今已扩展得含糊不

---

① 参波波夫、斯佳日金,《逻辑思想发展史:从古希腊罗马到文艺复兴时期》,宋文坚、李金山译,上海:译文出版社 1984,页 212。
② 参亚里士多德,《工具论》,见《亚里士多德全集》,苗力田主编,卷一,中国人民大学出版社 1990,页 353 以下。

清,若还原到其初始含义,就是指在讨论中通过辩驳、区分、归纳引出的某种确然的知识。并非任何古代的对话(如《论语》)文本都具有这种科学性质,除非具有一些可形式化的法则,这些法则包括求知的意向、怀疑、辩难和求证等。

> 科学是一种理论气质,一种从前提得出结论并达到其真的习性,而艺术是一种实际爱好,一种产生某种有用的或令人高兴的东西的能力。……逻辑[辩证法]是艺术的艺术,是自由的而不是机械的,它旨在正确地产生一种准外在化的对象,即一种人造的东西,它是推理的恰当安排。(《经院辩证法》,前揭,页6)

亚里士多德称芝诺(Zeno)为辩证法的发现者,芝诺以不可能解决的矛盾来支撑伊奥尼亚派的存在论,由此发展出辩认术和智者派的反驳术。高尔吉亚(Gorgias)和苏格拉底确立了以无知为前提的思想语式——辩证术。苏格拉底使辩证术成为热爱智慧之人追求智慧的方式,它既是心灵与自己的对话,也是拆除、分析、拼合概念的普遍方法,以此达到最高的理念。这里尤其当注意辩证术与提问辩难的关系,如伽达默尔说:

> 苏格拉底的问题是一个新的问题,即某物"是什么"的问题。这是以怀疑和说出了某物的人也有可能不知道他正在说什么的经验为基础的。正是修辞术和一般所接近的信念才使这种无知十分危险。因此,必须建立一种有希望消除这种危险的新艺术。这种新艺术以可以消除

一切知识和见解最终将会被搞混乱这种危险的方式引导讨论。①

辩证法作为"方法的习性"看来首要针对既存的信念性知识,即要重新检审这些知识的确当性,把确信的信念知识推回或然的知识状态予以辩证;证明的推理涉及必然的知识,辩证的推理涉及或然的知识。这两种知识推理后来与基督教思想中关于神的知识和人的知识的区分相结合,产生了重要的后果。科学的知识是或然的知识,也是人的知识,神学要成为科学,就须成为或然的知识类型。

辩证术从形式上限制了某种信念知识未经辩难的在先的思想法权,使思想者个体的责任负担加重了:个人的思想不具有神权性,也没有思想法权。辩证法作为"心灵的习性",因此指思想的自由/平等的习性。亚里士多德在描述辩证推理时说:

> 从普遍接受的意见出发进行的推理是辩证的推理。……所谓普遍接受的意见,是指那些被一切人或多数人或贤哲们,即被全体或多数或其中最负盛名的贤哲们所公认的意见。……辩证的命题存在于一切人或多数人或贤哲们,即所有或多数或其中最负盛名的贤哲所提问题的意见中,而不是与这些意见相悖。因为如若贤哲们的意见与多数人的意见并不相悖,就会为人所接受。与普遍意见相似的看法、与那些同普遍意见相反的看法对立的命题,

---

① 伽达默尔(H-G.Gadamer),《伽达默尔论柏拉图》,余纪元译,北京:光明日报出版社1992,页135—136。

5. 辩证法与平等的思想自由习性

以及与得到认可的技艺性学科相一致的看法,都属于辩证的命题。……

一个辩证的问题就是一个探讨的题目,它或者引人选择和避免,或者引人得到真理和知识,或者它本身就能解决问题,或者有助于解决其他某个问题。并且,它涉及的问题或者是无人有意见,或者是多数人与贤哲的意见相反,或者是贤哲与多数人的意见相反,或者是这一切人中的每个人都意见各异。①

由此看来,辩证的推理尤其针对流俗的和具有思想法权的论说,或社会中的主流论说。思想自由的含义因此是:个体思想不受公众意见或"最负盛名的贤哲们"的支配。思想平等的含义是:"最负盛名的贤哲们"的意见不具思想法权。辩证法不仅是思想的语法,更是思想的品质,也是思想的形式公义原则:辩证推理把社会意义域中具有思想法权的确然论说引回到思想自由、平等的或然论说的知识状态。吉尔比的如下论点并不显得夸张:

> 逻辑(此指辩证法)相当于一种社会责任,这种社会责任的意思是说,与"尊重父母"这样的戒律相像、而不是与"不杀人"这样的否定戒律相像的义务,不是继续具约束力的,尽管这个戒律很可能是肯定的,但是,没有人总要求我们以清醒的和严格的理性精神来讲话。(《经院辩证法》,前揭,页4)

---

① 参亚里士多德,《工具论》,前揭,页353,363-364。

从芝诺到柏拉图,辩证术都与本体论(存在论)和价值论(伦理观念)相关联。亚里士多德把辩证法与本体论和价值论分离开,仅视为单纯的"探寻"方法,视为一种逻辑或一种思想工具。辩证法不关涉实事,而只关涉语词、定义、分析、推论,成为依形式逻辑(推理或归纳)来思想的语法。① 辩证法与本体论和价值论的分离,对于思想自由/平等有重要意义,这意味着:思想自由/平等的知识习性依赖于这一思想的形式法则,堪称思想界中的自然法。

三、辩证法使信仰理解成为自由/平等的知识

基督教思想有各种形态,所谓西方的基督教思想,也不是仅有一种质料性的思想语法。比如,神秘主义就自有一套质料性的思想语法。以亚里士多德的或然知识推理的思想自然法则建构起来的经院基督教思想,是西方基督教思想的重要形态之一,不仅对基督教思想的发展,也对整个西方文化思想的发展有重大影响。

严格意义上的神学,即作为一种科学的神学,是由经院思想确立的。经院思想区分启示真理中普遍有效和相对有效的成份,这种区分明显基于证明的推理和辩证的推理的区分。在这一意义上,经院神学是辩证法的神学,按亚里士多德针对普遍接受或负盛名的贤哲们的意见的辩证法建立的神学,它限制了信仰理解中属灵的知识神权,在信仰知识域建立起思想自由/平等的机制。

---

① 参肖尔兹,《简明逻辑史》,张家龙、吴可译,北京:商务印书馆1977,页12以下。

经院神学学者认为,圣经文本和教父思想中的每一文句并不是在任何情况下都同样真实,因而需要寻求一种辩证的证明。经院神学学者运用辩证法来证明圣经文本和教父思想中的文句的确当性,被后代思想者贬为繁琐。"然而,经院学者的杰出著作表现出一种控制自如的方法",这种方法基于一种人性的见解:人对自己的德性或(对信徒而言)属灵性不可有太多的自信。动辄以我"体悟到"神言的真髓发言,不仅有违思想中的自然法,有违思想的自由、平等,而且难免犯思想错误。

> 仅凭道德努力是不能改正理智错误的;纠正的方法是在意志中开始进行科学的思维。这不是无关痛痒的安慰。因为从本性上说,心灵是所有能力中最不孤独的,而推论的意义比情感更内在,比激情更持久,它是人类形成伙伴的条件。(《经院辩证法》,前揭,页2-3)

> 在我们尘世的生命中,所谓善总是糅杂不纯的,每一种善都是有限的。我们只要一加反省的时候,这个限制便立可发觉。每一种善都只是在某一方面之下的善,任何种善均不免含有缺点,于是理智遂使我们不得不就两个合理的判断择取其一。……这便须由意志来决定,它可以自由决定,因为两个判断一个也不是强迫的。①

信仰最终落实在道德的向善生活中,而道德生活是抉择性

---

① 吴尔夫(M. de Wulf)《中古哲学与文明》,庆泽彭译,上海:商务印书馆1934,页106。

的。道德选择并不总是在善与恶之间取舍,也经常是在善与善之间取舍,这后一种取舍要困难得多。向善、意志自由、理智分辨的一体化,不仅提供了道德行为的自由的保障,也是平等的道德交往的条件。道德行为的抉择,要不受它律支配,就得依靠这种向善、意志自由、理智分辨的一体化。如果我们追随某些西方现代哲学家(如海德格尔)攻击亚里士多德的逻辑思想传统,抬高中国哲学所谓注重情感直观的思想习性,①就过于看轻了形式逻辑及其相应的思想习性对于抑制人的意义论说和道德行为的僭妄具有重要意义。

11世纪以降,西方思想经历了三百年的理性化建构时期。所谓理性化建构是指,把证明的和辩证的推理确立为信仰理解的内在机制,并予制度化,其主要形态就是以神学和法学为主的经院学。12世纪时,经院学已被尊为一切自由艺术的楷模,到15世纪形成了完善的经院学思想形态,成为各种新兴科学的不同源头。现代意义上的科学知识原理及其扩展方式,就是在这种形式理性化的思想机制基础上发展起来的。②

经院学的含义有广义和狭义两种,狭义的经院学指经院神学和哲学,广义的经院学指12世纪形成的学术制度,以神学、哲学、法学、医学为基本学科的知识体系,犹如一个"公共理论的基础,个人虽可具其自己的天才而加以特殊的解释,然而这个理

---

① 参牟宗三,《智的直觉与中国哲学》,台北:商务印书馆1971;张祥龙,《海德格尔思想与中国天道:终极视域的开启与交融》,北京:三联书店1996,页5以下。孙周兴,《说不可说之神秘:海德格尔后期思想研究》,上海:三联书店1994,页48以下及页278以下。论者似该注意到儒家心性论的思想法权的语式和习性。

② 参伯尔曼,《法律与革命:西方法律传统的形成》,贺卫方等译,北京:中国大百科出版社1993,页157以下。J.L.Goff,《中世纪知识分子》,张弘译,北京:商务印书馆1996,页81。

论体系却构成了多数大师彼此之间的联系".① 构成这个公共理论基础的两个支柱是:理性的形而上学体系和作为思想语法的辩证法。

就思想语法的嬗变而言,经院学的形成与由教士们主持的从阿拉伯语翻译亚里士多德的逻辑学著作有关。② 法兰西的阿兰(1120-1203)根据初等数学的公理方法原则发展出一种演绎系统,并借公理、定义、推演规则、定理、定理系来证明基督教的上帝创世论以及耶稣死而复活论之类的教义,这等于尝试依据演绎知识的方法把带信仰质料的知识形式化,从而使信仰理解公理化,即把形式理性引入信仰知识,使之成为形式理性化的信仰理解。随着亚里士多德逻辑学著作的传播,这种形式理性化的信仰理解逐渐成为一门学科。若比较我国中古时期的佛经翻译,可见出翻译的文典不同,对思想文化品质的塑造也有所不同。

经院学形成的内在动力因素是哲学运思与辩证法的同一,即与古代逻辑(Logica vetus)的同一,传承亚里士多德的范畴说和论题说,以及西塞罗的论题学(Topik)。③ 僧侣神学家阿伯拉尔德(Abaelard)是决定性的人物:他首次在"圣教义科学"意义上使用 theologia［神学］,将辩证术的核心机制"提问辩难"(quaestio)系统地用于信仰思想,为信仰思想的形式理性化和在

---

① 参吴尔夫,《中古哲学与文明》,前揭,页47。
② 参波波夫/斯佳日金,《逻辑思想发展史:从古希腊罗马到文艺复兴时期》,前揭,页203以下。
③ 参马玉珂,《亚里士多德的逻辑理论》,王路,《亚里士多德关于命题的理论》,见江天骥主编,《西方逻辑史研究》,北京:人民出版社1984,页18-72。关于Topik,参 W & M.Kneale,《逻辑学的发展》,张家龙、洪汉鼎译,北京:商务印书馆1985,页44以下。西塞罗的短文《论题篇》的思想史影响,参页231以下。

信仰理解中推进亚里士多德的(证明和辩证)推理的学说奠定了基础。① 从他的传世之作《哲学家、犹太人和基督徒之间的对话》(*Dialogus inter Philosophum, Judaenum, et Christanum*)中可以看到,"来自不同信仰派别"(diuersis fidei sectis)的人能够自由/平等地展开论辩,凭靠的正是基于形式理性的"提问辩难"。②

经院学的形成还有颇值注意的政治制度上的成因,即封建制的发展。按启蒙论述的说法,封建制压制自由和平等。这一已成流俗化的论说实际上是启蒙意识形态的话语,其实,现代社会的制度演化中的诸多因素基于中古时期的封建制社会结构。何况,现代的自由/平等理念与中古的自由/平等理念虽有不同,即以不同的自然法为基础,但个人在思想和精神上的自由/平等理念却是中古文化的遗产。

> 如果"现代"是我们的成熟时期,则"中古"时代是我们的少年时代。现代的经济组织绝非起于自1750年之后的产业革命,它应该是溯始于自给式庄园制度的解体,和中古后期工商货币经济的兴起时代。我们的代议政治,虽然自中古时代以来历经修改的改良,然而其真正的创始时代则在中古。现代的国家主义亦然……我们的基本法律观念也是起源于中古社会,它是被我们视为很神圣的。这种观念无论我们称之为"自然法","高等法"或是宪法,总之是我

---

① 唐逸,《西方文化与中世纪神哲学思想》,台北:东大出版公司1992,页92。
② 阿贝拉尔,《哲学家、犹太人和基督徒之间的对话》,溥林译,香港:道风书社2005。

们对抗[教皇]极权主义的屏障之一。①

12世纪缔造成功了一个惊人的新的文明。王室与诸侯之争雄,自治团体之出现,市民权利之确立,农奴自由之颁与——各方面社会的力量正趋入平衡的境地。建立于个人自由与尊严之上的一种新的习惯由封建制度而产生……封建分化结果所成之地域的精神透露于西欧四境的学院,此为中古时代反映于哲学中之第一步。哲学与其他学科之分开,便是这个时代普遍的精神与哲学第二重的协调。封建社会反映于中古玄学之第二重的协调。封建社会反映于中古玄学之第三个最根本的特征,就在承认个体自足、个体实在,这乃是法兰西、英格兰人所得于其祖先永矢不忘最可骄傲之主张,而不能不归功于12世纪的学院哲学家。②

这些论点促使我们重新认识经院学思辨的理性化内在机制。首先是信仰的可问性。如前所述,辩证推理以人们普遍接受的或由"负盛名的贤哲们"提出的仍可争议的论说为前提展开辩难。由于前提可争议,辩证推理与其他推理的根本之区别就在于,它是从疑难或问题出发。③ 基督事件发生后,对个人的既定信仰带来冲撞,必然产生信仰疑难。

如何在逻辑上理解一个人(亚当)用自己的"原罪"而

---

① C.Brinton/J.B.Christopher/R.L.Wolff,《西洋文化史:中古》,下卷,刘景辉译,台北:学生书局1989,页308-309。
② 吴尔夫,《中古哲学与文明》,前揭,页35。
③ 伯尔曼,《法律与革命:西方法律传统的形成》,前揭,页159-161。

玷污了人类许多世纪？另一个人（在这里是神人"耶稣"）如何能用自己的死来赎掉这一罪孽？上帝怎样能够成为三位一体？所有这类问题引起了对于像"人类"、"罪恶世界"这样一些抽象概念的本性的兴趣。①

基督教信仰的首要经典是《圣经》，以至基督教根本就是"这本书"（《圣经》）的宗教。理解《圣经》文本，因而是基督教信仰理解的基础，经院神学使神学理性化的重要方式之一是，使释经与语文学建立起一种特定的关系。在儒教思想中，释经学与语文学亦有密切关系，甚至可以说，每一发达宗教的释经学都有自己的语文学。② 若比较不同的宗教释经学的语文学，我们就可以看到经院神学的语文学的理性化特点。在中世纪早期，教士学人关注的主要还是语源上的词义理解。经院学以对语言的形式理解取代了语源理解，即以亚里士多德的语言观来建立经院式的信仰语言理解。亚里士多德在《解释篇》开首说，"名词是因约定俗成而具有某种意义的与时间无关的声音"。③ 正如物对所有人是同一个物，对物的认识也是同一的。称名就是以此为基础的，而称名是由声音来构成的。但语词乃至语言都只有在结合或分离的情形下才有正确或错误可言。对语言形式的理解，需要了解以约定俗成为基础的语言共同体。这种语言观有两个要点值得注意：对语言的形式化考究和对语用学的考

---

① 波波夫、斯佳日金，《逻辑思想发展史：从古希腊罗马到文艺复兴时期》，前揭，页 215。

② 参朴胡安，《中国训诂学史》，上海书店，1984；董洪利，《古籍的阐释》，沈阳：辽宁教育出版社 1993，页 41-157。

③ 亚里士多德，《工具论》，见《亚里士多德全集》，前揭，页 49。

究——这与汉语释经学传统中的语言学注重语意不同。①

经院神学的根本关注当然是信仰理解,但运用的却是形式理性。在释经方面,首先是编纂流传的权威文本(auctoritates),并从语法上作出解释。形式理性的运用使经院神学的释经与教会式的释经区别开来。经院的文本识读(lectio)寻求文本的字句(sensus)背后的意思(sententia),这与寓意的解释相当不同。② 经院的文本识读不强行解释难以识读的文句,无论圣经文本还是教父解释圣经的文本中有难以通解之处时,就出现了经院式的问题(quaestiones)。经院学者以辩证推理来解决这些问题,乃是承认人的认知上的人性限制,这些问题的解决因而要在与他者的解释的辩难中获得。圣经的权威和教会的传统并非因此受到质疑或损害,相反却养成在理性上对圣经和教会传统的解释负责的态度。③ 信仰语言的形式化考究是经院辩证法的基本功,与思想自由/平等习性具有紧密的内在关系。

经院神学的研究对象本是具有权威性的文本,即圣经文本和早期教父们的布道,这些教会文本被视为信仰传统的见证和解释。但经院神学家与教会释经学家对经文的读法不同,他们意识到,只有在辩证推理的支撑下才能推进信仰认识,因而,语文学研究(而非单纯释经)成为必要的认信过程。

首先,从语言形式上理解文本,区分文本作者的己见(sententia)与文本的语法含义(sensus)。基本做法是难词释义,即在

---

① 参申小龙,《语言的阐释》,沈阳:辽宁教育出版社1991,页46-142。
② 关于寓意的释经,参B.Ramm,《基督教释经学》,詹正义译,美国:活泉出版社1989,页21以下。
③ 参M.A.Schmidt,《经院学》,Göttingen 1969,页74;亦参J.Pieper,《经院学:中古哲学的形态和问题》,Kosel 1986。

行间释难词(glossa interlincaris)或眉边释难词(glossa marginalis)——这种难词释义的方法也用于研究罗马法典和教会法典条文。经院式语文学研究的第二项任务是考订性地鉴别除圣经之外的所有权威论述,比如教父们的见解就被看作往往是相互矛盾的。于是,圣经文本与教父文本的权威性被分别看待,对后者需用辩证法来研究。阿伯拉尔德的《是与否》(Sic et non)收集了五百多条教父们的矛盾语句,并提出了检察这些矛盾语句的一般形式规则。经院式语文学的第三项任务最重要:通过法典和文句的汇编或作品汇编以及对教父文本的辩证审理,神学家们像是获得了一堆马赛克式的小石块,如今,要把这些小石块重新拼合为一个整体,使被拆散的质料重新获得一个系统的形态和秩序,形成新的综合。由于圣经文本和早期教父文本的经院式研究基于辩证法的形式程序,相对于文本的权威性,思想获得了一片自由的领域;相对于教会传统中教父们的权威性,思想获得了平等。

圣经文本和早期教父文本的经院式研究不仅是文本性的,也是言语活动式的:在论辩的推理中,论辩对象(即亚里士多德在分析推理中说的听众)至关重要。① 或然知识是在平等的对话中产生出来的。经院的含义是修院共同体的学堂,具有教学的课堂形式,因而,论辩是在一种公共空间中进行的。经院神学有两种基本的授课形式:由文本解释形成的 Lectio[读讲]和由 Quaestio[提问辩难]形成的 Disputatio[辩论推理],犹如当今大学广为采用的讲座和研讨课形式。Robert Von Melun 约在 1155 年提出,读讲的任务是弄清文本的意旨。辩论推理不是讨论教

---

① 参佩雷尔曼,《逻辑学与修辞学》,见《哲学译丛》,4(1988),页 58—61。

本中的语句,而是师生在相互置问的过程中形成解释,使最终的结论(determinatio)必须有实质性的根据。经院学的文章形式都形成于课堂：1.文句汇编用于神学性的总体描述,是用辩证推理审理教父文句的成果；2.评注源于课堂、用于课堂,依前人的语法评注,对作者及其作品作出陈述。评注与难词释义(笺注)相似,只不过笺注处理的是一个文本(如保罗书信)的整体,要搞清每一句的逻辑关系。总之,注解文本(expositio textus)与问答辩证是两项不同的经院术,后者是主要的经院术；前者重语文学的训练,后者重口头的课堂辩难。①

从形式上看,经院式研究就是分析(解构)→综合(建构)的过程。从方法上说,是 Quaestio［提问辩难］的辩证过程：Utrum［是否］…Videtur quod［似乎］…Sed contra est［但相反的证据说］…Resposio［回答是］……即从具体的文本难点出发,从学生的疑难和问题出发,进入分析和描述,从文本进入对问题的实质性理解。发问者不再单纯是文本解释者,而是要努力实质性问题。这种对问题的审理,必须是理性的、辩证推理的审理。信仰并不问疑问,理性要问疑问。经院式研究从方法上讲就是要进入怀疑的辩惑,所谓"敢问崇德、修慝、辨惑"(《论语·颜渊》)。这就是自由/平等的理性化的信仰。中国古代思想并非不讲辩证和辩惑,我们可从中国古圣贤的语句中摘引诸多事关辩证和辩惑的言论。② 问题在于,辩证和辩惑是否形式理性化和制度化。

---

① 参 J.L.Coff,《中世纪知识分子》,前揭,页 82 以下；R.Schonberger,《何谓经院学?》,Hildesheim 1991,页 52 以下。

② 参胡志奎,《学庸辩证》,台北：联经出版公司 1984,页 693-697。

四、"提问辩难"对平等的思想自由习性的意义

经院学的形成、发展以及神、哲、法、医各科的一致性,至今还不是一部已弄清楚了的历史,以至有的文史家以为,在史学上很难有指望找到统一的经院学概念。① 尽管如此,经院学史家们还是可以依现有的文献确定经院学的一些基本特征。例如,史家公认,Quaestio[提问辩难]是经院学的基本要素。上文已经看到,提问辩难在经院神学中的程式化,使辩证法得以落实为一种思想的机制。经院神学中怀疑的对象在信仰上是不可怀疑的:诸如上帝的存在、灵魂不朽。但辩证法又离不开提问辩难,因此,提问辩难在经院神学中的施行并得以形式化和制度化,对于涵养自由/平等的思想习性就具有重要的文化意义。

首先,Quaestio 是一种以自由决断的方式构成实质问题的能力。通过提问,先前的正—反论据对于问题的解决已完全没有权威性的影响力。提问的目的是要引出一个切中实质的论断,而这一论断只是一种经过我自己的思辨在意志自由中选择性地得出的。经院学形成初期讲求的符合意向在此让位于实质问题的澄清。教父学中寻求的基督教信理的统一性不再是一个主要目标,信仰理解的个体性突显出来。思想的形式逻辑的规导使思想活动在辩证法中成为自由/平等的思想:任何思想论断都需经个体的自由意志的思辨得出。因而,个体对某一思想论断必得自己承担道德责任。

---

① R.Schonenberg,《何谓经院学?》,前揭,页 20-40。

逻辑导致对活动的辩证法。所有特殊的活动都是从似乎杂乱无章的东西进行选择开始的,它们进行分析和挑选,然后经过相互联系,再把似乎开始由之出发进行分析的那个东西重新建立起来。曾经是混乱的东西,曾经是不足道的、也许是偶然的东西,这时却变成一种意义和一种预兆。(《经院辩证法》,前揭,页 17)

Quaestio 对于涵养自由/平等的思想习性的第二个意义是:思想者个体对一个论题或真或假的旨趣规定着与论题的关系。关于辩证推理中论题与问题的关系,亚里士多德说:

一个论题就是一个问题。然而,并非所有的问题都是论题,因为对于有些问题,我们完全没有什么见解。但是,一个论题显然是一个问题。因为从上述能必然推出:既然论题是由某人作出的与一般意见相反的假定,那么对于它,就或者是多数人与贤哲的看法有分歧,或者是在这两个层次的每一层次内部的人的看法彼此不同。在目前,几乎所有辩证的问题都被称为论题。(亚里士多德,《工具论》,前揭,页 367)

论题就是一个可供辩难的问题,可从中引出对某一思想困惑的解决。Determinatio[最终的结论]必然经由 dubitatio[怀疑、疑问]之后才会出现,没有疑问,寻求真理就没有方向,寻到的结论也不会引起切身的关注。所谓寻求真理,对于思想的个体而言就是一个当下的疑问之解决。因而,Quaestio 对于个体来说是生存性地切身的思辨活动,通过这种活动,个体在思想上成为自由/平等的主体。提问是由一种对生存性的困惑感到惊异的心性为动力的，这意味着，要问的是实存上无法问的，如 Utrum deus sit？[为何上帝在？]这表明了思辨与实存的张力，以及个体与真理的理性的自由关系。在这意义上，没有荒诞不经的问题，任何提问都是正当的。与提问相关，反驳在 Quaestio 中也很重要：

> 在经院学者的争论中，最致命的反驳方式之一是接受反对者的前提，并说明它们与声称是证明的结论没有关系。(《经院辩证法》，前揭，页 30)

可以套用这样一个语式：提问辩难面前人人平等。提问的姿态以及对一个反驳立场的理性化态度，是典型的经院式精神。Quaestio 促成思想个体在一个更高的价值尺度中获得自己的实存位置，这要求一种思想能力：知道必须在何处去寻求，尽管这并不意味着思想者肯定自己知道某个实质性的提问是否完全处于恰当的位置。因而，Quaestio 使个体处于德性的向善状态。经院辩证法把针对过去的思想而发的提问制度化，经院神学的训练要求在阅读教父文本或圣经文本时建立起个体性的与被寻问者的关系，由此引出提问。所以，在经院神学大师的文本中都有一个困惑的我的位置。在此意义上，Quaestio 就是向善的自由意志能力。

五、提问辨难与自由/平等的文教制度

Quaestio 对涵养平等的自由思想习性的意义，不仅是个体

思想性的,也是文教制度性的。以 Quaestio 为主体的经院学促成了自由—平等的师生共同体的形成,这种共同体的关系纽带是形式理性,可谓理性思考面前人人平等。"理性面前人人平等"的说法,只有基于这种形式理性才有意义。当然,师(Magister)享有多样性的特权,Magister est sicut pater discipuli[师犹如学生之父]。但在学究的位置上,师与生是平等的:学生可以学到的是自己学到的。学生身份团体首次在意大利和法兰西的城市中形成,与经院学有直接关系。Universitas 的拉丁语原文词义出于罗马法律,其含义是自主的团体。因此,经院学的 Quaestio 促成了理性化的自由的教养阶层,他们获得社会尊重是由于他们的形式理性化的知识和教养。在此基础上形成的博士学制的意义正在于此:

> 博士的意义不外乎一种自由职业,除团体约束之外不受其他的管制,而其名额亦无定限。因为这种缘故,于是教员这门职业的人数遂大增。……13 世纪大学教育之显著的特色,就在于得有学位者之讲学的自由竞争;学生获得博士以后可于其师之旁另立学校的自由;学生可以完全凭其自己的志愿,选择能文善辩思想丰富之人以为其师之自由。①

辩论推理的方法、讲堂技艺和文章规范成为大学的制度化要素,使进入这一制度中的人逐渐独立于教会的阶层制度,成为一个分化的社会团体。与我国秦汉博士制归属帝国建制不同,

---

① 吴尔夫,《中古哲学与文明》,前揭,40-41 页。亦参 J.L.Goff,《中世纪知识分子》,前揭,66 页以下;P.Honigsheim,《经院学的社会学》,见 M.Scheler,《知识社会学探索》,München 1924,页 303。

西方中古博士制是"民间"自治的文教制；与我国中古的书院不同，西方中古大学也不是与官学相辅的私学，而是非官非私的公学。① 我国古代文教制度的枢纽是科举制，上与国家官僚制连接，下与乡绅阶层连接，因而书院体制并不具有经院式的学院自治性质。中国古代的文教制度并非没有自由/平等，但我们应该分辨不同知识形式条件下的自由/平等。最重要的是，中西学问制度中的思想自然法不同，使得思想和学问的自由/平等的类型不同。

经院学术既不是修道院的单纯冥思型思想，而是 scientia [知性的知识]基础上的冥思，也与现代大学的学术不同，不是单纯实用技术性的，而是德行知识性的。Schola 即指在学院中按形式理性的规矩展开的 Quaestio，如前所述，它把思想的个体带入德性的上升状态。经院是以单纯理论的兴趣而形成的，这种兴趣本身就是一种德性，也是所谓科学发展的根本动力因素。冯友兰说，中国思想不是不懂而是不为科学，这种说法实是未懂何为科学。科学基于对纯粹的或然知识的理论兴趣这种兴趣本身是一种德性。

由于这种德性知识基于 Quaestio，Quaestio 的制度化促成了经院学与教会思想的分化和单纯知识旨趣的正当化。在经院学出现之前，救恩知识被视为无可争辩的知识，与属灵长进无关的单纯的知识增长被看作没有意义，教士学者们还没有意识到思辨的知识与个体的生存信仰有差异的相关性。经院化的救恩知

---

① 参周予同，《博士制度和秦汉政治》，见氏著《经学史论著选集》，朱维铮编，上海：人民出版社 1996，页 728—753；丁钢、刘琪，《书院与中国文化》，上海：教育出版社 1992，页 46—99；吴霓，《中国古代私学发展诸问题研究》，北京：中国社科出版社 1996，页 90—117。

识理论却把知识意愿与直接的信仰欲求加以必要的区分,使对纯粹知识的旨趣成为一种德性追求,尽管个体的不同层次的信仰欲求使这种德性知识旨趣总是有限的。

由此,必然出现单纯知识旨趣与个体为了自己的信仰旨趣的差异,思辨性知识与实存性知识之间出现了张力,个体信仰知识与单纯理性知识的分化就被作为自由思辨的 quaestio 锁定了。经院神学提出的救恩知识的分层化,就为单纯理性的自由/平等的思辨提供了可能。经院神学之学的具体含义,正是以这种形式理性化的知识分层结构为基础的。所以,伦巴德(Lombardus)把教父的神学遗产系统化,由此形成专业化的子科学,被视为西方学术史上的一大推进。经院学与正典学(Kanonistik)的区分,是信仰理解的知识分化的第一步。圣经神学与系统(基本)神学的分化,由此开始形成。这里的关键是:个体救恩知识与单纯理性知识是否可分。埃克哈特和黑格尔都不认为可分,于是他们致力于返回神秘主义的思想方式和启示论式的思辨。[①] 神秘主义神学主张一种内在的、同时是普遍的知识关联,否认知识的分化和分层结构。此外,我们也可以明白,为何路德的"返回圣经"会成为一个改教的口号。然而,正如我们马上就会分析指出的那样,埃克哈特的神秘主义、路德、黑格尔的知识观很可能是一种可名之为不平等的自由思想的基础。

提问辩难的制度化尽管依知识的分层结构而有不同,最终仍然走向对各单一学科的全面把握,百科式的学问成为经院学最后的学问形式。经院学还消除了过去对写作的矜持,阿奎那

[①] R.Schoenenberg,《何谓经院学?》,前揭,页 56—57。

赞美毕达哥拉斯、苏格拉底、耶稣一字没写,他自己却写了很多——写作成为个体的德性长进的一种思想行为。

Quaestio 不仅用于神学研究,也用于法学(罗马法典和教会法典),在 13 世纪,也用于哲学和医学。在当今的大学教育中,尤其是研究生的教育中,这种经院教学方法已经制度化,尽管有时徒具形式,遗忘了其实质性的意义。

六、启蒙辩证法与独断的自由精神

从安瑟伦和阿伯拉尔德的早期经院学,到阿奎那的高派经院学,再到司各脱和奥卡姆的晚期经院学,形式理性(辩证法)与启示论题的结合,产生了丰硕的成果。阿伯拉尔德和奥卡姆甚至是在发展形式逻辑方面做出过独创性贡献的思想家,安瑟伦、阿奎那、司各脱则在运用辩证法探讨神学论题上有独创性的贡献。①

由于黑格尔主义的传播,辩证法(Dialektik)一词在我国学术界乃至文化界早已是一个常用词。可是,黑格尔讲的辩证法与经院学的辩证法何止天壤之别。黑格尔的辩证法把作为或然性知识的辩证法变成了把握客观世界的必然运动规律的必然知识,彻底颠覆了作为或然知识的辩证法。辩证法作为"心灵和方法的习性"随之发生了质的变化。

对作为或然知识的辩证法的颠覆起源于康德——他在《逻辑学讲义》中这样写道:

---

① 参 M. A. Schmidt,《经院学时代》,见 C. Andresen 等,*Die Lehrentwicklung im Rahmen der Katholiziät*, Göttingen 1982, 页 567-754。亦参 F. Copleston,《西洋哲学史:中世纪哲学》,庄雅棠译,台北:黎明文化出版公司 1988。

这门技艺(辩证法)在真理的假象之下陈述一些错误的原则,并且试图根据这些原则,按照假想对事物作出主张。在希腊人那里,辩护士和演说家都是辩证法家,后者能够将民众引向他们所希求的地方,因为民众是听任假象欺骗的。所以,辩证法在当时是假象的技艺。在逻辑中,辩证法有一个时期曾在论辩术的名下讲述,这种情况下的一切逻辑和哲学是某些空谈者玩弄各种假象的文化。按理对于一个哲学家,再没有什么能比这样一种技艺的文化更不体面的了。所以,此种意义上的辩证法必须完全抛弃,代替它被导入逻辑的毋宁是对这种假象的批判。①

我们还记得,亚里士多德说的辩证法指的是针对普遍的意见和圣哲的权威论说进行辩证推理,并没有先假定这些论说是假象,要用辩证法去揭穿,而是加以辩证。康德却把辩证法本身看成制造思想假象的论说:贤哲们利用辩证法制造言论欺骗民众。作为启蒙志士,康德立志要从根本上批判贤哲们用辩证法制造的假象文化。可见,康德与亚里士多德的论述姿态判断有别:康德自负地以为"我"在光亮中,你们(民众)在贤哲的蒙蔽中,"我"不是用辩证法欺骗民众的贤哲,而是批判假象、替民众揭露贤哲搞欺骗的贤哲。这种启蒙师的论述姿态,在亚里士多德那里是没有过的。由于这种姿态的正当性,"我"的论说无疑可以而且应该拥有某种思想法权。康德接着说:

> 真正的哲学家必须成为自由自主的自己思维者,而不

---

① 康德,《逻辑学讲义》,许景行译,北京:商务印书馆 1991,页 7。

能是奴隶般地模仿地使用他的理性。但是也不能辩证地使用,也就是不能这样地使用,即旨在给诸知识以真理和智慧的假象。这种纯粹诡辩者的事业,与作为智慧专家和教师的哲学家的尊严绝不相容。①

在这里,康德提出了凭靠"自由自主的自己"的主张,由于启蒙师的身位,自由的思想已不再是可置疑的,不再是平等的辩难,而是君临式的开导。康德自恃的这种所谓批判思想假象的。启蒙理性引出了启蒙式的两重真理观——假的和真的真理。这种启蒙理性成为意识形态之后,支配了从康德到黑格尔、马克思乃至列宁和卢卡奇的启蒙辩证法的演化。② 不过,康德的所谓思想假象起于知性和理性的矛盾:理性归属于知性,但却要僭越地去把握本来只有理智直观才能认识的形而上的事物,因而,理性就陷入二律背反。康德的这一思想被称为"消极的辩证法"。③ 黑格尔的辩证法就是对康德的"消极的辩证法"的启蒙式批判中发展出来的。本来,黑格尔和康德有一个共同的思想前提:

> 形而上事物,只有通过理智直观才能加以认识(不仅是加以思考)。康德得出的结论是:人拒绝理智直观,因此人不能认识形而上事物。黑格尔则得出相反的结论:人达到了形而上事物的认识,因此人具有理智直观的能

---

① 康德,《逻辑学讲义》,前揭,页16。
② 参康德,《历史理性批判文集》,何兆武译,北京:商务印书馆1991,页22-32;洛茨(P.Ch.Lutz),《黑格尔哲学中的辩证法与意识形态:论意识形态现象学》,见《现代外国资产阶级哲学资料》,6(1962),页22。
③ 参奥伊则尔曼主编,《辩证法史:德国古典哲学》,徐若木、冯文光译,北京:人民出版社1982,页46-66。

力。……在黑格尔那里,把对立包含到形而上事物中,则意味着理智直观是在对立的表现中开展的,或者说,理智直观显得是辩证运动。①

在康德看来,理性妄自进行理智直观,即便采用辩证运动,也是徒劳的。这种论点被黑格尔视为"消极"。从康德的"消极的辩证法"到黑格尔的"积极的辩证法",理性知识的位置发生了本体论的位移和转向。波普尔看得清楚:

> 康德在《纯粹理性批判》中断言,我们的知识范围局限于可能经验的领域,超越这一领域的思辨推理,即由纯粹理性建立形而上学系统的尝试,是得不到任何合理论证的。对纯粹理性的这一批判使人感到,这是对几乎所有大陆哲学家的希望的沉重打击。但是,德国哲学家却很快就复苏了,他们根本不相信康德对形而上学的拒斥,并急忙根据"理智直观"建立起新的形而上学系统来。他们利用康德系统的某些特点,想由此回避他的批判的强大力量。这个通常被称为德国唯心主义的学派,在黑格尔那里发展到了登峰造极的程度。②

康德依启蒙意识形态的诉求重审知识的条件,区分了先验逻辑和形式逻辑,前者是一般的、分析的,后者是特殊的、综合的。就亚里士多德的推理学说看,先验逻辑实际相当于作为或

---

① 洛茨,《阿奎那、康德与黑格尔论知性与理性》,前揭,页81。
② 波普尔,《猜想与反驳:科学知识的增长》,傅季重等译,上海:译文出版社1986,页463。顺便说,波普尔此言用于牟宗三的圆融论也合适。

然知识的古典辩证法,形式逻辑和先验逻辑的关系也类于逻辑与辩证法的关系:先验逻辑处理综合,形式逻辑处理分析,但这是同一个知性的两种作用方式。① 康德对知识构成条件的重新勘定,与其修正而非抛弃形而上学问题有关。因此,他重新区分了关于真的知识的三种类型——意见、信仰和真知:信仰是依"虽然客观上不充分,但主观上充分的根据而来的认以为真,……关于这种对象人们不但一无所知,而且也提不出什么意见,……除此而外,信仰是一种自由的认以为真,它只是就实践上先天给与的目的而言是必要的。"②这种关于信仰的界定对于启蒙后的思想自由具有灾难性的后果:启蒙信仰应该具有一种客观必然的政治法权。可以说,虽然康德对思辨理性的局限有清楚的认识,但却以一种危险的理性形式即实践理性的形式打造出一种新的信仰,而且让它看起来是一种理性。黑格尔随之改变了这种对思辨理性的保守看法,把思辨理性看作通过辩证法从知性上升而得到的更高级的认识形式,这就进一步推进了启蒙式的实践理性信仰。

黑格尔的作为积极辩证法的理智直观超逾了康德为理性知识设置的限制,它可以揭示最高的神圣生活,积极表述终极实在,因而他把自己的理性真理化作"内在论的神秘主义"。③ 上

---

① 参吉利德,《康德论形式逻辑和先验—形而上学逻辑之间的关系》,见周贵莲,丁冬红等编译,《国外康德哲学新论》,北京:求实出版社1990,页80-86。
② 康德,《逻辑学讲义》,前揭,页59。
③ 芬德莱(J.N.Findley),《黑格尔的辩证法及其与知性、理性的关系》,见朱亮,张继武等编译,《国外学者论黑格尔哲学》,南京大学出版社1986,页271;柯普莱斯顿,《黑格尔与神秘主义的理性化》,见施泰因克劳斯编,《黑格尔哲学新研究》,王树人等译,北京:商务印书馆1990,页233-247;W.T.Stace/J.N.Findlay,《黑格尔的辩证法》,见杨寿堪等编译,《黑格尔之谜:新黑格尔主义者论黑格尔》,北京师范大学出版社1988,页115-172。

文提到神秘主义杜绝知识的分化和分层,在此神秘主义就表现为理智直观对理性局限的逾越,这种逾越在黑格尔那里也是启蒙意识的表达。不过,康德与后来的唯心主义哲学家虽有分别,在启蒙知识学的意向上是一致的,这一点无论如何不应忘记。另一方面,由于康德与黑格尔对理性能力的不同看法,引致不同类型的启蒙理念,对自由的理解也就相当不同了。

换而言之,经黑格尔的积极辩证法的中介,"自由自主的自己"的思想的独断性大大加强了。这种独断性的力量得自于犹如"上帝的力量"一般的普遍法则,因为,黑格尔的理智直观辩证法不仅仅是理性的僭越运动,它引导出了一个本体论的构造:

> 辩证法是现实世界中一切运动、一切生命、一切事业的推动原则。同样,辩证法又是知识范围内一切真正科学认识的灵魂……无论知性如何常常竭力去反对辩证法,我们却不可以为,只限于在哲学意识内才有辩证法或矛盾进展原则。相反,它是一种普遍存在于其他各级意识和普遍经验里的法则。举凡环绕着我们的一切事物,都可以认作是辩证法的例证,我们知道,一切有限之物并不是坚定不移究竟至极的,而毋宁是变化的、消逝的。而有限事物的变化消逝不外是有限事物的辩证法。……知性可以认作包含有普通观念,所谓上帝的仁德。现在我们可以说,辩证法在同样客观的意义下,约略相当于普遍观念,所谓上帝的力量。……虽则力量这个范畴不足以穷尽神圣本质或上帝的概念的深邃性,但无疑的,力量是

任何宗教意识中的一个主要环节。①

就辩证法作为理性的僭越运动而言,费希特已为此提出了一种知识学辩证法,它是自由与绝对理性的中介,据说,后来又发生了决定这些中介的中介即自由与绝对理性之间的中介。费希特的辩证法尤其是就道德宗教的自由精神而言的,即指的是"自由意志对绝对理性意向的献身精神"。② 这里隐含着一种新教式的对理性精神的超越。作为理性运动的辩证法是否源于基督教三一论思辨,经过费希特和黑格尔,形成正题、反题与合题的辩证三段论法——按照这种方法,反题成为本体论地理解的概念发展的积极运动,并不是问题的关键,作为主观精神的自由意识通过辩证运动实现自身才是问题关键。③ 相当值得注意的是,德国启蒙思想家的自由精神理念的独断性推进,是与辩证法的改造在同一个轴轮上运行的。辩证法成为实质理性的运动法则,与经院辩证法的工具性形式理性截然不同,这是自由思想的平等蜕变为自由精神的专权的关键。

古代辩证法与启蒙辩证法的根本差异在于这样两个要点:或然知识变成必然知识,随之,这种必然知识引导出一种形而上学的世界理解及其自由精神。黑格尔通过辩证法的思辨化把辩证法称为最高的理性运动,把思维过程变成客观的

---

① 黑格尔,《小逻辑》,贺麟译,北京:商务印书馆1980,页177-179;亦参格莱哥亚,《黑格尔的有、无、变、辩证法》,见《哲学译丛》,3(1958)。
② 参劳特,《费希特哲学中的辩证法起源》,见《哲学译丛》,1(1987),页8。
③ 黑格尔专家们对黑格尔的"正反合"辩证术有不同看法,参斯退士,《黑格尔哲学》,鲍训吾译,石家庄:河北人民出版社1986,页96-97;G.E.Muller,《黑格尔的"正反合"奇谈》,见《哲学译丛》,4(1964),页78;黑格尔的自由观与辩证法的关系,参西柏格,《精神的发展与自由》,见《哲学译丛》,4(1964),页81-85。

独立的主体,这就是黑格尔所理解的自由。一旦马克思再把黑格尔的体系颠倒过来,就构成了他的历史社会的辩证法,构成了现实世界的辩证性实在运动的形而上学。据说,自由精神因此得到更大的高扬,因为,这样一来,自由精神就具有了历史社会的实在力量。黑格尔与马克思的一致之处在于:辩证运动由或然知识形式变为本体性的实在的存在形式。① 他们两人又都是自由精神的坚定而热情的鼓动者。相当奇妙的是,在他们那里,自由精神的专断性显得就是辩证法的运动本身。

费希特和黑格尔都是在批判康德的消极辩证法的基础上推进辩证法的,与此相似,马克思通过批判黑格尔的神秘主义思辨神学的辩证法来推进辩证法的绝对力量,因为辩证法在黑格尔手中神秘化了——恢复辩证法的合理形态意味着:

> 在黑格尔看来,思维运动,即他用观念这一名称加以人格化的思维运动,是现实的创造主,而现实只是观念的现象形态。我的看法则相反,思维运动不外是移入人的头脑并在人的头脑中改造过的现实运动的反映。……虽然黑格尔出于自己的误解而用神秘主义歪曲了辩证法,但这并不妨碍他第一个叙述了辩证法的总体的运动。在他那里,辩证法是倒立着的。只要使它重新用脚站起来,就可以发现它的完全合理的面貌。……辩证法,在其合

---

① 参施蒂勒,《黑格尔辩证法和马克思辩证法的差别》,见《哲学译丛》,3(1982),页17以下。封德里,《黑格尔的现实》,见《现代外国资产阶级哲学资料》,6(1982)。受黑格尔和马克思影响的科学哲学家邦格清楚地把辩证法看作本体论,"辩证本体论有一个被神秘之雾所环绕的似乎合理的内核。"M.Bunge,《对辩证法的批判性考察》,见《哲学译丛》,1(1980),页30以下。

理形态上,引起统治阶级及其夸夸其谈的理论家们的恼怒和恐怖,因为辩证法在对现存事物的肯定的理解中同时包含对现存事物的必然的否定的理解,即对现存事物的必然灭亡的理解;辩证法把运动本身的一切既成形式都看作是过渡的形式,因此它也不崇拜任何东西,按其本质来说,它是批判的和革命的。①

这就是马克思的自由精神。马克思对黑格尔辩证法的颠倒,在历史社会学的用法上推进了作为实质理性的辩证法,使之成为历史社会的运动法则,成为自由的现实批判的革命精神。这样一来,费希特和黑格尔已具革命性的启蒙精神就转化为社会政治现实生活中的启蒙式革命行动:由于无产阶级是历史的辩证运动中的先进阶级,其阶级身位就具有革命辩证法的批判使命,或者说就是自由精神本身。马克思的这一辩证思想,启发了列宁的建党论说:

> 诚然,黑格尔这种思辨的历史的总体还没有变成卢卡奇的抽象的政治的阶级意识或列宁的具体的政治的阶级意识。列宁在《怎么办》中提出了阶级意识,只有通过列宁的阶级意识,这种总体才成为实践的自觉的有力工具,因而成为鲜明的阶级斗争的意识形态。……由阶级意识概念的这种政治化,开始了那个作为主客同一的无产阶级的明显的物化,无产阶级第一次创造了把意识形态扩张到社会政治

---

① 马克思,《资本论》(作者修定的法文版第一卷),中共中央编译局译,北京:中国社科出版社 1983,页 846-847。亦参顾尔维奇,《卡尔·马克思的辩证法》,见《哲学译丛》,7(1964)。

领域中的客观可能性。马克思与列宁实现了黑格尔想过的东西。然而,意识形态就其根本结构来说并无原则改变。对总体的意向想把自己在社会历史方面加以具体化的意向,关于斗争、利益、揭露与蒙蔽的思想,相对地说,在马克思那里仅仅比在黑格尔那里理解得更具体,在列宁那里,才最后真正成为以政治斗争的残酷性变成了的现实。①

这里始终贯穿着德国唯心论的启蒙式自由精神:康德所谓的揭露"假象"的启蒙使命经过费希特、黑格尔和马克思,已然发生了质变,揭露已从思想批判变为社会革命的批判,并由一个具启蒙使命的团体来进行,这个团体当然掌握了更高的真理,因而具有独断的思想和社会法权。于是,黑格尔的基督教神秘主义的启蒙辩证法就转化为世俗化的、但也是神圣的革命辩证法。

其实,为了证明自己确实是哲学世界中的、甚至干脆是世界中的基督的真理,黑格尔好像原该产生出一个团体,产生出可以使精神的世界皈依绝对知识的真理的一个教会。至于马克思则虽然并未明白地理解其中的道理,却已觉出黑格尔体系的这个缺点而思以补救了:他以为,"哲学的实现","它的"世界化"要求有一个由"普遍的个体"所组成的团体来支持它,这些"普遍的个体"将有效地引导世界走向历史的终结……而黑格尔则完全忽略了组织这样一个团体

---

① 洛茨,《黑格尔哲学中的辩证法与意识形态:论意识形态现象学》,同前,页22;亦参罗森塔尔,《列宁与辩证法》,见《哲学译丛》,2(1964)。关于卢卡奇的辩证法论,参梅洛-庞蒂,《辩证法的探险》,见《资产阶级哲学资料选辑》,第一辑,上海:人民出版社1964,页33-74。

的必要性,并且在自己的展望里也未给这个团体留下任何地位。但马克思却相反看出了这个团体的必要性,并且为它的存在作了规划。当他远在尚未认真研究经济现实以前,思考刚一开始,便赋予这个团体以一个重要的任务。这个团体就是用马克思的辩证法武装起来的无产阶级,它的使命在于(因为它是"人的完全丧失")"把人完全重新争取过来"。所以,怎么还看不出,"化身"、"赎罪"和"教会"这些在无产阶级的特色下重新出现的范畴,马克思是通过黑格尔而直接从基督教来的呢?①

经院辩证法涵养的是平等的信仰理解,启蒙辩证法则涵养不平等的信仰理解。信仰对于个体来说,都是独断的;但启蒙辩证法的信仰不是就个体而言的,而是就整个人类而言。因而,其信仰的独断性与政治法权是同一个东西。不可忘记:从黑格尔神秘主义思辨神学的辩证法转出的马克思世俗化神圣革命使命的辩证法,本质上是具有宗教性的自由精神,即费萨所谓 La rose de la raison dans la craix du Present[当前十字架上的理性的蔷薇花]。作为革命意识形态的启蒙辩证法有三重基本使命:揭露虚假意识,自身则体现为(理性或现实)历史的自由意识,作为这种意识,它是正当且神圣的革命性行动。这三种基本功能可用 List der Vernunft[理性的狡狯]来概括:

"理性的狡狯"通过意向与结果的辩证法把"世界历史的个体"(即历史中的英雄人物)变成在历史中实现理性的

---

① 费萨,《黑格尔对历史的骑墙态度》,见《哲学译丛》,4(1964),页64。

5. 辩证法与平等的思想自由习性

工具。……马克思以最微妙的方式维护了黑格尔关于理性狡狯的观念,但补充了两个修正:第一,在马克思看来,理性的狡狯并不是通过个体,而是通过集体的实体即阶级来起作用的。第二,如果说按照马克思的看法历史迄今都是通过理性狡狯的曲折道路而进步的,他还引进了无产阶级专政作为第一个历史的主体,这个主体能够使自己从基于理性的狡狯的历史发展观念中所包含的愚昧无知和虚假的意识的辩证法中解放出来。①

启蒙辩证法的演化,引出了不同于经院辩证法的自由理念:辩证法不再是平等的相互辩难,而是真意识(真信仰)揭露假意识(假信仰)。洛茨把揭露的辩证法溯源于黑格尔是不准确的,揭露思想假象已是康德分派给理性知识学的一大任务,黑格尔调校了这一任务,马克思不过把揭露思想假象的理性知识学转换成革命的知识社会学。思想的自由不再体现为平等的论辩,而是体现为具有政治法权的先进意识,有了这种意识,就有了自由意识,因为这意味着把握着历史,进而拥有革其他意识的命的政治法权。进一步推进辩证理性并越推越奇的萨特大谈特谈自由,何足为奇?② 启蒙辩证法作为认识世界和改造世界的一般方法,依赖于现实世界(历史)的辩证本体论结构:所谓事物发展的客观规律。黑格尔把辩证法界说为思维本性内在法则的科学运用,这个思维和存在的合体是按照一种内在准则的运动,它

---

① 阿维尼尔,《意识和历史:黑格尔与马克思的理性的狡狯》,见施泰因克劳斯编,《黑格尔哲学新研究》,前揭,页140。

② 参萨特《辩证理性批判》,徐懋庸译,北京:商务印书馆1965;对萨特的辩证理性的批判,除吕以埃文外,可参阿隆,《存在主义对马克思思想的解释:评"辩证理性批判"》,见《哲学译丛》,5(1982),页7以下。

导致对任何非内在的、理想的准则的坚决否定。在这一点上,黑格尔、马克思、萨特一脉相承。由此必然导致否认平等的自由精神。

启蒙辩证法演化至今的思想后果,按吕以埃的见地可概括为三个方面。1.启蒙辩证法否认准则和价值的多元性:"再也没有比那种不同使命(个人的或社会的)的思想更反辩证的了。再也没有比一种多元论,例如韦伯的多元论,更反辩证的了";2.哲学的政治化=意识形态化,"意识形态,也就是积极思想、斗争思想,变成唯一真正的哲学,因为它是唯一现实的存在的";3.对政治生活的描绘成了一种革命教义:"把政治生活当作一个永久的革命场,无尽头的斗争","看不到文化和社会的二元性,相对性",看不到"生产方式和产品的使用方式或消费方式,从这一个价值领域到那一个价值领域有极大的不同"。① 经院辩证法推崇分析理性,启蒙辩证法推崇"理性的狡狯"。有鉴于此,我们若一听到自由精神或启蒙精神就闻歌起舞,热血沸腾,就得当心会丧失自己的平等的思想自由。

七、生存辩证法的启蒙辩证法批判

与马克思转化黑格尔神秘主义的思辨辩证法相反,基尔克果提出生存的"实质辩证法",警告黑格尔的辩证法玩弄关于最高实在的抽象游戏。"马克思在人类社会中发现了辩证过程,基尔克果在生存的完成中证实辩证过程,黑格尔则讲绝对理性

---

① 吕以埃,《辩证理性的无稽之谈》,见《哲学译丛》,4(1963),页38–51。

的辩证法。"①这三种辩证法有形式上的类似(运动公式),但却并非如赫斯只见其一不见其余所以为的那样,有同样的思想语法。生存论辩证法注重个体的偶在性和脆弱性,生存世界的破碎和认识的悖论,这与黑格尔和马克思的必然知识辩证法的品质截然不同。与此相关,生存论辩证法重视个体自由的脆弱,因而其自由精神的品质与启蒙辩证法的自由精神截然不同。

基尔克果的生存论辩证法的要点是生存中属已的悖论,以及个体在其中的挣扎:个体的存在具有在体上的偶然性,这就是生存中的辩证法。

> 在其作品里表现为一个敏锐的思想家是一回事,在自身的存在里辩证地重复他的思想则是另一回事。前者是一场不下赌注的游戏,是为游戏而游戏;而在其自身的存在里的重复,则是一场因为下了大赌注而趣味性陡增的游戏。作品里的辩证法仅仅表现思想,而思想在生活中重复,则意味着在生活中采取行动。但是,一位思想家未能在生活里重复其思想的辩证法,就会不断产生出许多新的幻想。②

基尔克果与马克思都注重思想的生存实在性,但基尔克果注重的是个体,而非阶级或群体,其辩证法作为思想语法是"瞬间的辩证法",这是对所谓生存"悖论的冒犯",其自由观是受罪

---

① 参赫斯(R.Heiss),《辩证法的操作原理与公式》,见《哲学译丛》,4(1963),页66。
② 《克尔凯郭尔日记选》,晏可佳、姚蓓琴译,上海社科院出版社1992,页111—112。

的自由。① 沿基尔克果的方向,阿多诺提出了捍卫个体独特的、不受时间约束的权利的生存辩证法,对黑格尔和马克思的总体理性的辩证法表示抗议。阿多诺要拆除现实的辩证理性构造:理性不能理解现实,并非因为它无力,而是因为现实是非理性的。

> 辩证法是始终如一的对非同一性的意识。它预先并不采取一种立场。辩证法不可避免的不充足性,它对我所思考的东西犯的过失把我的思想推向了它。如果人们反对辩证法,说它把碰巧进入它磨房中的一切都归并为矛盾的纯粹逻辑形式,忽略了非矛盾的、即简单被区别的东西的丰富多样性,那么,人们就把内容的过错推给了这种方法。②

阿多诺的辩证法认为,"真理因其时间的内容是飘荡的和脆弱的",自由同样如此。基尔克果和阿多诺的生存论辩证法对启蒙意识形态及其思想语法的批判,絮叨带有悲观的生存"眩晕"的自由主义。不过,作为马克思主义者,阿多诺的生存论辩证法与基尔克果生存论辩证法仍有品质上的不同:基尔克果的复调文体蕴含着个体平等的信仰辩难的辩证推理,接近苏格拉底的平等的个体性思想对话哲学;阿多诺的文体是黑格尔式的,只不过把思想法权思辨地诗意化了。

---

① 参基尔克果,《论怀疑者/哲学片断》,翁绍军、陆兴华译,北京:三联书店 1996,页 154—177。
② 阿多诺,《否定的辩证法》,张烽译,重庆出版社 1993,页 3—4;亦参泰尔图利安,《阿多诺与德国古典哲学》,见《哲学译丛》,5(1985),页 43—48。

同样受基尔克果影响,神学家巴特发展了一种神学上的生存论辩证法。整部《〈罗马书〉释义》都是在一种辩证思想的支配下写成的,并形成了巴特的辩证神学的中心论题:上帝的启示与此世的关系是在上帝的"是"与"否"的辩证关系中展开的。这里谈论的显然不是或然的知识,相反,巴特想要否决经院神学的或然知识形态,以便顺从福音的绝然另样的撞击。① 巴特把基尔克果颠倒黑格尔的辩证法做法接过来,再转换成上帝启示的表达式。由此,神学的语法由或然的知识变成了关于福音辩证思想的知识,神学科学的语法从经院辩证法转换为生存辩证思想。对追随路德的巴特来说,可以谈论的是实事的内在辩证法。由于危机神学的辩证法把真实概念的危机和悖论视为罪与恩典的具体的内在交织,因而,巴特对自由的理解也是基尔克果式的。

八、余 论

迄今我们已看到三种不同的辩证法,它们各自连贯着不同品质的自由观、世界观和相应的思想语法。生存论辩证法自然也反对作为分析理性的辩证法。辩证法的工具性形式理性含义与现代的实质理性(无论是本体论的,还是生存论的)辩证法含义的差异,具有重要的思想史意义。作为分析的形式理性的经院辩证法在现代并未失传,其传人主要是经验—实用理性主义

---

① 参卡尔·巴特,《〈罗马书〉释义》,第二版序,魏育青译,华东师范大学出版社,2005;基督教神学对马克思辩证法的批判,参卡里什,《基督教与辩证唯物主义》,见《现代外国资产阶级哲学资料》,4(1962);卡里什,《基督教徒对辩证法的态度》,见《哲学译丛》,7(1964)。

者和怀疑论思想家。波普尔说,古代作为"语言的论证用法(的艺术)"的辩证法"十分接近"他所说的证伪方法。① 莱欣巴哈攻击黑格尔—马克思的辩证历史规律论,说它"只不过是某些历史发展的结果在它们已经完全过去以后能被并入其中的一个方便的框框,但它既不够精确也不够足以供历史预言之用":

> 我不知道黑格尔对于希特勒的普鲁士会说些什么;或许他会在他的历史发展路线的继续阶段上分配给它一个位置。②

然而,莱欣巴哈所谓的新哲学则要区分两种人:

> 认为对于知识的分析是可以用逻辑的精密方法作出的人和认为哲学是一个逻辑之外的领域,不受逻辑检验限制,可以取得从使用图像语言和它的感情内涵中产生的满足的人。③

这样看来,他的新哲学的思想语法仍然是分析理性的辩证法。在思想史家柏林看来,20世纪显著的政治思想特征是:"法西斯国家公然否定,甚至贬抑理性的'问—答'方法","把个人训练成一些无能力去感受问题之困扰的人"。自由的社会制度理念的要义在于,承认价值观的分歧和困惑(问题)是永远存在

---

① 波普尔,《猜想与反驳:科学知识的增长》,前揭,页448。
② 参 H.Reichenbach,《论黑格尔的辩证法》,见《哲学译丛》,3(1965),页67。
③ 莱欣巴哈,《科学哲学的兴起》,伯尼译,北京:商务印书馆1983,页240。

5. 辩证法与平等的思想自由习性

的,"受到一些问题折磨的人的精神状态"是在体性的、无法取消的。① 实用主义思想家胡克在批判恩格斯的辩证法论时,也明显采用古代的辩证推理的辨析方法:

> 辩证的方法,只有在其被理解为是科学方法的同义语时,才能声称有意义和正确。既然在传统的公式中,辩证法为许多使人误解的和错误的概念所困扰,那么,如果抛弃辩证法这个用语,它就会更有助于清晰的思维;保留这个用语则会酿成一种神秘的自然哲学,为"双重真理"的学说准备道路——一种是通常的、科学的和世俗的真理,另一种则是神秘的、"辩证的"和"更高的"真理。最后,它还鼓励了一种易于导致检查、命令和迫害科学家的态度。②

胡克的观点显然想要维护平等的思想自由。然而,"科学"这一用语同样为许多使人误解的和错误的概念所困扰。对我们来说,既然已经不可能抛弃辩证法这个用语,就值得搞清三种不同的辩证法及其所属思想的含义和用法。在这一意义上说,中古的经院辩证法具有重新认识的价值。

问题涉及对分析理性的基础——形式逻辑的哲学评价。亚里士多德的辩证推理归属于形式逻辑,黑格尔的辩证法是以贬

---

① 参柏林,《自由四论》,陈晓林译,台北:联经出版公司 1986,页 100-102;亦参柏林,《政治理论还存在吗?》,见 J.A.Gould/V.V.Thursby 编,《现代政治理论》,杨淮生等译,北京:商务印书馆 1985,页 414-423。

② 胡克,《理性、社会神话和民主》,金克、徐崇温译,上海:人民出版社 1965,页 223-224。

损形式逻辑为基础的。黑格尔区分辩证逻辑和形式逻辑,后者只是"按照思维现象现成的样子"描述思维形式,前者要"更向前进",认识思维形式符合真理的程度。① 这种对形式逻辑的重新评价与在形而上学本体论上的变动相关:黑格尔依据纯粹主体性的思辨逻辑论更改了亚里士多德本体论中可能性与现实性的形式区别,从而建构起神秘主义思辨神学的形而上学。这一变更的思想因素,正是康德不那么有把握的理智直观。② 对黑格尔来说,哲学的根本问题是康德提出的知识与真理的关系,康德的解决路径是分开知识与信仰,黑格尔的辩证理性则把知识与信仰重新黏合起来。黑格尔及其后继人的辩证理性带有神圣的道义性,或胡克所谓导致迫害的思想法权,就是自然的事了。当然,持守形式逻辑的思想也不是没有自己的形而上学和信仰,问题是,无论形而上学或信仰如何,思想的自由平等都得由思想的形式理性来维护。

> (形式)逻辑不能证明它自身的合理性,而必须从其他地方借用其根本假定的力量,因而必然要相信我们能够认识现实的真,不仅仅是凭直觉的闪现,而且也要靠耐心的探索和把平凡的经验材料编织起来。逻辑不是探讨我们最初的信念,而是探讨我们的推理,它对于结论比对于前提更重要,它是一种结构框架,而不是一种学说。(《经院辩证法》,前揭,页25)

---

① 参张世英,《论黑格尔的逻辑学》,上海:人民出版社1973,页207-213。
② 参 K.Duesing,《黑格尔与哲学史:古代、近代的本体论与辩证法》,王树人译,北京:社科文献出版社1992,页115-116。

5. 辩证法与平等的思想自由习性

从前面的论析已可看出,辩证法的三种历史样式都与基督教思想相关,而基督教思想的语法也有不同的类型。不过,基督教思想家大抵可分为两路,把对上帝的信仰建立在神秘的理由或建立在理性的理由之上:信念证明要么出据宗教神秘经验的证据,要么出据理智的证据。汉语思想界一直不重视经院神学的研究,对形式理性在神学中的作用持轻蔑的态度,这对汉语思想的发展有害无益。值得重复吉尔比说过的话:"推论的意义比情感更内在,比激情更持久,它是人类形成伙伴的条件。"在汉语神学界,天主教神学家们热衷于推进利马窦的思想路线,忙于在中国古代思想中去找寻与天主实义的相合处,对理性化的经院神学传统及其辩证法的研究了无积累,可谓丢失了天主教神学传统中的经院辩证法这一法宝。新教福音各派则沿着路德、加尔文的反经院神学路线迅跑,大张宗教情感和属灵经验的唯一性,以至于神学思想界内部已谈不上"形成伙伴的条件",遑论在文化界形成伙伴的条件。汉语思想界没有充分重视:

> 逻辑帮助我们正确地接近科学研究的实际对象,它为所有推论的知识提供方法,因而它是科学学科的首要部分。它将告诫我们不要把胡言乱语误当成解释,不要把特殊情况误当成一般规则,不要把直觉当成证明。(同上,页11)

施密特(M. A. Schmidt)教授是德语学界研究经院学的权威,教义学通用教材中经院学部分的撰写人。笔者有幸在他的指导下研修教义史。施密特教授告诉我,他年轻时接任巴塞尔大学神学系的教会史/教义史教授职位时,卡尔·巴特还未退休,巴特要求学生必须认真研究经院学,他自己也撰写过安瑟伦的专著。福音神学的大师也重视经院学,对汉语学界当是一个提示:不可轻视经院学的形式理性,它不仅是思想工具,也是"一种心灵和方法的习性"。路德的"唯有信仰"本出于神学内部的救恩论争辩:人是靠善工还是靠信心称义。把这一原则引申为信仰与理性的关系,完全是夸张。把这一原则从神学的原初语境中抽出来,变成信仰认识与理性知识的一般对立原则,对整个西方思想的近代发展都是灾难性的。① 基督教思想史家 Leese 亦指出,以路德对理智的褊狭态度为美德,"路德不仅成了新教神学的明星,也成了新教神学的灾星(Unstern)。"② 枵腹空谈"唯信"或"属灵"或"唯圣经",对信仰的自我理解并无益处。

汉语思想界受近代西方启蒙思想影响,轻易地贬斥经院思想,而真正了解经院思想的人,实在很少。了解经院神学的思想语法,对汉语思想的发展实有重大意义。可惜的是,经院神学的思想语法如今主要成了逻辑思想史的考古材料,由于当今逻辑学的发展已走向公理化的语言(数理逻辑),以至于逻辑史家们乐意用数理语言来探究经院逻辑。③ 逻辑史家也很少关心中古逻辑与神学思想的关系(波波夫是少数例外)就此而言,应把经院神学从逻辑史中解放出来。

---

① 参 R. Schonenberg,《何谓经院学?》,同前,页 12。
② 参 K. Leese,《晚期唯心论中的哲学和神学:论析 19 世纪的基督教与唯心论》,Berlin 1929,页 254。
③ 参张家龙,《中世纪对逻辑的贡献》,见江天骥主编,《西方逻辑史研究》,前揭,页 131-178。

6. 德意志神秘派小识

80年代中期,我辗转从学界高层人士那里得到一条消息:有个叫作铃木大拙的日本学者的书颇值得一读。我赶紧到图书馆把铃木的书都找来看,结果大失所望——唯一觉得稀奇的是,铃木把禅宗智慧与德意志神秘派(Deutsche Mystik)扯在一起,说禅宗讲的"空"就是德意志神秘派大师埃克哈特(Meister Eckhart)所讲的"无"。

"空"与"无"怎么会是一回事情?我搞不懂。

这事让我想了好多年。先是设法找埃克哈特的书来读,于是找到了他的《德语布道文和论文》(*Deutsche Predigten und Traktate*),并尝试翻译其中的篇章。为了搞清楚"无"是不是"空",首先挑了一篇题为"论自我认识"的布道文来译(刊于《德国哲学》第一辑[1987]),译出后觉得不大对劲;接下来又试译出"论隐遁"……越来越觉得不对劲……

当时我刚刚开始摸索德语文学史和思想史的入口,埃克哈特大师在德语文教史上名气一直很旺,早有所闻——不过就是所谓德意志神秘派的鼻祖嘛。还听说,由于埃克哈特的思想被教宗定了"异端"罪,他的书长期被湮灭,直到19世纪才突然转"红"——这倒不难理解,"启蒙运动"以后,从前的"异端"当然就成了"历史英雄"。① 不大好理解的是,一个14世纪的德意志人何以会对现代思想、尤其20世纪的形而上学王海德格尔这样的人影响非常之大。② 这个问题我也长期不得旨归。至于德意志神秘派与禅宗佛教是否一回事,我其实并没有什么所谓。

最大的好奇或困惑还是埃克哈特当年惹上的"异端"罪名——为什么如此虔敬的基督徒学士会被判为异端?这件事情最费思量。

1260年,埃克哈特出生在德意志 Thüringen 地区的 Hochheim 村——当地有两个村叫这个名字,史家没法确定他究竟出生在哪个 Hochheim 村。12岁那年,埃克哈特到 Erfurt 进多明我会当了修士。几年后,修会主持派他去科隆,在经院大师托马斯·阿奎纳的老师大阿尔伯特(Albert dem Grossen)于1248年创建的大学接受 studium generale[通识教育]——大阿尔伯特在1280年11月(又说12月)归主,因此,史家推测,埃克哈特很可能见过这位大师。无论见过还是没见过,总之,埃克哈特是

---

① 关于德意志神秘派的概况,依笔者所见,Louis Cognet 的 *Introduction aux mystiques rhéno-flamands*(Paris 1968,德译:*Gottes Geburt in der Seele — Einführung die die Duetsche Mystik*,Freiburg 1980)最简明扼要,笔者当年全靠这本书得知德意志神秘派的一些知识。详细的研究可推举 W.Preger 的 *Geschichte der deutschen Mystik im Mittelalter*(3卷,Aalen 1962)和 Louis Cognet 的 *Histoire de la Spiritualité Chrétienne*(3卷,Paris 1966)。

② 参见 John D.Caputo 的 *The mystical element in Heidegger's Thought*(Fordham Uni. Press 1986);该书还提供了英语学界研究埃克哈特的文献。

在这位大师所创建的大学受的本科教育。大阿尔伯特在西方逻辑学史上也赫赫有名,想必埃克哈特所修炼到的从亚里士多德到大阿尔伯特一类经院大师们的逻辑学功夫可不一般。大阿尔伯特本是注疏大师,他给伦巴德(Peter Lombardus)的 *Sentenzen*(《论句集》)作的注疏很有名,而埃克哈特在去巴黎大学念博士之前,已经掌握了讲疏伦巴德《论句集》的本领,并于1293年开始在巴黎附近的一所修院讲解《论句集》,可见埃克哈特与大阿尔伯特确有师承渊源。

1300年,埃克哈特到巴黎大学深造,两年后取得神学Magister学位。

说到大学,我们切莫与如今的大学联系起来,以为那时的大学像我们的大学那样,动辄成千上万学生。当时的大学其实与神学院或者说经院学院差不多——更确切地说,大学是教会的教团办的钻研学问的封闭场所,并不开门办学,面向如今所谓"社会"招收学生(惶论想方设法开办文凭班盈利)。实际上,即便要招收学生也招不来,因为,当时还没有普及初等教育这回事,而一般人也没有念书识字的愿望——谁要是真有念书的强烈愿望,倒并非没有读书机会,只要进修会当修士,在经院墙内做个与众人有区隔的隐修者就可以了……比如说司各脱(Duns Scotus)就发觉自己太喜欢念书,于是就在15岁那年(1280年)进了修会,后来成就为著名的"精微博士"……

在路德惹出新教运动之前,西方的基督宗教经过长期的历史锤炼已经形成了一套稳妥的制度结构——用库萨·尼古拉(Nikolaus von Kues)的说法,这个制度结构叫作 complexio oppositorum[对立综合体]。① 所谓"对立综合体"有多种含义,比如,从教会制度的纵向层面来讲,乃是神职人员(神父、主教)与普通信众(所谓"平信徒")的综合体;从教会制度的横向层面来讲,乃是教团(各种相对自立—自律的隐修会)与教区的对立综合:教团吸钠、培养各种有特殊天性趋向(比如喜欢念书、想奇奇怪怪的形而上问题)的人才,教区则养牧普通信众。大学由教团主持,不向、也没有必要向教区开放——比如说,到教区去办什么"亚里士多德讲习班",以免扰乱教区平信徒的虔敬生活。平信徒中若有谁喜欢想学,当然可以转入教团,先接受"通识教育",然后念硕士—博士课程,然后离平信徒的日常生活越来越远……反过来说,谁要是觉得在学院墙内待久了很烦闷,终于发现自己的天性不是整天问"天"那号人,随时可以走出修院,回到教区过平常日子。

说得学究一些,complexio oppositorum 就是哲学与律法的"对立综合"。

这么说来,平信徒就不需要教育了吗? 不是的。通过教士讲解《圣经》,平信徒从小就受宗教教育——不同于隐修士所受的经院教育,当然,隐修士在进入经院之前,也从小就要接受《圣经》的教育(传统的普及教育)。

埃克哈特天性好思辨,因而走上了问"天"的学问之路。获得学位后,埃克哈特升任多明我会的省区会长。1311年,埃克哈特作为神学教授第三次前往巴黎。这一次很可能是他自己提请多明我会派他去的,目的似乎是想在巴黎大学取得一个教席,

---

① 对这个制度结构最精妙、明晰的现代阐释,当推施米特的《罗马天主教与政治形式》,见施米特,《政治的概念》,刘小枫编,刘宗坤等译,上海人民出版社 2004,页 47、尤其页 51 以下。

与比他仅小 5 岁的来自苏格兰的修士司各脱一争短长——当时,在巴黎大学的教士学人圈内,司各脱的思辨因其批判矛头指向托马斯·阿奎纳而正颇受重视。不清楚什么原因,埃克哈特最终没能在巴黎当上教授,1314 年 4 月间,修会安排他在斯特拉斯堡当上了 magister et professor theologiae [异师和神学教授]。

必须始终记住,当时的大学实实在在是个非常小的圈子——在斯特拉斯堡的十年期间,埃克哈特继续从事自己的神学研究(包括《圣经》书卷汪疏),在经院学方面钻得很深——与此同时,埃克哈特开始在自己所属的修会以外的场合用当时还是俗语的德语布道(尤其是在一些女性慕道者群体中间布道),并逐渐在自己周围形成了亲密的学生圈子,包括一些非常虔敬的修女(比如一个名叫 Katrei 的修女,后来很有名)——这些布道就是后来引发"异端"祸事的根子。

1324 年,埃克哈特被修会派往科隆,在那里,他虽仍然当教授,继续从事神学—哲学研究,甚至打算写个三部曲式的大著(Opus tripartitum),把自己的学问统起来,当然也一如既往地经常布道——然而,就在第二年(1326 年),科隆教区的大主教对埃克哈特的布道提起"异端"指控(事情的具体经过如今已不可考),埃克哈特不得不上宗教法庭为自己辩护。官司来来回回多次,直到 1329 年才有了个结论:教皇约翰二十二世(Pope John XXII)发出训谕《在主的耕地中》(In Agro Dominico),谴责埃克哈特的有些布道内容为"异端"。不过,在终审判决下来之前,埃克哈特已经走了——而且,延续多年的起诉和抗辩过程,倒使得埃克哈特的大量布道辞更为广泛流传。总而言之,对埃克哈特本人来说,"异端"事案其实并没有给他个人带来什么损失。

按我们的"政治正确"习惯,只要是教皇发出的"异端"谴责,就是教皇的错——压制思想自由嘛,还有什么好说?尽管这是不容置疑的,我们还是可以不妨从古人的角度"历史地"来看看事情是否会有另一面。

教皇在训谕中列举了埃克哈特的二十八条说法加以谴责,指出这些说法有的明显为"异端"(十七条),有的则至少涉嫌"异端"(十一条)。可是,什么叫作"异端"?这会儿不必去查找百度或谷歌,从"训谕"开始的一段说明,就可以看到"异端"是如何被定性的——下面两段话颇为关键:

> 他(埃克哈特)逾越出他应该知道的范围而想要知道得更多,但又丝毫没有做到谨慎行事,没有去遵循信仰之准绳……他讲了大量的诲人之言,但是,在他主要是对普通百姓所作的布道和他写下的那些论说中,却使得受此影响的这许多人的心灵中的信仰变得淡薄了。——《教皇约翰二十二世训谕》①

其实,在经院墙内,"逾越出应该知道的范围而想要知道得更多"的事情,并非绝无仅有,毋宁说,经院(当时的大学)恰恰就是"逾越出应该知道的范围而想要知道得更多"的地方——谁知道那些个神学教授们在借助亚里士多德的形而上学和"工具论"来解读《圣经》时"逾越出应该知道的范围"有多远呢?教皇并没有关闭大学,这无异于许可有的人在特定的范围内可以

---

① 引自《埃克哈特大师文集》,荣震华译,北京:商务印书馆2003,页522-523。

"逾越出应该知道的范围而想要知道得更多"。"训谕"谴责的是,埃克哈特"没有做到谨慎行事",把应该关起门来想和说的东西,拿到外面去对普通百姓讲,这才是要不得的事情,是"异端"——"异端"事案由教区主教提起,无异于教区状告教团,从而是神学与律法的冲突。

埃克哈特在"大学"里想的是什么呢?

埃克哈特问学的时期,基于亚里士多德的形而上学和"工具论"的经院神学非常发达,托马斯·阿奎纳的学说乃是其系统且完美的体现。我们都听说过,托马斯·阿奎纳学说的特征是所谓的"理智主义",这种理智论与所谓"层级论"(Hierarchie — ἱεραρχίας)相表里。也就是说,要达到对上帝的认识,必须经过一些不同的阶段,这些阶段与不同的等级次序相应,层级(等级)的高低次序环环相扣。但这个次序本身不可逾越,更不能拆毁——因为,高一级的次序并不包含低一级次序中的东西,两者的关系仅能靠"类比"来连接。从学问上讲,接近对上帝的认识的道路,由不同阶段的学科来构成——逻辑学—自然哲学—自然神学—道德哲学①——用我们熟悉的话来说,叫作"格物致知"。

埃克哈特大概是觉得,这样的通向认识上帝的层级道路过于繁琐,至少把事关上帝的学问搞得太难懂,说不定还会把本来好端端的灵魂搞坏。于是,与如此"格物致知"的认识上帝之路不同,埃克哈特提出了"直指心性[灵魂]"的认识上帝之路。与此相应,托马斯·阿奎纳的神学依傍的是亚里士多德形而上学,埃克哈特则依傍柏拉图主义——什么叫"柏拉图主义"? 说得

---

① 参见吉尔比,《经院辩证法》,王路译,上海:三联书店2000,页5注。

简明些:"柏拉图主义"乃是一种基于所谓柏拉图"灵魂学说"的宗教性形而上学(凭靠的经典文本是柏拉图的《蒂迈欧》)——"灵魂"并非仅指个体的心性,也涉宇宙论(宇宙也有灵魂,而且在先,个体灵魂不过是宇宙灵魂的影像)。①

难道基督教神学凭靠亚里士多德就是"正统",凭靠柏拉图主义就成了"异端"? 根本没有这回事情。对于基督教来讲,亚里士多德与柏拉图同属"异教"大师,依傍哪一个都不触犯神学的律法,只要信仰端正,懂得"谨慎行事"。

柏拉图主义发端于普洛丁(Plotinus — Πλωτῖνος),基督教的早期希腊教父们好些凭靠这种"主义"来建立基督教教义。后来又有柏拉图经解大师普洛克洛斯(Proclus — Πρόκλος,他写过《神学的诸要素》、《柏拉图的神学》、《蒂迈欧义疏》[四卷]、《理想国义疏》、《帕门尼德义疏》等等,这人是个大才,还写祷歌、天象术)——众所周知,被教会视为权威的奥古斯丁也是个柏拉图主义分子。因此,埃克哈特被视为"异端",决不可能是因为他依傍柏拉图主义来想问题。事实上,即便亚里士多德形而上学在经院学中占据支配地位的时期,柏拉图主义作为"秘宗"一直深藏在经院学的密室中发挥着自己的作用——托马斯·阿奎纳的老师(说是埃克哈特的老师也可以)大阿尔伯特就深谙柏拉图主义传统,还亲手注疏过属于这个传统的经书的托名狄俄尼索斯(Pseudo-Dionysius)著作(归在托名狄俄尼索斯名下的著作有四种,有的仅书名听起来就让人惊骇,什么 Περὶ τῆς οὐρανίας ἱεραρχίας [论天的层级次序], Περὶ ϑείων

---

① 参见 Otto Langer, *Christliche Mystik im Mittelalter Mystik und Rationalisierung — Stationen eines Konflikts*, Darmstadt 2004。

ὀνομάτων[论神的名称], Περὶ μυστικῆς θεολογίας [论秘说的神论],难怪作者要用假名)。

不清楚历史上的情形是不是这样:亚里士多德主义和柏拉图主义分别是中古基督教神学的显宗和秘宗。至少,柏拉图主义不可对学问修炼段数较低的学士传授,惶论向普通信众传授。

为什么有的学问不能向普通学子(惶论一般民众)传授,这个问题如今我们已经很难搞懂。比较清楚的仅是,古代(无论中西)的高士明显都顾及到这个问题,一定有自己的深思远虑[①]——即便非常贴近民性的基督教中的高士,也非常懂得个中道理,比如说,亚历山大城著名的基督徒柏拉图主义者克雷芒。[②]

由此来看,教皇"训谕"谴责埃克哈特"没有做到谨慎行事",把应该关起门来想和说的东西拿到外面去对百姓讲,从而把他作为"异端"来谴责,其实与所谓压制思想自由不相干,毋宁说是在恪守一种古老的传统("做到谨慎行事"本来就是柏拉图的"说法",参见《欧蒂德莫》304a–b。对于凭靠才智破坏律法者,我们儒家的规矩其实更严厉:《礼记·王制》云"析言破律,乱名改作,执左道以乱政者,杀。"亦参《荀子·宥坐》)。

埃克哈特的学究论著大都是用当时的学术语言(拉丁文言)写成的,只有圈内人(大学内的修士)能读——这类人在当

[①] 恺撒,《高卢战记》6.14:"不想让学问传播到民众中去"。杨雄,《法言·问神》:"或问:圣人之经不可使易知乎？曰:不可。天俄而可度,则其覆物也浅矣,地俄而可测,则其载物也薄矣"。司马迁,《天官书》:"幽厉以往,尚矣。所见天变,皆国殊窟穴,家占物怪,以合时应,其文图籍禨祥不法。是以孔子论六经,纪异而说不书。至天道命,不传;传其人,不待告;告非其人,虽言不著"。

[②] 参见利拉,《亚历山大的克雷芒》,范明生译,北京:华夏出版社2004,页151以下。

时极少,按今天的感觉来讲,简直就可以说几乎没有什么人读。从量上来讲,埃克哈特的拉丁语著述其实相当可观(也许还有失佚的,虽然失佚部分可能并非要著),而且堪称经院学的精品(据说带有西塞罗的修辞风采),相当学究化、经院化,有很强的专业技术性(在思辨方面与司各脱的思辨多有纠葛)——谁要想读懂之类经院论著,念好亚里士多德当然是基础的基础,即便如今念形而上学专业的人,也要花费相当的时间和心智才会摸到门径(老实说,如今我连其中的著作篇名都看不懂,比如 *Tractatus super Oratione*, *Dominica Principium*, *Collatio in Libros Sententiarum*)。

这些拉丁文言著述由埃克哈特本人亲自编定,是经过他自己之手的思想文字表达,因而,他可以对这些艰深的文字负完全的责任。虽然直到今天,研读过埃克哈特的拉丁语著述的人,恐怕还数不出几个来(即便要译作现代西方语文,专家们认为也是一件艰难活)。教宗的"训谕"下达后,埃克哈特的拉丁语著作当然也在禁书之列。不过,这绝非埃克哈特的拉丁语著作无人问津的原因,毕竟,其他没有遭禁的经院大师们的论著,同样没有什么人问津——这些拉丁文言著述实在太过艰深,比如司各脱的《论第一原理》。

埃克哈特亲自编订的拉丁语著作稿本的抄件今存四种,一种是枢机主教尼古拉·库萨在1444年所编的一个本子的残段,今存埃克哈特老家,另外三种分别保存在 Trier、Erfurt、Basel 三地大学的图书馆。1886年,多明我会士 Heinrich Suso Denifle 编辑出版了第一个埃克哈特的拉丁文言著述集。1934–1936年间,一个保存多明我会士遗产的机构(Patronat der Dominikaner des Institus S. Sabina zu Rom)着手主持编辑考订版埃克哈特拉丁文言著述集，拟出三卷，1936年，埃克哈特著作的所谓"大斯图加特版"（die grosse Stuttgarter Ausgabe）①开始出版，这个编辑计划才废弃。

为什么埃克哈特的影响那么大呢？

埃克哈特所产生的影响几乎完全靠他的布道文——19世纪，德语知识界突然重新发现了埃克哈特的诸多布道文的魅力。可是，这些布道文好多并非埃克哈特大师亲笔写下的，而是当时的听者（或者学生）的记录，用的语言是当时的俗语德语（晚期高地德语）。由于是笔录，埃克哈特的德语布道文有好些抄件，同一题目的抄件相互差别有的时候很大，真伪混杂在所难免，据说迄今还不敢说已经把埃克哈特的布道文编尽了——可想而知，考订、编辑德语布道文同样是一件困难的工作。

埃克哈特的德语布道文显然是给他惹来"异端"麻烦的主要原因，但这个原因并非在于口说与书写的差别，而在于埃克哈特布道的内容及其所针对的受众。毕竟，惹来"异端"麻烦的直接导火线是埃克哈特大约在1318年间用德语写的布道文集 *Liber Benedictus*（《赞美上帝集》）。布道是教士的职分，除非因为内容，不会有仅仅因为口头布道惹上"异端"麻烦。本来，埃克哈特完全可以用两种语言——从而在两种不同的范围表达自己的思想。可是，在无论成文还是口说的布道中，埃克哈特向普

---

① "大斯图加特版"指"德意志研究协会"主持和委托学者编辑的考订版埃克哈特全集：Meister Eckhart, *Die deutsche und ladeinischen Werke*, herausgegeben im Auftrage der Deutschen Forschungsgemeinschaft。1936起由Stuttgart的Kohlhammer出版社陆续出版，分德语著作集（*Die deutsche Werke*, Josef Quint 编，5卷，缩写DW）和拉丁语著作集（*Die Lateinische Werke*, Ernst Benz 等6人编，拟5卷，缩写LW，有德译、法译、英译仅有一些片段）。虽然有多人参与，拉丁语著作集的编辑进展非常缓慢，据Louis Cognet 记载，30年过去了还没有出齐，可见难度之大。

通信众传达了自己的柏拉图主义式的思辨(尤其是他用德语写的少量 Traktate[论文]),从而把向来"秘传"的东西公开了——宗教形而上学开始进入民间。①

埃克哈特的德语布道文有很大吸引力,非常迷人——于是,人们认识的仅仅是布道中的埃克哈特。其实,布道文的内容并不容易理解,可以说懂的人并不比懂其拉丁语著述的人多好多,原因很简单:埃克哈特毕竟是经院学士,布道文虽然用的是老百姓的语言,所讲内容却浸透了艰深的宗教形而上学(将布道文译成现代德语同样是件艰难事)。② 从德语成为书面语的历史来看,埃克哈特的德语布道文不用说具有相当高的历史价值,这毕竟是在用一种"草根"语言传达高妙的宗教形而上学"奥秘"(路德用德语口语翻译的《圣经》并没有形而上学)——对埃克哈特的如此文字,德语的古典语文学家特别珍惜和入迷,完全可以理解;像海德格尔这样的大哲对如此原生的德意志形而上学文字特别珍惜和入迷,同样可以理解。

后来的"启蒙运动"所做的一件大事就是:把形而上学的

---

① 比如一篇题为 Von Abgeschiedenheit 的 Traktat[论文],这篇作品的抄件多达三十种,一度曾被认为是出自 Nikolaus von Flüe 的作品,现已确认为埃克哈特的晚期作品,其中可见极为冷峻的思辨,与 Von dem edeln Menschen(《论贵人》)一文同属德意志形而上学的原始经典文献——据说,要探知海德格尔的新形而上学的底蕴,这两篇作品都非常重要。

② 据说,"大斯图加特版"的德语布道文质量很高,但过于专业化,一般人士用不起、也用不了。其他的德语编本不少,但品质难讲。德语布道集最早的权威译本为 H. Büttner 编辑、德译的 *Meister Eckharts Schriften und Predigten*(两卷,Jena 1903),这个版本长期多次再版。然后有 F. Schulze-Maizier 编辑、德译的 *Deutsche Predigten und Traktate*(Leipzig 1927);如今的权威译本为 Josep Quint 编辑、德译的 *Deutsche Predigten und Traktate*(München 1955),迄今不断重印。英译可参 Edmund College & Bernard McGinn 编,*The Essential Sermons, Commentaries, Treatises and Defense*, London 1981; Reiner Schürmann 英译、注疏,*Wandering Joy: Meister Eckhart's Mystical Philosophy*, Lindisfarne Books 2001(仅八篇布道文,但义疏颇详)。

"奥秘"拿到民众中间去传讲——用形而上学来开启普通信众的心智。由此来看,埃克哈特无意中做了最早的启蒙分子。过去我以为,"启蒙"就是让人们的心智祛除蒙昧,变得满有理性。现在看来,这样的理解恐怕有些问题——什么叫"启蒙"也许还得重新想想。从埃克哈特的"异端"事案来看,所谓"启蒙"指的是一些教士"没有做到谨慎行事"。

可是,为什么热爱思辩的人需要"做到谨慎行事"呢?把宗教形而上学讲给普通民众听,让他们明白,又有什么不好?——这样的问题不仅我想不通,埃克哈特的学生比如说苏索(Heinrich Seuse)当年也想不通。

埃克哈特有两个学生在后世青史留名,一个是陶勒(Johannes Tauler),一个就是苏索(两人是同学)。在所谓德意志神秘派学士中,唯有苏索留下了比较可靠的生平材料——在很可能是他自己临逝前编订的著作 Exemplar[范本](取这个书名的喻意是:上帝乃人的灵魂的"范本",令人想到柏拉图主义……)中,摆在最前面的就是一篇自传性的"生平"(Vita)。

陶勒留下了大量布道文,①苏索刻意留下的却是一部用晚期高地德语写作的小书——用俗语写作的意识比老师还要自觉!为什么苏索要写这本书?因为他想不通自己的老师为何被判为"异端"——如此师生关系,看起来就像柏拉图与苏格拉底的关系。

《范本》(抄件全保存下来)含四篇作品:《生平》、《永恒的智慧篇章》、《论真理》、《书信小扎》(以别于单独的含 27 封书信

---

① 权威的本子是 Georg Hofmann 编辑的 Johannes Tauler, *Predigten* (Freiburg 1961),以后多次再版,笔者手头有的是 Einsiedeln 1980 版(两卷)。

的大扎[Das große Briefbuch],有一半抄件尚存)。① 《论真理》是篇论文,明显涉及埃克哈特的"异端"事案,被断定作于1327-1330之间;《永恒的智慧篇章》仍然涉及老师的"异端"事案,但成书比较晚些(据考据家考索可能写于1334-1340之间),而且,晚近的语文学研究表明,其主要部分很可能是先用拉丁文言写成,然后改写(翻译)成德语俗语的。

苏索留下的唯一拉丁语著述是 Horologium Sapientiae (《智慧的时钟》)——Horologium(一天24小时的流程)可能暗示该书本来是按24章来构思的,也可能暗示一个人一生的生命时间有如一天(柏拉图的《斐多》已经用过这种寓意手法)。由于这本书是献给教团的主师傅 Hugo von Vaucemain(1333被选为主师傅)的,写作时间被断定在1334-1337之间。《永恒的智慧篇章》的内容与《智慧的时钟》有重复的地方,而且《智慧的时钟》显得要早些。因此,文献家推测,《永恒的智慧篇章》中的有些内容是从拉丁文的《智慧的时钟》翻译(改写)为德语的。

苏索既用拉丁文言又用德语俗语写作,表面看来与埃克哈特的情形相似,其实不然。毕竟,即便用拉丁文言写作,苏索的作品也没有一个思辨的形而上学整体框架——在埃克哈特那里,其拉丁语著述明显有这样一种框架,而且,这框架对理解其

---

① 苏索逝于1366年,《范本》在逝世前三年编订。苏索的这部著述最早的版本是1482年的 Augsburg 版,1512重印,直到17世纪初期(1615 Neapel 版),此书多次刊印。然后是100多年后的19世纪末,在晚期浪漫派的影响下,语文学家(F. Vetter)和史学家(K. Rieder)分别在1882年和1905年重新发明苏索。20世纪初,Karl Bihlmeyer 编订的 Heinrich Seuse, Deutsche Schriften (Stuttgart 1907)为权威版本,为以后的现代德语译本提供了基础。现代德语译本有多种(W. Lehmann 译本1911, N. Heller 译本1926), Georg Hofmann 的 Heinrich Seuse, Deutsche mystische Schriften (Düsseldorf 1961)译本亦长期流行。

德语布道文有决定性意义。苏索最为思辨性的作品,反倒是用德语俗语写的(《论真理》)。这倒不一定是像有的解释者认为的那样,苏索下意识地放弃了埃克哈特的形而上学思辨,转向了具体的经验性思辨。没有疑问的是,苏索在文学方面的天赋要比老师高些,对大自然也显得更为敏感(有的研究者推测,苏索很有可能读过法兰西中古晚期的骑士文学作品,就文学风格而言,他的作品显得像是骑士文学与教团的灵性文学的一种结合)。毋宁说,苏索的写作动因并非像他的老师那样,是受某个宗教形而上学的思辨问题驱使,而是来自于这样一个对他个人来讲决定性的困忧:老师为何被判为"异端"——《范本》中的《永恒的智慧篇章》为对话体,写作过程经历了相当长的时间,颇能说明点什么。

7. 霍布斯的申辩

自"五四"新文化运动以来,数代中国学者和文人都是在彻底批判宗教这一启蒙传统哺育下长大的,我们已经养成这样一种习性:批判传统的建制宗教是"理所当然"的事情——然而,如此"理所当然"在西方并非向来就是理所当然的事情。毋宁说,启蒙精神这一新传统才造就了如此"理所当然"的政治局面……启蒙时代的好些思想家凭着辛辣、大胆的宗教批判赢得了历史英雄的称号,他们勇敢的批判精神被"五四"新文化视为美德,一度成为我们学习的榜样……如今,我们才逐渐开始认识到,对启蒙运动的宗教批判的如此"理所当然"当持审慎的保留态度,不再"理所当然"地批判建制宗教。尽管如此,我们仍然有必要考虑,对宗教批判持审慎的保留态度是否有审慎的理由——这就需要我们首先搞清楚,启蒙哲学批判建制性宗教时的"理所当然"之理何在。

霍布斯的"异端"案子就是我们审查这个"理所当然"之理

7. 霍布斯的申辩

时最好不过的历史个案，因为，在西方思想史上，霍布斯被公认为近代以来批判基督教的重要先驱之一，为后来启蒙运动的宗教批判奠定了基础和方向。

霍布斯的《利维坦》英文本在 1651 发表以后，当时便有人看出，作者在讨论到诸多神学主题——尤其预言、奇迹、上帝的身位以及圣经作者等问题时，表面看起来是在表达基督教信仰，实际上是暗中实施对基督教教义的批判。十多年后，斯宾诺莎发表了《神学—政治论》(1670)，当时也有人马上看出，斯宾诺莎明显在摹仿霍布斯的宗教批判，只不过表达异端思想时更为露骨、大胆——换言之，霍布斯的宗教批判马上就有哲人在跟着学，斯宾诺莎是第一个著名的学徒，但绝非最后一个⋯⋯

可是，霍布斯在看了斯宾诺莎的书后却说："我可不敢如此肆意著述"⋯⋯霍布斯比斯宾诺莎更胆小或更审慎？其实，明眼人不难看到，霍布斯对宗教的批判更为彻底⋯⋯斯宾诺莎只是显得更大胆而已，霍布斯的表述非常讲究修辞术，显得比较老到。[①] 写作时讲究修辞术使得宗教批判显得不那么激进，可以出于不同的动机：要么是因为害怕招致宗教迫害，要么是出于顾及到人民的宗教需要——前者意味着，宗教批判理所应当，小心写作不过因为政治处境不允许，一旦政治处境允许，就应当公开地、不加掩饰地批判基督教。倘若是后者，那么，哲人即便自己

[①] 西方的霍布斯研究早已经注意到霍布斯写作讲究修辞术，但霍布斯研究尤其关注其修辞术，却是晚近十来年的事情。参见 David Johnston, *The Rhetoric of Leviathan*, Princeton, Uni. Press 1989；剑桥思想史学派的"领军人物"斯金纳在 1996 年发表的专著《霍布斯哲学思想中的理性和修辞》(王加丰、郑崧译，华东师范大学出版社 2005)，着重比较霍布斯的修辞术与古代修辞术的差异，却未见得对理解霍布斯修辞术的哲学意图有所裨益。就本文的问题而言，尤其值得提到柯利的长文《"我可不敢如此肆意著述"》(见《经典与解释 12：阅读的德性》，北京：华夏出版社 2006，页 82-163)。

不认同民人们的宗教信仰,也不会公开大肆批判宗教,甚至在所谓言论自由、完全开放的政治处境中,也会小心写作。

霍布斯的情形属于哪一种呢?

小心写作的两种不同动机——"害怕"与"顾及"——与哲人的德性(virtue)问题相关。

《利维坦》的两个版本

1648-1649年间,已经年届六旬的霍布斯着手《利维坦》的写作,用的是当时大多数人不认识的拉丁文。在宗教问题极为敏感的英国,对异端的检查和惩罚制度相当严——1648年5月,英国国会还新出台一项反渎神法令:凡不承认三位一体学说、否认耶稣的神性、否定末日审判及终末预言者,当治以重罪。在这个时候,霍布斯用拉丁文写《利维坦》,其中的宗教批判也相当收敛,显然是为了避免遭受异端指控。

拉丁文本的《利维坦》很可能才仅仅搭起框架并写出了几章,时势就发生了变化。1648年底,新的长老派得势,一年多以后(1650年8月),教会中的新派人士终于废止了早先的严法,代之以一个温和得多的渎神法案:即便犯有严重的异端思想罪,也不过判刑入狱六个月,累犯不改则不过逐出英联邦——在一时的宽松处境中,身在巴黎的霍布斯赶紧用英文写完《利维坦》,随即公之于世(1651)。拉丁语是"学术语言",那个时候的"学者"与今天比起来实在太少了,但恰恰是这些少数人(往往是有学养的教会神职人员)看得懂霍布斯在哪些地方背离了启示宗教——相反,英语是当时的俗语,也就是说,可以看英文书的人要多得多,霍布斯却偏偏在用英文写的《利维坦》中更为露骨地批判基督教,几乎显得要拆除整个建制宗教传统的基础,的确"在哲学上、神学上"堪称"一名男敢的斗士"(《利维坦》中译本"出版说明")①……霍布斯在《自传》中说:"我以母语完成此书,是为了让我的同胞英国人民能够常常阅读它,并得到教益"②——《利维坦》英文本出版后,霍布斯反倒害怕会在法国受到天主教神职人员迫害,赶紧溜回英国……

霍布斯在《利维坦》的英文本中对三位一体说作出的新解释,像布拉姆哈尔(Bramhall)这样的主教一眼就能看出其中的刻毒:"神圣不可分割的三位一体说伟大的令人敬慕的神秘性变成了什么?变得一无是处啦……"(《捕捉利维坦》,1658,转引自柯利文,前揭,页97,注1)。《利维坦》行市以来,实际上霍布斯不断遭到诸如此类的揭发和指控,让胆子真的有些小的霍布斯惊骇不已,意识到自己身处的毕竟还不是一个彻底"言论自由"的时代,于是不断写文章为自己辩解……

历史运程又颠了过来,进入所谓"复辟时期"……霍布斯在1662年的《七个哲学问题》(Seven Philosophical Problems)一书的献辞中表明,他对有人指控自己是异端又惊惧起来。1666年10月,国会中果然有人提出一项彻底清查"无神论和渎神"分子的法案,矛头直指"霍布斯先生的《利维坦》"③——尽管这项调查法案最后不了了之,霍布斯终于按耐不住,在1668年抛出了拉丁文本的《利维坦》。

1668年的拉丁文本当是以差不多20年前仅仅开了个头的书稿为底本,主要部分实为1651年英文本较为自由的翻译,部

---

① 霍布斯,《利维坦》,黎思复、黎廷弼译,北京:商务印书馆1985。
② 参见霍布斯,《利维坦附录》,莱特注疏,赵雪纲译,北京:华夏出版社2008。
③ 参见马蒂尼奇,《霍布斯传》,陈玉明译,上海人民出版社2007,页376。

分地方有简缩（比如第三部分，这一部分直接涉及基督教的传统教义），整体结构和大部分具体章节没有变。当然，与1651年的英文本比较，1668年拉丁文本中有一些段落是英文本中没有的，从而可以推断，这些段落当写于英文本之后。英文本中有、但拉丁文本中没有的，则可以推断是英文本在原来的拉丁文稿基础上扩写的。不消说，1668年拉丁文本中的异端立场明显有所退缩，凡涉及宗教批判的地方都有意味深长的修订（攻击罗马教会的第四部分成了为英国国教辩护）。总体看来，拉丁文本远不如英文本激进、有激情，好些细节的处理也不如英文本细致。而且，拉丁文本显得更为学究化，比如按原文或整段引用古典作家的话，英文本则大多是转述古典作家的话。

如果说，英文本的《利维坦》带有向普通人宣传宗教批判的意图，那么，拉丁文本的意图是什么呢？

与英文本尤其不同的是，霍布斯为拉丁文本增写了一篇《附录》，似乎在为自己的信仰真诚辩白——这篇"申辩""有着很精致的结构"，分为三章，依次论及"尼西亚信经"、何谓"异端"和针对《利维坦》的驳议，用意不外乎是要说：倘若他对尼西亚信经的解释是对的，《利维坦》的立场就是正统信仰；倘若他对异端的理解是对的，别人就没理由指控他是异端——结论是，针对《利维坦》的驳议其实是误解：我霍布斯并没有动摇基督教信仰，毋宁说倒是"以自己的方式巩固了这一信仰"（参见马蒂尼奇，《霍布斯传》，前揭，页376）。

那么，拉丁文本在宗教批判方面的退缩和修改是否表明霍布斯放弃了自己在英文本中的激进立场？没有——仅仅是显得温和得多而已，而且缓和的地方大多避重就轻……换言之，拉丁文本仍然坚持英文本的宗教批判立场——霍布斯的"申辩"是真的吗？1662 年的《七个哲学问题》的献词用了 apology 这个语词，但这个语词有两个含义："道歉"或"辩护"。我们知道，柏拉图写过著名的《苏格拉底的申辩》，对古典作品非常熟悉的霍布斯为拉丁文本写的《附录》是在摹仿苏格拉底吗？

施特劳斯在 1933–1934 年间写的《霍布斯的宗教批判：论理解启蒙》(*Die Religionskritik des Hobbes: Ein Beitrag zum Verständnis des Aufklärung*) 中说：尽管霍布斯在《附录》中由于害怕异端迫害采取了退缩立场，但即便最没有疑心的读者也会看得出来，他的退缩并非真心的。① 英文本的《利维坦》已经表明，在国情宽松的条件下，霍布斯如何大胆地不顾及宗教状况实施宗教批判，拉丁文本的小心写作则完全是因为害怕招致宗教迫害，而非出于顾及到宗教状况。如果要确定霍布斯是否在摹仿苏格拉底，就得搞清楚柏拉图笔下的苏格拉底面对雅典人民法庭的审判时是"道歉"还是"辩护"——这事关哲人的德性，但我们在这里不可能来展开对这一问题的探讨。无论如何，柏拉图笔下的苏格拉底提出的小心写作的要求是一种对哲人提出的道德要求(参见柏拉图《斐德若》276a-277c7)，如此要求明显是出于顾及到宗教状况，而非出于害怕招致迫害。

霍布斯对古希腊经典非常熟悉，当然清楚苏格拉底—柏拉图首倡的哲人当小心写作关涉的是哲人的德性——在《利维坦》英文本快到结尾的地方(第 46 章)，霍布斯在与《圣经》对比的框架下陈述了柏拉图—亚里士多德的哲学传统，并指出"亚里士多德的实体和本质给教会带来错误"，紧接着便说：

---

① 见施特劳斯，《霍布斯的宗教批判》，杨丽、强朝晖等译，北京：华夏出版社 2012，页 92。

可能有人明明知道这是错误的哲学,但由于害怕苏格拉底的命运,于是便把它当成符合而又能确证他们的宗教的东西写出来了。(《利维坦》,第 46 章,中译本,页 546)

霍布斯多会说话呵……

霍布斯临逝前病重时说:"请按我们教会的仪式祈祷"——其时在 1679 年。于是,有人认为,说到底,霍布斯仍然是个虔诚的信徒,尽管是按英国国教的方式在信仰,拉丁文本《附录》中的态度也是虔诚的……于是,我们面临的问题是:霍布斯批判建制宗教的"理所当然"之理究竟何在?

《利维坦》的精巧结构

英文本的《利维坦》最为露骨地颠覆基督教?老实说,我一直没看出来……我看到的仅仅是霍布斯谈到好多《圣经》和神学的事情,至于"露骨地颠覆基督教",都是听别人说,并不知道何以一个"露骨"法。

为了搞清楚霍布斯怎样一个"露骨"法,不妨换一种方式来读:从该书的文本结构入手来读。

翻开《利维坦》,首先看到的是霍布斯写给他最敬重的朋友的一封信,①读起来有点像莫尔在《乌托邦》前面给朋友写的信……然后才是目录。全书结构十分简洁地分为四个部分:1."论人";2."论国家";3."论基督教国家";4."论黑暗的王国"。

---

① 中译本没有这封信,我用的是 R. E. Flathman/D. Johnston 编辑的 A Norton Critical Edition[考订版],1997。

正文开始之前,有一个简短的引言,劈头就是 Nature(自然)这个语词——熟悉西方思想史的都知道,这是古希腊哲学最为基本的概念,但霍布斯随即用一个括号中的句子来说明 Nature:"上帝用以创造和治理这世界的技艺(the Art)"……"技艺"这个语词也是古希腊哲学中常见的重要概念,但"上帝"这个语词(或者说概念)可不是古希腊的,而是基督教的——为什么霍布斯要用括号把这句界定"自然"的话括起来(中译没有用括号)?更让人好奇的是:基督教的上帝与古希腊的"自然"和"技艺"有什么相干?作者想要融合两个不同的传统?——这又难免让我自省到:自己以前以为海德格尔竭力复活古希腊的"自然"概念乃了不起的创举,现在看来并非如此……

从劈头第一句话就可以看出,霍布斯的写作非常有用心,尽管像我这样的读者学识不力,还看不出作者的"文心"何在。

第一部分"论人",从"论感觉"开始,到"论人、授权人和由人代表的事物"作结,共 16 章。第二部分"论国家",从"论国家的成因、产生和定义"起,到"论依据自然的上帝国"(Of the Kingdome of God by Nature),共计 15 章。可以看到,引言以"自然"起头,而第二部分"论国家"最后一章(31 章)"论凭靠自然的上帝国"以"单纯自然状态"(the condition of meer Nature,注意 Nature 是大写)起头,似乎刚好构成了一个论述整体——同样让人感兴味的是,在这一章的结尾,霍布斯说起了柏拉图和他的《王制》,尤其谈论柏拉图时的言辞方式,读起来实在蛮有味道,尽管"味道"在哪里我还说不上来……

不妨推测,《利维坦》从论"自然"开始,是为了依凭"自然"而非基督教的"上帝"来确立国家统治的正当性。整个第一部分看起来就像是在基于"自然"(physis)的"感觉"重新界定人性，重新描述人的世界（国家、文化、宗教）——在此基础上，第二部分重新界定政治生活的基本原理。

第三部分"论基督教的国家"，以"论基督教政治的原理"起始，以"论被接纳进天国的必要条件"作结，共计12章——前一部分最后一章(31章)题为"论依据自然的上帝国"，这个章题与第三部分最后一章章题中的Kingdome of Heaven(天国)是什么关系？令人费解……前面已经讨论了政治生活的基本原理，这里怎么又来说"基督教政治的原理"？再说，第三部分虽然题为"论基督教的国家"，读起来却发现作者基本上是在谈《圣经》及其对《圣经》的信仰，从而让人觉得作者是在谈论基于圣经启示的人性和世界理解，与第一部分的内容对应。由此来看，批判罗马教会及其政治原则的第四部分"论黑暗的王国"倒像是与第二部分相对应。

回过头来细想，《利维坦》全书四个部分其实可以看作两个部分：1.自然原理及其引伸出来的政治原理（第一和二部分），2.《圣经》原理及其引伸出来的政治原理（第三和四部分）——自然原理与《圣经》原理处于对峙态势，说得更为简洁些：理性哲学与启示宗教处于对峙态势。

作者的本意是否真的旨在彰显这种对立呢？

在第三部分一开头我就读到：

> 到目前为止，我仅是根据经验证明为正确的、或在语辞用法上公认为正确的自然原理引申出主权权利和臣民的义务，也就是说，我只是从经验告知我们的人类本性以及从一切政治推理中必不可缺而又取得普遍一致看法的语辞定义中引申了这种原理。但往下我所要谈的是基督教国家的性

7. 霍布斯的申辩

质和权利,其中有许多地方要取决于神的意志的超自然启示……(中译本,页290)

经验理性的哲学与超自然启示的宗教不是明显对立起来了吗?一般的基督教思想简史都会说到:现代的《圣经》研究是从霍布斯和斯宾诺莎开始的——这指的是现代考据学式的《圣经》研究。的确,在《利维坦》的第三部分,霍布斯几乎是一上来(从33章开始)就着手全面质疑《圣经》的启示权威——如何质疑?质疑《圣经》作者的身份。霍布斯说,好些《圣经》篇章中的言辞表达方式表明,其中记叙的事件只会是这些事件过去一段时间之后的后人追述(这让我想起咱们五四时期的"古史辨"运动人物的说法)……但这还仅是开了个头——从质疑摩西写了《摩西五书》的传统说法开始,霍布斯接下来(33-34章)开始系统考辨《旧约》各篇,证明《旧约》各章都是事后著成的,成书时间较其描述的事件所发生的时间要晚得多。到了第36章"上帝之言和先知的话语"时,霍布斯已经可以说,《圣经》并非全都是上帝的话,而是"写这部圣史的人的话"(中译本,页331),从而上帝不可能是《圣经》"最初的和最原创性的作者"。

第一、二两个部分与第三、四两个部分——或者说理性哲学与启示宗教的对立,并非仅是外在的对峙,而是内在的对质。在33章中,霍布斯说到了《约伯记》:约伯明显"不是假想的人物",而是一个历史人物,但这本以他的名字命名的书却并非历史书,而是讨论恶人得福、好人受灾问题的哲理书。证据是:《约伯记》具有一种文学形式——韵文为主体,配以散文形式的绪言和尾声,这种文学形式是典型的古代道德哲学的文学形式(参见中译本页300-301)。说到这里,霍布斯就没再往下说,转而谈论起《诗篇》,让人觉得他半途扔下了《约伯记》这个话题——但倘若我们记性还不是太差,就会记起,在第二部分的最后一章(第 31 章)中,霍布斯讨论过恶人得福、好人受灾这一难题,还说这一难题"不但动摇了一般人对天意的信仰,也动摇了哲人以至圣者的这种信仰"(中译本页 279-280)——通过《约伯记》中的恶人得福、好人受灾这一难题,理性哲学与启示宗教的对质不就内在地勾连起来了吗?

如何内在地勾连?把这两章中谈及恶人得福、好人受灾这一难题的段落对起来读就会看到,霍布斯想要说的是:对在世不幸这一问题,《圣经》没法提供令人信服的普遍解决,反倒是古代哲人可能会提供令人信服的解决。从而,通过《约伯记》来连接《利维坦》的两个部分,"利维坦"这一书名所要表达的象征含义,就已经在为现代"怪兽"(国家)提供支持。

诸如此类的内在勾连在《利维坦》中可以说并不少见。比如,第三部分在质疑了《圣经》的启示性质后,接下来(34 章)霍布斯就论到"《圣经》各卷中圣灵、天使和神感的含义",而第一部分第二章"论想象"与第三部的这一章在结构上刚好对应——"论想象"说的是,做梦就是想象的一种形式,有时人们很难分清做梦与清醒时的想法。倘若把"论想象"一章与"论《圣经》各卷中圣灵、天使和神感的含义"一章对比起来看,便让人觉得,霍布斯是在说,《圣经》各卷中有关圣灵、天使和神感的说法,无异于做梦。这也等于是用自然理性回答了第一部分中不断重复出现的问题:为什么人会信奉宗教——顺着霍布斯的探究逻辑追索下去便不难看到,对上帝的敬畏被解释为对无形的自然力量的恐惧:

7. 霍布斯的申辩

  有些人很少或根本不探求事物的自然原因(the natural cause),然而,由于不知道到底是一种什么力量可以大大地为福为祸,这种无知状态(ignorance)本身所产生的畏惧也使他们设想并自行假定有若干种不可见的力量存在,同时对自己想像出来的东西表示敬畏,急难时求告,称心遂意时感谢,把自己在幻想时创造出来的东西当成神。(中译本,页78)

  接下来的第12章题为"论宗教"——言下之意,只要通过"探求事物的自然原因"克服了恐惧心态,宗教信仰就会自然而然地消除。在当时的主教们眼里,霍布斯岂不是把正统教义等同于迷信了么?霍布斯的这些说法不是已经变成了我们的常识和口头禅?

  启示宗教与理性哲学的对立,其实已见于霍布斯的早期著作:《论法律的要素》(1640)没有正式出版,但私下流传,其中说到了上帝存在问题。《论公民》(1642)是正式出版的第一部著作,霍布斯在书中不时插入说,人可以通过自然原因("自然之光"、"自然的声音"、"自然理性的声音")解释上帝的存在。一个人要是因此而"断言上帝并不存在,或断言上帝并未统治世界,或口吐亵渎上帝之言时,怎么能说他犯了罪呢"(第14章19)。① 《论公民》看起来就是《利维坦》的雏形,虽然分为三个部分,拿掉《利维坦》的第四部分,两者的结构就像是出于同一个模子。

  说到底,理性哲学与启示宗教的对立,就是哲人与圣经宗教的对立,因为,天生有能力"探求事物的自然原因"从而摆脱"无

---

① 霍布斯《论公民》,应星、冯克利译,贵州人民出版社2003,页155。

知状态"的,始终是少数哲人——所谓宗教批判,就是赋予只有少数人才有能力获得的自然理性以优先权,让它来裁决启示的真假。接下来便是把自然理性说成是上帝赋予我们所有人的,每个人身上都有这种"自然之光"。从而,祛除历史带给我们的蒙昧——启蒙,让我们身上的"自然理性的声音"发出来,就成了"理所当然"地批判宗教的"理"。现在我才明白,为什么自霍布斯以来,西方近代思想史上有那么多的哲人在谈"人性论",也终于明白过来,何以后来的启蒙哲人在批判建制宗教时都是同一个基本论述模式。

《附录》的文体和修辞策略

由此可以断定,霍布斯在《利维坦》拉丁文本的《附录》中不可能是为自己遭受异端指责而申辩,只可能是为自己批判宗教的"理所当然"申辩。

《附录》采用的是对话文体——晚年的霍布斯似乎越来越喜欢这种形式:《一位哲学家与英格兰普通法学者的对话》(1681年)以及《比希莫斯》都是对话体,而且,其中都论及"异端"。看来,霍布斯至死都对异端指控心有余悸。为什么采用这种文体? Cropsey 在给《一位哲学家与英格兰普通法学者的对话》写的编者前言中说:"对话体使得作者的真正意图隐藏在身份各异的角色背后,被交替反复的回答、辩论和讲述包裹起来,从而为理解作者的真实思想设置了重重迷雾"①——我相信,熟

---

① 见霍布斯,《一位哲学家与英格兰普通法学者的对话》,毛晓秋译,上海人民出版社2006,页4。

悉古希腊经典作品的霍布斯清楚这一点。

不过,《一位哲学家与英格兰普通法学者的对话》中两位对话者的身份还是明朗的(A=法学家,B=哲学家),《附录》中的对话者则身份不明,仅仅可以看到 A 和 B 的角色身份——好在早就已经有人指出:文中的 A 和 B 分别就是托马斯和霍布斯(参见马蒂尼奇,《霍布斯传》,前揭,页 376)。

为什么在《附录》中霍布斯要隐藏自己?——也许,这样便于更好地、不动声色地为自己辩护……

《附录》第 1 章"论尼西亚信经"几乎是在对信经语式作语源分析,非常学究,或者说"学术性"很强,让人读起来感觉非常现代——甚至后现代。因为,如今的好些基督教神学家也喜欢做这类语言学分析……然而,我们需要搞清楚,霍布斯从语源角度来分析信经语式是为了显示自己渊博的学识?前面提到,《利维坦》英文本第三部分一开头(32 章)就说:迄今已经"根据自然原理(the Principles of Nature)"引申出主权权利和臣民的义务,而这一"自然原理"是"经验已经证明为真的,或已经获得共识的(就语词用法而言)(consent [concerning the use of words])"——经验如何证明"自然原理"为真?霍布斯关于《圣经》作者的说法就是一个例子:《圣经》讲述的东西被经验证明为伪……如何通过语词分析获得"共识"?语源分析与信经语式的并置,典型地是哲学理性与启示宗教对质的重要方式之一,因为,"推理的能力是由于语言的运用而产生的"(《利维坦》第 46 章,中译本页 538;注意《利维坦》第 4 章"论语言"之后的第五章即题为"论推理与学术")。换言之,语源分析是哲学理性的表达,对信经语式作语源分析,无异于以哲学理性批判启示信仰。如此修辞手法已经多见于《利维坦》(比如第 37 章对神迹信仰的分析，一上来就是语源学分析），斯宾诺莎的《神学—政治论》论及奇迹时如法炮制，后来的休谟在《人类理智论研究》中实施宗教批判时也如此效法（详见柯利文的辨析，前揭，页121-132）。从而，《附录》这里一开始的语源分析的意图其实很清楚：信经语式仅仅是一种说法而已，经不起语词用法的分析——《附录》从讨论"我信"入手，无异于批判信仰："我信"是迷信。

霍布斯在《利维坦》中常用的修辞手法可以说大致有两种：

要么"打着红旗反红旗"——用基督教的语言反对基督教，最突出的例子就是"上帝"一词，明明不是指基督教的上帝，而是指自然物体，却让人觉得是基督教修辞——《附录》第1章中也故伎重演（详见柯利文的辨析，前揭，页144-159）。由此我才懂了，为什么第二部分最后一章的题目叫作"论依据自然的上帝国"。

要么是装出反对白旗的样子拥护白旗——柯利把这种修辞策略命名为"否定暗示"：以否定的方式来陈述的某个观点，其实意在提示、甚至宣扬这个观点。比如，"我并不认为亚里士多德的观点如何如何……"，实际上是要唤起读者去关注亚里士多德的这个观点。这样一来，霍布斯就可以免于遭人怀疑他也主张亚里士多德的观点。即便有人要谴责，霍布斯也可以说，他自己并非这么认为——柯利称之为"佯谬的推诿法"（详见柯利文的辨析，前揭，页100-101）。事实上，霍布斯在让理性哲学与启示宗教内在地对质的时候，往往采用如此修辞，以至于我们还以为霍布斯发展出了一种基督教哲学的样式哩……

《附录》第2章"论异端"一开始就讨论"异端"的来源：先说哲人在古代就是异端，然后又说哲人不能叫"异端"，只能被看作少数派——接下来则说，保罗派和教父们其实在当时都是少数派,总不能说他们是异端罢……言下之意,反过来,也不能说作为少数派的哲人是"异端"……既然如此,作为一个哲人,霍布斯在《利维坦》中陈述了一些与正统信仰相左的观点,当然也不能被指控为"异端"——由此就可以明白,为什么《附录》第3章"关于《利维坦》的异议"与其说是在反驳异议,不如说是在强调《利维坦》中对启示宗教的异议。我们不妨看看,霍布斯在这里拈出了《利维坦》中的哪些段落来谈:176节涉及《利维坦》第2章(论迷信),178节涉及《利维坦》第4章(论上帝的形体,或者说上帝等于"自然"),182节涉及《利维坦》第6章(论恐惧心态是宗教信仰的起源),184节涉及《利维坦》第16章(论三位一体,霍布斯受到最大的指控就是否认三位一体的上帝)——这些章节的选取乃至先后顺序的安排,都显得像是在彰显《利维坦》英文本中的宗教批判的"理所当然"之理:三位一体的信仰其实源于恐惧心态……结果,霍布斯的"申辩"无异于是在提醒指控他的人们重新好好想想,自己脑子是否清醒。

宗教批判与哲人的德性

《附录》中最重要的是置于中间的"论异端"一章,如我们所知,这个题目霍布斯晚年多次论及。由此可以断定:霍布斯宗教批判的"理所当然"之理就在这"异端论"之中——就哲人这个少数派不相信建制性宗教信仰的"理"而言,他们的宗教批判的"理所当然"之"理"已经清楚了,而且古希腊哲人早就表达过了。问题是,如此"理所当然"之"理"是否有理由公然宣称应当置换多数人的感觉和想像。没错,哲人是少数派,保罗和教父们也是少数派,然而,这些少数派贴近和维护的是多数人的感觉和心态,哲人少数派却不是。

柯利提到,莱布尼茨读过斯宾诺莎的《神学—政治论》后不禁"痛心疾首"……他写信给朋友说:

> 这本有关哲学研究的作品无法无天到实在让人难以忍受的程度。该书作者似乎不仅继承了霍布斯的政治学观点,也继承了他在《利维坦》——这部作品甚至如其题目一样骇人可怖——中就已经充分纲领化了的宗教立场。由于霍布斯在《利维坦》中已经整个儿播下了此类极漂亮的批判种子,这个人[引按:指斯宾诺莎]便胆大放肆地贯彻这一点:反驳圣经文本。(转引自柯利文,前揭,页144,译文稍有改动)

莱布尼茨是主教或神职人员?当然不是,而是哲学家,与霍布斯在学养上是同一类人:都精通数理——莱布尼茨的三一论也受到某些教派人士攻击,莱辛曾为他做过辩护。① 然而,梵蒂冈教廷曾将培根、笛卡尔、霍布斯、斯宾诺莎、马勒伯朗士、洛克、贝克莱、休谟、卢梭以及康德的部分或全部作品列为禁书,莱布尼茨的著作却没有(参见柯利文,前揭,页163,注释2)——为什么呢?因为莱布尼茨懂得哲人应该小心写作。

可是,霍布斯也小心写作呵……为什么莱布尼茨会对霍布斯、斯宾诺莎的写作感到"痛心疾首"?这种感觉哪里来?霍布斯和莱布尼茨都小心写作,差异究竟在哪里?

---

① 参见莱辛《论人类的教育:莱辛政治哲学文选》,刘小枫编,朱雁冰译,北京华夏出版社2008。

7. 霍布斯的申辩 187

莱布尼茨懂得,宗教批判的"理所当然"之"理"其实并不充分——苏格拉底案件已经把这个问题充分摆出来了。可是,霍布斯不也非常熟悉苏格拉底案件吗?年轻时,霍布斯就钟情于古希腊和古罗马经典,①晚年又潜心翻译古希腊经典,霍布斯怎么会不知道莱布尼茨也知道的东西……

施特劳斯在 1930 年写了《斯宾诺莎的宗教批判》,接下来在 1933-1934 年间又写了长达一百页的《霍布斯的宗教批判:论理解启蒙》,其中已经指出,霍布斯的《利维坦》远比斯宾诺莎的《神学—政治论》更为彻底地动摇了建制宗教的基础……然而,施特劳斯没发表《霍布斯的宗教批判:论理解启蒙》,而是发表了《霍布斯政治哲学的基础和源头》(*The Political Philosophy of Hobbes: Its Basis and Its Genesis*, 1935/1936)——中译本书名把并非副标题的"基础和源头"扔掉了,有违施特劳斯的写作意图。在这本书中,施特劳斯并没有审理霍布斯对启示宗教的批判,而是审理霍布斯的政治哲学提案与古希腊思想的关系——从亚里士多德到修昔底德(不妨比较《城邦与人》中的论述线索)。

既然霍布斯的宗教批判比斯宾诺莎更为激进,施特劳斯为什么没发表已经写好的《霍布斯的宗教批判:论理解启蒙》?

施特劳斯想的也许是:揭示霍布斯宗教批判的真正"基础和源头"更重要。倘若如此,就必须挑明霍布斯与古希腊哲学的关系——霍布斯背离了古典政治哲学的教诲……如我们所知,宗教批判的"理所当然"之"理"其实并不充分——苏格拉底

---

① 晚近整理出来的青年霍布斯的古罗马经典作品研究,就是一例:Thomas Hobbes, *There Discourses: A Critical Modern Edition of Newly Identified Work of the Young Hobbes*, N. B. Reynolds/A. W. Saxonhouse 编, Uni. Of Chicago Press 1995。

问题已经充分摆出来了的这个道理,被霍布斯抛弃了。为了突出这种与古典政治哲学的"决裂",《霍布斯政治哲学的基础和源头》甚至没有强调宗教批判的古希腊源头——伊壁鸠鲁……全书仅两处一带而过地提到伊壁鸠鲁,甚至说"霍布斯因而也与亚里士多德、柏拉图和伊壁鸠鲁形成鲜明对照"(参见中译本页 4 和 162)。

不过,在此前的《斯宾诺莎的宗教批判》中,施特劳斯已经清理过近代的宗教批判与伊壁鸠鲁的关系——尤其霍布斯与伊壁鸠鲁的关系(参见导言"圣经学的宗教批判前提"的第一节"宗教批判的传统"开头及结尾和第四节"霍布斯"的开头及结尾)。在后来的《自然权利与历史》中,施特劳斯再次挑明苏格拉底—柏拉图与伊壁鸠鲁派的思想史关系(参见彭刚中译本,页 110-116,页 115 处与霍布斯挂上钩),并与在《霍布斯政治哲学的基础和源头》中的说法不同,把霍布斯看作伊壁鸠鲁的复活①——从而,对于我们的问题来说,伊壁鸠鲁才是问题的关键。

回到霍布斯在《附录》第二章开头的说法:哲人算不算"异端"?——在哲人群体内部,当然没有异端这回事情。但在一个政治共同体中,所有哲人都是异端。柏拉图笔下的苏格拉底在认识到这一点后,当面对雅典城邦父老乡亲时,他一方面为自己的生活方式申辩、一方面向城邦人民"道歉",不再以"异端"面目出现——不再非要用自己的"感觉"或自然之理来要求多数人。哲人当服从城邦的礼法(参见《克力同》)和城邦的宗教

---

① 参见中译本,页 192-194;同时,也当注意伊壁鸠鲁—霍布斯—卢梭的关联,参见中译本页 270-280。

(参见《斐多》),尽管哲人对城邦的民人信仰持有深疑不信的态度(参见《游叙弗伦》)。毕竟,哲人服从城邦的政治义务不是来自自己与"自然"的契约……由此形成了西方哲人的政治道德传统。

这样来看,伊壁鸠鲁派的确就是哲人们中的"异端"分子:他们试图让自己的"感觉"和自然之理来要求多数人(亦即"批判宗教"),从而使得自然哲学变成一种新的宗教……后来的启蒙运动发扬光大的宗教批判精神被名之为"异端",恰如其分。

三、西方现代化时期的哲学与宗教

8. 特洛尔奇与神学的现代转型

引 言

随着中国的现代化进程日渐深入,西方学问形态全面进入中国。从此,中国的传统学问就面临一个关乎自身命运的抉择:面对种种西方现代哲学、史学、社会理论的知识形态,是否要让自己换上西方现代学问的样式。如果非换装不可,该如何转换学问形态呢?如果切不可换,否则就会丧失自身的品质,那么,又该如何在现代学问体制中保持自身的本来面目呢?由于这样的问题,我们需要认识特洛尔奇……

一、特洛尔奇的学术生平

1865年,特洛尔奇(Ernst Peter Wilhelm Troeltsch)生于德意志奥格斯堡的一个医生家庭,那时德意志帝国还没有建立。特洛尔奇的父母对自然科学和文化史兴趣浓厚,他就读的当地人文中学也颇为开放——特洛尔奇从小受到的是基督教人文主义式的教育。中学毕业后,特洛尔奇服过一年兵役,然后上大学——先在奥格斯堡念了两学期哲学,随后游学爱尔兰根大学(师从 W. Bousset)、柏林大学(师从 J. Kagtan 和 Ad. Wagner)、哥廷根大学(师从当时著名的 A. Ritschl 教授,1822-1889)等,主修哲学和新教神学。

1891 年,特洛尔奇以"论格哈尔德和梅兰希顿的理性和启示概念:早期新教神学史研究"为题的博士论文获教会史—教义史讲师资格。① 大学期间,特洛尔奇对新兴人文学科(尤其近代哲学和史学)兴趣浓厚,深感知识理论的现代进展与基督教传统信仰形成的新的历史冲突日倾激烈。在博士论文中,特洛尔奇探讨了 16 至 17 世纪早期新教文化与 18 世纪启蒙文化的差异。他敏锐地看出,早期新教思想与中古神学思想在品质上其实相当一致,都是权威式宗教文化,现代性的真正开端是 18 世纪的启蒙文化和法国大革命,而非宗教改革。宗教改革时代的新教思想实际上相当保守,其传人一直抵制启蒙后的自由新教思想。

特洛尔奇先在波恩(Bonn)大学当了两年编外讲师,讲授系统神学。1894 年,年仅 29 岁的特洛尔奇受聘为海德堡大学系统神学教授,6 年后又同时执掌哲学系的教席。其时正值德意志帝国晚期的现代化政制变革时期,以新教自由派的学者身份,特洛尔奇发表了大量哲学、神学、宗教理论、社会理论和思想史方面的论著,与哲学家文德尔班(W. Windelband)、社会学家韦

---

① Ernst Troeltsch, *Vernunft und Offenbarung bei Johann Gerhard und Melanchthon: Untersuchung zur Geschichte der altprotestantischen Theologie*, Göttingen 1891.

伯(M. Weber)、法学家耶利纳克(G. Jellinek)建立了亲密友谊，也与当时知识界的重要学者滕尼斯(F. Tönnies)、松巴特(W. Sombart)、西美尔(G. Simmel)、迈纳克(F. Meinecke)交往密切，在德国大学制度和学科建设的现代化改革中十分活跃，一度成为政制变革中的政治人物。1908 年，当时的学界泰斗狄尔泰(W. Dilthey)邀请特洛尔奇到柏林大学哲学系接替包尔森(Friedrich Paulsen)的教席，该校神学系也邀请他去执教——特洛尔奇的学术声望如日中天。①

在海德堡大学执教 11 年，特洛尔奇首先致力检讨近代以来的哲学、史学、心理学对基督教的批判，想搞清近代以来基督教信仰面临的困难，重新考虑神学的认识论问题——当时完成的两本论著都以康德为题:《康德宗教哲学中的历史方面》、《宗教学中的心理学与认识论:探究康德的宗教学说对当今宗教学的意义》等。②通过把握近代科学和启蒙哲学提出的新问题，特洛尔奇看到，近代以来，基督教信仰面临的根本难题是历史思想的冲击，而非仅是无神论一类思想主张或自然科学世界观的冲击:

> 历史给信仰造成的难题，几乎远甚于现代形而上学和现代自然科学给信仰造成的难题。历史给现代生活真正提出了一个严肃而庄严的问题，像现代形而上学和自然科学

---

① 特洛尔奇的生平，参 F. W. Grag/H. Ruddies, *Ernst Troeltsch Bibliographie*, Tübingen 1982; H.-G. Drescher, *Ernst Troeltsch: Bibliographie und Werk*, Göttingen 1991;其思想发展脉络，参 H.-G. Drescher,《特洛尔奇的思想历程》，见 J. P. Clayton 编,*Ernst Troeltsch and the Future of theology*, London 1976, 页 3-32。

② Ernst Troeltsch, *Das Historische in Kants Religionsphilosophie*, Berlin 1904; *Psychologie und Erkenntnistheorie in der Religionswissenschaft: Eine Untersuchung über die Bedeutung der Kantischen Religionslehre für die heutige Religionswissenschaft*, Tübingen 1905/1922 第二版。

一样,从多方面改变了我们的宗教信仰。①

历史思想对基督教的冲击,首先是对基督教信仰的绝对性构成挑战。黑格尔的唯心主义历史哲学对此作出的反应并没有让基督教解脱历史主义的纠缠,为此,特洛尔奇写下了著名的《基督教的绝对性与宗教历史》一书,力图提出自己的解决提案。②

随后,受韦伯影响,特洛尔奇开始关注基督教与现代世界形成的思想史关联。基督教神学已经有上千年的历史传统,从现代社会理论的问题意识审理这一思想传统,是特洛尔奇在海德堡时期的又一重大学术成就,留下了传世巨著《基督教会及社团的社会学说》。③这部近千页的论著实际是基督教的社会思想史论,以便搞清"基督教的产生、发展、变化以及在现代的停滞,多大程度上受到社会学意义上的制约,它本身多大程度上是一个具有积极创造性的社会学原则。"④书中的内容基本上是传统的基督教教义史的材料,但特洛尔奇不是从神学教义学原则、而是从社会学原则来看待这些材料:教义史成了社会思想史。在当时,哈纳克(A. V. Harnack)已经依现代的历史文献学原则重

---

① 特洛尔奇,《信仰与历史》,见特洛尔奇,《基督教理论与现代》,刘小枫编,朱雁冰、刘宗坤等译,北京:华夏出版社2004,页236(以下凡引此书仅随文注页码)。

② Ernst Troeltsch, *Die Absolutheit des Christentums und die Religionsgeschichte*, Tübingen1902/München 1969/Gütersloh 1985, T. Rendorff 导论版。

③ Ernst Troeltsch, *Die Soziallehren der christlichen Kirchen und Gruppe*,《文集》卷一,Tübingen 1912/Aalen 1977,第六版。中译本《基督教社会思想史》(香港:基督教文艺出版社1960,1988第四版)是该书的节译,除正文有删节外,极为重要、几近占全书一半篇幅的注释被全部删去。

④ 特洛尔奇,《关于我的著述》,见特洛尔奇,《基督教理论与现代》,前揭,页327。

述教义史,建立了文献学式的教义思想史论述典范,其《教义史》堪称现代学术意义上的基督教思想史的开山之作。但在特洛尔奇看来,哈纳克的《教义史》仍然是单纯的教义史,没有从现代性问题出发,已经失去时代意义。特洛尔奇的这部思想史从现代性问题出发,而非历史文献的梳理、整编。文献家式的教义史经典不乏后来者(如20世纪后半期的帕利坎),①人们总会等到机会说它老了、过时了。特洛尔奇的这部基督教社会思想史至今没有超逾者,现在还没有人敢说它过时了。

把握现代世界的形成是个很大的题目,与这部宏篇巨制有关,特洛尔奇还写了《近代的新教基督教及其教会》、《新教对现代世界出现的意义》、《奥古斯丁:基督教的古代和中世纪》。②

从现代性问题意识出发,不仅单纯的教义史失去了时代触觉,单纯的教义学也失去了时代触觉。协调信仰与知识的现代冲突、基督教信仰与现代世俗精神的时代冲突,需要建构一种综合性的基督教理论,使基督教神学在现代经验哲学、史学和社会学等主流学术构成的思想文化语境中具有沟通能力。为此,特洛尔奇撰写了有关神学方法论、神学基本理论以及基督教的社会理论、思想史和政治理论方面的论文。③

1915年,特洛尔奇从海德堡大学转到柏林大学。当时,普鲁士的路德宗保守派仍然势力不小,普鲁士文化部为了不得罪

---

① 参见帕利坎,《基督教传统》卷一,翁绍军译,华东师范大学出版社2009。
② Ernst Troeltsch, *Protestantisches Christentum und Kirche in der Neuzeit*, Berlin 1906/1922 第版; *Die Bedeutung des Protestantismus für die Entstehung der modernen Welt*, München 1911/1963 第三版; *Augustin: die christliche Antike und das Mittelalter*, München 1915。
③ 多收入名为《论宗教境况、宗教哲学和伦理学》的《文集》卷二: Ernst Troeltsch, *Zur religiösen Lage, Religionsphilosophie und Ethik*, Tübingen 1913/1981 第四版。

反感自由派新教思想的路德宗保守派,批准给特洛尔奇的教授头衔是"文化、历史、社会哲学及基督教史教授",而非神学教授。到帝国首都后,特洛尔奇参加政治活动更多,积极为德意志第二帝国宪法的民主化和政党政治的形成展开各种活动。特洛尔奇不仅是德国自由派神学家、哲学家、思想史家,也是德国民主宪政的政治活动家和政治思想家。①

海德堡时期的特洛尔奇学术,明显关注的都是与现代性有关的问题。理解"现代"(Moderne)的"出现及其问题,不仅构成了特洛尔奇全部著作的出发点,而且构成了其全部著作一贯的关节点和内在中心。"②为了理解现代,特洛尔奇清理社会和思想的历史脉络,找出现代性问题的关节,提出解决的构想。特洛尔奇看到,现代性问题的要害是统一的欧洲文化价值不复存在,历史相对的伦理原则开始支配人类的行为和生活秩序。基督教会的伦理是欧洲历史上曾经存在过的"统一的文化价值",为了搞清楚它的兴衰,特洛尔奇撰写了巨著《基督教会及社团的社会学说》及其相关论著。"统一的文化价值"衰落以后,出现了各种历史相对的伦理诉求,这是现代史学和历史哲学兴盛的根本原因。特洛尔奇的学术感觉敏锐把握到,历史思想乃当今神

---

① 参 G. Schmidt, *Deutscher Historismus und der Übergang zur parlamentarischen Demokratie: Untersuchungen zu den politischen Gedanken von Meinecke — Troeltsch — Max Weber*, Lubeck/Hamburg 1964; C. Kollmann, Eine Diagnose der Weimarer Republik: E. Treoltschs politische Anschauungen, in HZ 182 (1956)。特洛尔奇的政治思想论著主要有:*Religion und Wirtschaft*, Vorträge der Gehe-Stiftung zu Dresden, Bd.5, 1913; *Deutscher Geist und Westeuropa: Gesammelte kulturpolitische Aufsatze und Reden*, Tübingen 1925/Aalen 1966 第二版; *Politische Ethik und Christentum*, Göttingen 1904; *Aufsätze über die deutsche Revolution und die Weltpolitik*, Tübingen 1924 等。

② Egbert Stolz, *Die Interpretation der modernen Welt bei Ernst Troeltsch: die Problematik der Neuzeit und Sakularisierung*, Hamburg, 1979, 页 114。参 W. Kohler, *Gedanken Treoltschs*, Tübingen 1941, 页 17 以下。

学界和人文—社会理论关注的诸多现代性问题的肇事者。如今天的我们所知，福柯的"知识考古学"承接尼采思想的余绪，从所谓谱系学的历史研究入手，激发起新一轮重估价值的历史批判——历史主义的进程至今没有终止。

到柏林后，特洛尔奇对现代性问题的思考又有重大推进：着手检讨近代以来的历史主义思想。巨著《历史主义及其问题，卷一：历史哲学的逻辑问题》考察基督教会的伦理（欧洲统一的文化价值）衰落后历史理论的兴起过程，①可以看作是《基督教会及社团的社会学说》的续篇：《基督教会及社团的社会学说》从初代教会时期写到 18 世纪，《历史主义及其问题》则从 18 世纪开始讲起。这部论著主要清理历史主义的思想发展，没有涉及如何克服历史主义。《历史主义及其问题》原拟两卷，第二卷将从更长程的思想史角度探究历史主义的形成，但特洛尔奇生前未能完成和出版，由 H. Baron 编成"特洛尔奇文集"卷四《思想史及宗教社会学论集》。②清理基督教会伦理的兴衰和历史主义的兴盛并提出解决的构想，是特洛尔奇对 20 世纪学术最主要的贡献。《历史主义及其问题》没有回答历史主义引出的问题将如何解决，但特洛尔奇显然已经有大致的想法，可惜我们只能从他临逝前在伦敦作的讲演《克服历史主义》中获知其大概。③

1923 年，特洛尔奇因感冒引起肺呼吸栓塞猝然而逝。哈纳

---

① Ernst Troeltsch, *Der Historismus und seine Probleme: Buch I, Das logische Problem der Geschichtsphilosophie*,《文集》卷三, Tübingen 1922/Aalen 1977 第三版。

② Ernst Troeltsch, *Aufsätze zur Geistesgeschichte und Religionssoziologie*, 文集卷四, Tübingen 1925/Aalen 1981 第三版。

③ Ernst Troeltsch, *Der Historismus und seine Überwindung: Fünf Vorträge*, Berlin 1924/1979 第三版（英文原书名是 *Christian Thought: Its History and Application*, 德文版书名显然更恰切）。

克在葬礼演说中称:特洛尔奇

> 无可争议地是当代德意志的历史哲学家,是黑格尔以后德国曾拥有过的最伟大的历史哲学家。……他把观念学和社会学(作为史学)这两大思想域结合了起来。①

哈纳克称特洛尔奇为"历史哲学家",而且与黑格尔相提并论,不仅因为这个称号在当时的学术界意味着最有力度的思想——就好像我们曾经一度以为"社会理论家"意味着最有力度的思想,而且因为,调合历史主义与先验主义的矛盾,是黑格尔看到的现代思想的艰难使命,特洛尔奇的思想顽强地承负起这一使命。

哈纳克没有首先称誉特洛尔奇是一位伟大的神学家——特洛尔奇究竟应该算作历史哲学家、思想史家,还是神学家?

基督教的统一价值的分崩离析伴随着欧洲学术体制的重大变化,过去占支配地位的神学逐渐被新兴的人文科学取代,神学领域不断收缩——另一方面,新兴的人文科学不断分化(扩展)、专业化,并没有形成一种能够为生活世界提供统一的伦理价值的文化。在这种学术状况下,出现了两类神学家。一类不妨称为"老派"神学家,他们仍然持守习传教义学和解经学的思

---

① Adolf von Harnack,《特洛尔奇的葬礼演辞》,见 A. v. Harnack, *Erforschetes und Erlebtes: Reden und Aufsätze*, Giessen, 1923,页 367。特洛尔奇去世后对特洛尔奇作出评价的其他德国重要的思想家还有:哲学家 M. Scheler, *Ernst Treoltsch als Soziologe*, in Kölner Vierteljahrshefte für Soziologie (1923/1924);社会学家 T. Tönnies, *Troeltsch und die Philosophie der Geschichte*, in Schmollers Jahrbuch 1925;史学家 F. Meinecke, *Ernst Troeltsch und das Problem des Historismu*: *Staat und Personlichkeit*, 1933;神学家 P. Tillich, *Ernst Troeltsch*, in Kant-Studien, XXIX (1924)。

考和论说,尽管也从时代的思想文化处境出发,思想方式和论述形式没有改变;另一类可称为"新派"神学家,他们将现代人文—社会科学引入传统的教义学和解经学,改变了习传的神学思想和论述的方法和结构,出入现代学科领域,结合世俗的知识和社会问题谈论神学问题。施莱尔马赫是这类新派神学家的第一位大师,他对于浪漫派哲学以及文人化思想的贡献,并不亚于其神学思想上的贡献。施莱尔马赫以来,新派的神学大家恐怕非特洛尔奇莫属,且迄今无出其右者。特洛尔奇的理由是:神学应该是一种"文化综合"(Kultursynthese),[①]毕竟,早期基督教神学的建立,本身就是一种"文化综合"——对古希腊罗马文化的综合。如果可以把能够涵摄时代的学术进展的神学看作现代神学思想的重大推进,特洛尔奇的神学思想堪称现代神学思想最重要的扩建:不仅对近代史学的思想挑战作出了强健的神学反应,而且参与了社会理论这门现代学术的建设,[②]发展出具有社会理论和历史理论问题意识的神学理论。如果要关注现代哲学（尤其历史哲学和认识论问题）、史学（尤其思想史和文化史）、社会理论（尤其知识社会学）、政治理论（尤其自然法学说）,都无法绕过特洛尔奇的著述。

特洛尔奇一直被西方人文学界仅仅看作一个神学家,对其思想学术没有给与足够的重视——另一方面,神学界占支配地位的保守主义神学抵制特洛尔奇的自由神学长达半个多世纪,

---

[①] 参 F.Wilhelm Graf /H.Ruddies, E.Troeltsch: Geschichtsphilosophie in praktischer Absicht, in Josef Speck, *Grundprobleme der großen Philosophen: Philosophie der Neuzeit IV*, Göttingen 1986,页 148-156。

[②] 参 J.J. Schaag,*Geschichte und Begriff: Eine kritische Studie zur Geschichtsmethodologie von Ernst Troeltsch und Max Weber*, Tübingen, 1946; H. Bosse, *Marx-Weber-Troeltsch: Religionssoziologie und marxistische Ideologiekritik*, München 1971。

特洛尔奇身后的学术声誉一直不彰。直到20世纪末期"后现代理论"出场,随着重审"现代性"问题成为学界的迫切课题,特洛尔奇的学术才日益受到学界关注。

搞清楚特洛尔奇如何将一门传统的信仰学术转化为一种现代的人文—社会理论,涉及如何让传统的伦理观念及其学问形态与现代生活世界协调的现代性问题。晚清以来,中国知识界同样不断有人尝试将儒学这门传统学术转化为一种现代的人文理论,并与各种现代的政治理念相融贯。仅从学术类型来看,梁启超和胡适与特洛尔奇相似,开拓了现代学术形式的中国思想史研究,而且有自由主义的政治倾向,也是现代化政制变革中的活跃人物。若从思想类型来看,冯友兰、牟宗三与特洛尔奇相似,试图用西方现代理性哲学的思想形式重述中国传统思想,使传统伦理与现代伦理协调。通过检讨特洛尔奇的基督教理论建构,可以为我们观察儒教学术的现代化困难竖起一面鉴照自己的镜子。无论如何,源远流长的儒家学问传统在现代语境中所遇到的困难绝非独一无二的际遇——基督教神学已经遭遇过了……

二、基督教神学的现代困境

基督教神学是对圣经中的上帝启示的解释——但西方的基督教神学与东方的基督教神学不同,是对上帝启示的理性化解释,依赖于柏拉图或亚理士多德形而上学的知识系统。尽管西方基督教神学思想史上一直有神秘派反对将对上帝启示的理解理性化,理性化解释毕竟是西方基督教神学中占支配地位的稳固的思想传统,其思想模式最早可以溯源到希腊化时期的犹太教思想家斐洛将犹太教的《圣经》与古希腊形而上学融贯起来。① 按照这一传统，严格意义上的基督教神学就是神话［故事］（上帝启示）与逻各斯（形而上学）的结合。没有逻各斯（形而上学），基督教信仰就不会成为神—学。信仰不是神学，而是生活实践；神学也不等于单纯的信仰，而是对信仰的理解和解释——无论理解还是解释，都需要一种理性化的知识形态。西方基督教神学把基于神话［故事］的信仰与理性化的知识结合起来，使对圣经中的上帝启示的理解和解释成为一种博大精深的知识系统。特洛尔奇认为，在这种结合内部，神话与逻各斯的冲突从来没有消失，毋宁说仅仅取得暂时的平衡。

> 一方面，信仰将不断地使其神话适应科学的世界观，消除或者重新解释本质上与此相矛盾的成份。这种适应当然有一定的界限；如果神话全盘解体，那么，其中所体现的宗教本质也将化为乌有；这意味着宗教在向新的形式过渡。另一方面，信仰将吸收新的世界观，从中引申出与新的神话体现形式相应的新的宗教主题……但这也有一定限度；如果信仰完全被新的信仰主题和神话因素淹没，其发展便会被窒息，这种情况同样为新的宗教形式开辟了道路。（《信仰》，见《基督教理论与现代》，页235）

"理性化"既是西方基督教思想的特色，也是其发展的动力因素。与东方基督教思想显得长期没有大的变化不同，西方神

---

① 参见威廉逊，《希腊化世界中的犹太人》，徐开来等译，北京：华夏出版社2004。

学思想不断随着时代的理性知识的移步换形拓展、演进:随新柏拉图主义出现的是奥古斯丁的神学,随着亚里士多德主义复兴的是经院神学,反神学中的亚里士多德主义又催生出宗教改革的神学,随近代人文主义和启蒙思想兴起又有莱辛的神学,法国大革命前后的唯心主义则带出了黑格尔的思辨神学,浪漫派哲学兴起又有了施莱尔玛赫的情感神学。理性知识的每一次嬗变,都会牵动西方基督教神学重新解释启示。任何一种解释都是由文本(Text)与处境(Kontext)、被解释的对象与解释者的关系构成的,没有处境,文本是无法理解的。在这一意义上说,西方的理性化神学不仅是对圣经中的上帝启示的解释,也包含对解释者自身处境的自我意识的理性认识。所谓理性化的神学,不仅是对圣经启示作出合符理性哲学的解释,而且是对解释者自身的批判的理性自觉意识。

然而,正因为是神话与逻各斯的结合,西方基督教神学显得很不稳定。理性化(这毕竟是希腊哲学传统)的嬗变,必然导致神学思想的变动。特洛尔奇意识到,基督教神学的现代性处境是,神学用来作为支撑结构的传统形而上学被近代哲学和科学抛弃了。传统的西方基督教神学的理性化基础是柏拉图主义和亚里士多德主义,这两种思想营构了不同的超自然论的神学论述,近代科学和经验哲学的自然世界观从根本上瓦解了超自然的世界观。超自然的世界观一旦解体,基督教大教会对各种非基督教的历史宗教和各种新生的宗教—哲学信仰的判断和评价,就失去了普遍承认的理智性依据(参见《神学和宗教哲学中的逻各斯与神话》,见《基督教理论与现代》,页119)。基督教神学的现代性问题意味着,神学如何理解自身的理性化基础发生的重大变化,如何理解新的社会历史处境及其知识状况。

除非西方基督教神学彻底删除自身传统中的理性化习性——(如神秘主义所主张的,但那样一来,西方基督教神学就不再具有知识性的内在动力机制),否则,它就必须面对古代形而上学的现代化问题。所谓古代形而上学的现代化指的是,超自然原则被自然的经验原则取代,统一的形而上学被分化且实证地专业化的自然—人文—社会科学肢解,依赖超自然权威的独断信仰受到经验的、历史相对的宽容信仰的抵制。理性化的基督教神学的现代化条件,因此首先在于清醒地认识到神学自身的理性化基础的这一转变。

> 就其本质来看,神学始终还是科学与神话的结合;而且,既然神学无法再以古老的方式使"超自然的"启示认知与"自然的"认识并行不悖,它便必须采取新的方式,即除了承认精密科学的经验认识方式之外,神学还必须确认那种导向终极宗教真理的实践—象征的认识方式。(《信仰》,《基督教理论与现代》,页233)

新自然科学和人文主义建立起一种重新说明世界的方法和观念,把生活伦理引向了自然主义。自然性法则支配了灵魂生活,生活世界转而接受历史相对的理性法则的支配,理性世界从自然性的灵魂生活原则出发来把握、塑造自己,不再承认神性的干预(救恩史的预定论或前定和谐)。自然科学开始形成自主的文化系统,消耗了古老的信仰基础,要求传统的教权式信仰演变为依附于现代科学的信仰形式,就像以往仰赖旧形而上学那样。既然科学思维的自然世界观瓦解了传统的教会权威式的信仰性思维的形而上学基础,教权式信仰在科学的批判性精神面前就很难再维持其排斥性的绝对性。如果信仰性的文化成功地运用科学的力量和方法,也许能够形成一种现代的、有包容性的神学思维。

随超自然世界观的解体和自然世界观的复现,新生的历史思想开始瓦解基督教信仰的传统地位。近代人文主义的出现,使得基督教的神性启示遭到质疑:世界并非上帝的成品,而是世界自身的力量和目的的成品,这些力量和目的都是历史性的。尽管世界的形式不可认知,但人们为了生命的进程,必须认识生命进程的意义和目的。现代精神要求从世俗历史(而非救恩史)的整体来理解生命进程的价值和目的,历史观念成了现代世界观和确立生命价值及目的的基础。[1]史学的基础是现世事件的自然进程,宗教情感却是一种精神生活的原则,两者显然相互抵触。历史知识是关于人的生活世界的世俗知识,不是关于上帝以及与人的关系的知识。启蒙运动以后的浪漫主义思想对民族历史的研究,更使得基督教信仰难以再坚持对历史的超自然性解释。

> 任何采纳了现代历史观的人都难免得出这样的结论:应当保留信仰的历史关联,但是必须以新的方式加以阐发。因为人们已经不可能再相信世界历史曾经有一个完美的开端,六千年后借助救赎仍然会回到这个开端,或者基督不久便会再度降临等。(《信仰与历史》,见《基督教理论与现代》,页 275)

---

[1] 参特洛尔奇,《基督教的世界观及其对抗思潮》,见《文集》卷二,页 330。

现代史学以世俗的生活原则对抗基督教的精神生活原则，使基督教信仰的自我感觉的基石完全崩溃。基督教神学的现代化必须平衡现代史学与传统教义学之间的紧张，由此出现了涉及现代性的要害问题：普遍的生活原则是否还能成立、还有必要？

基督教神学面临的现代性处境不仅仅是理念性的，同样是政治性的。首要的现代性政治因素是世俗的政治社会的出现：自马基雅维利以来，尽管纯粹世俗的国家逻辑在理论上一再受到基督教会的抵抗，这种本质上与基督教观念对立的政治逻辑在实践上愈来愈占支配地位。现代性的社会因素则是商业生活方式打破了个人心灵的宁静、封闭和稳定，以及与此相应的共同体生活方式，基督教伦理的社会基础因此而发生了根本改变：人口增长使传统的等级制度的社会基础不复存在，世俗的盈利和进取精神取代了基督教的灵性精神，基督教的情感世界变得很难有生存空间。

政治原则和社会生活的现代化，使传统的神学知识无力应对时代的精神状况：

> 对于当今一切基督教社会哲学具有决定性意义的一个事实是，从中世纪脱胎而来的西方以其帝国主义、资本主义和迅速的人口增长所造成的形势（由于其无比尖锐的矛盾和极度强大的力量），既非古代的、也不是基督教的或者将两者整合为一的社会哲学能够把握的。(《基督教社会哲学》，见《基督教理论与现代》，页312)

出于对现代知识状况和现代政治状况的清醒认知，特洛尔奇认为，基督教神学必须面对新的历史状况，采纳现代的学术形式，确立新的理性化参照系统。基督教神学的现代化条件就在于与新兴的宗教哲学、史学和社会学建立内在联系，否则基督教思想不可能应付自然科学及其经验形而上学和历史主义提出的问题，不可能对现实的社会—政治问题作出反应。基督教的宗教哲学、历史理论和社会理论取代传统的教义学和解经学，是现代精神生活和社会政治发展的要求。在现代性处境中，神学必须通过社会学和史学来理解自身，尤其知识社会学对于神学的自我理解具有重大意义。20 世纪后期的文化社会理论家贝格尔（Peter Berger）后来曾形象地说，社会学是现代神学必须淌过的火溪（这个著名比喻来自费尔巴哈的名字，其字面含义是"火溪"）——这一论断印证了特洛尔奇当年提出的见识。作为神学思想家，特洛尔奇坦然承认，神学的有效范围已经大为缩减，不可能解决所有思想和社会问题。不仅教权式的神学不再有现实的权威，大全式的神学理解——以为基督教神学可以处理所有问题的观点，同样没有现实性。

  ……在整个生活的差别急剧扩大的今天，也许不难理解，宗教性的东西与政治、经济、社会性的东西相互分离开来，要解决从后者产生的问题，有赖于一种完全世俗和独立的、无限复杂的建设和改革工作，不仅要求强烈的意志力量，而且要求具有专业知识。（《基督教的世界观及其对抗思潮》，前揭，页 316）

  基督教神学非得要现代化吗？让基督教思想原则与现代文化原则妥协，会不会使基督教的信仰理解受到根本损害？要回答这一问题,需要深入了解基督教会的现代处境。在现代世界中,基督教会在国家中的位置发生了根本性位移。特洛尔奇身处的 19 世纪是基督教会和神学"最冷清、最荒凉的时代"。① 在特洛尔奇看来,基督教会的社会位置的变化主要是启蒙时代以后的事;基督教原有的社会形态好像被剪断成碎片,自主性的世俗文化和教育不断减缩神学对文教的支配范围。

> 现代的总体思想状况究竟始于何时,与受神学约束的教育和文化对抗的自主的世俗教育和文化的推行究竟始于何时?我的研究得出的答案是:始于启蒙运动。正是启蒙运动才将政治的—社会的—经济的世俗化以及文艺复兴、尤其是伟大的十八世纪哲学的激励作用和结论改造成为公众生活力量,改造成为教育、生活和学校体系,将教会和神学的超自然力量推到一边,使之局限在更为窄小的实践范围之内。(《关于我的著述》,见《基督教理论与现代》,页 324)②

面对启蒙后的社会文化处境,教会文化分裂为固守传统的权威型教会的保守派与具有现代精神的开放教会的自由派。换言之,教会政治文化的基本结构不再是天主教与新教的对

---

① 参 E. Troeltsch,《神学和宗教的当前状况》,见《文集》,卷二,前揭,页 2。特洛尔奇讨论基督教会的现代状况的主要论文大多收在《文集》卷二;如《当前的宗教运动》,页 22 以下;《德意志诸国的宗教》,页 73 以下;《当前生活中的教会》,页 91 以下。

② 特洛尔奇对启蒙运动出现后形成的现代世界的论析,除参见《现代精神的本质》一文的理论分析,亦参《新教对现代世界出现的意义》一文中"何谓现代世界"一节的历史描述。

立——无论天主教还是新教,都分裂为保守派和自由派。由于韦伯的《新教伦理与资本主义精神》一书的影响,人们一般以为,新教与现代世界及其精神生活是协调的,天主教才与现代世界相抵触。在特洛尔奇看来,这样一种看法是错误的。

> 如果新教自认为自己就是现代精神世界,进步的生活只属于它自己,天主教纯粹以传统方式固守着一个过时的旧世界,完全是自欺欺人。与此相反,简单的事实是:新教与天主教一样受到现代宗教危机的严重冲击;新教的大多数教会也坚持其宗法主义的、完全为现代世界无法忍受的成份。诚然,新教比天主教更容易参与现代精神生活,但这一精神既非天主教的创造物,也不是新教的创造物。现代精神生活是现代的,当然,由于新教的个人主义和批判本能,新教比天主教的权威制和教条更容易与现代精神取得一致,但在最重要之点上,现代精神即便对于新教也是新的和陌生的。(《现代主义》,见《基督教理论与现代》,页74)

保守的权威型教会坚持教义化的大教派式教会治权(ein dogmatisch-konfessionelles Kirchentum),抵制启蒙精神的现代文化,维护教权式的教义支配社会文化的正当性,把基督教思想的现代化形态看作新的异端。大教派教会对社会文化的治权过去是靠国家权力来支撑的,由于国家权力对大教会的支持日益削弱,大教会已没有力量在政治层面掌握现代国家,只有据守对圣经的唯灵主义解释,从精神上对抗现代世界,不理睬这种解释还是否有效,拒不承认教义式的精神抗衡日益困难和乏力。

8. 特洛尔奇与神学的现代转型

随着商业文明的快速发展，在社会生活中出现了分化的宗教需求。①大教会对各种无神论的反宗教情绪反应迟钝，例如，不懂得新兴无产者阶层憎恨教会甚至憎恨整个基督教，是因为大教会固守传统教义——坚持现存政治秩序乃是上帝批准的，仍然与现存政治权力结合在一起——但现代政治文化却已经不断在告诉人们，任何政治制度的合法性都不是由上帝批准的。失去王权的支持后，大教会控制小教派的能力也随之减弱，社会下层中的各种小派教群日渐活跃，出现各种神智—灵恩运动；在知识阶层中，则出现内在化、个体化的教化宗教（尤其泛神论色彩的审美主义趋向）。保守的权威型大教会在现代社会中日益退缩，大多数人的宗教生活早已另寻新途，出现各种新兴宗教，人们无法看到宗教未来发展的确定方向。②

> 一旦宗教认识与科学认识分离开来并从根本上不同，一旦基督宗教失去其独有的支点，即失去理性的保护和准科学命题式的圣谕提供的支点，宗教生活的不同历史形式便会互相碰撞。那么，历史和文化视野愈是扩展开来，扩展到在基督教之前和与之并存的各种大宗教体系，这种情况便愈严重。现在各种宗教取代了哲学，开始为基督教神学提供参照框架。（《神学和宗教哲学中的逻各斯与神话》，见《基督教理论与现代》，页121）

总括而言，在现代思想状况中，不是基督教信仰的局部受到

---

① 参特洛尔奇，《信仰自由》，见《文集》卷二，页138。
② 参特洛尔奇，《十九世纪初的复辟时期》，见《文集》卷四，前揭，页612及页649以下。

损害，而是整个信仰的根基已成问题，不只是《圣经》中的超自然主义立场面临威胁，而是基督教信仰的整个理念的宗教道德内涵已受到威胁。在现代社会—政治状况中，则是保守的权威型大教会再也无法支配整个社会的宗教生活。

三、协调基督教精神与现代精神的可能性

如果认为，特洛尔奇主张完全放弃基督教精神原则，那就错了。特洛尔奇并没有无条件地肯定现代精神原则，而是认真辨析这种精神原则，找出基督教精神应该面对、可以与之融贯以及必须抵制的地方——《基督教的绝对性与宗教历史》就是一个具体的例子。

1901年10月，特洛尔奇在"基督世界"协会的聚会上作了题为"基督教的绝对性与宗教历史"的报告，次年扩充出版单行本，1912年再版时又扩充21页（新增五节），以后多次再版。特洛尔奇提出的中心问题是：思想的彻底历史化动摇了基督教世界观的传统观念，基督教神学应该如何作出反应。特洛尔奇首先考察已有的两种主要的神学反应：一种反应是坚持正统的超自然主义立场，拒绝世俗的历史观对人类生活的解释；另一种反应是唯心论的辩证演化说，通过形而上学的历史叙述重新安排宗教史，把基督教看作宗教观念演化史中的最高实现。特洛尔奇认为，正统的超自然主义立场完全无视历史观念的尖锐性，不值得讨论——与此不同，唯心论的辩证演化立场毕竟还愿意认真对待现代历史观念的挑战。

近代自然科学和经验理性哲学的自然主义使《圣经》的超自然主义式微，基督教的上帝观、世界观和人生观就失去了维护

其绝对性的保障。唯心主义哲学强调精神优先于自然,是对经验理性主义的自然主义作出的反应。对于基督教思想来说,这种反应是必须的。

> 至少,形而上学不能避开这样一个简朴而审慎的任务:从认识论出发回答精神与自然的基本关系问题,这种基本关系包孕在每一个别事件之中,对它的询问是直接形成和无法避免的。(《基督教的世界观及其对抗思潮》,页245)。

但是,唯心主义的宗教史论并不能挽救失去《圣经》的超自然主义保护的基督教绝对性,其根本困难在于,从精神史的角度把基督教视为绝对宗教,与唯心主义的宗教史自身的理论相矛盾:一方面从历史观念出发来思考基督教的历史地位,另一方面又把基督教视为绝对的宗教。这种唯心主义精神史的绝对宗教论实质上仍是一种教义论主张,与正统的超自然理论没有本质差别。对于历史观念来说,绝对宗教的概念根本就不可能。接受历史观念的原则,就必须承认,基督教是一种纯粹历史的现象,而不是救恩史现象,与历史中的其他宗教一样,是相对的历史性宗教——这是基督教神学应该面对的现代精神原则之一。

由此是否会必然得出结论,凡历史中的宗教在价值意义上都是相对的?特洛尔奇不认为必然如此。价值相对主义的根据不在历史观念之中,而在社会分化、自然主义哲学和审美主义思想。基督教救恩史与世俗历史、基督教信仰的价值绝对性与历史宗教的历史相对性不是非此即彼的对立。接受历史观念的原则,仍然可以通过历史宗教的相对性的比较来证实基督教的文化价值具有绝对性。接受历史观念的挑战,不应该是设立形而上学的精神史演化结构,而应是建立历史的比较宗教学,从而不与历史观念抵触地证实而非推演基督教的文化价值的绝对性。通过各种宗教的历史比较可以证实:普遍宗教高于自然宗教,在普遍宗教中,救赎宗教又高于律法宗教,在救赎宗教中,入世宗教则高于离世宗教。基督教正是这样的入世型救赎宗教,其绝对性在于紧贴现世中的个体生命,其上帝观、信仰观和伦理观紧紧搂抱着个体身位。基督教虽然不是历史中的绝对宗教,但却是宗教历史中个人生命得救的最高实现。未来是否如此?是否会被别的宗教超越?特洛尔奇承认,这很难说,但至少现在还没有超越它的另一种救赎宗教。这样看来,基督教精神原则与现代历史精神原则可以协调。

接下来马上会出现的问题是:各种宗教的历史比较的尺度或标准是什么?

要回答这一问题首先得搞清楚,对宗教做历史比较是为了认识社会历史的发展机制,还是为了认识个体生命的意义。如果是前者,那么,尺度或标准就会是一些社会学法则——韦伯的《宗教社会学》可以看作是这种宗教的历史比较的典范,其目的是为了认识欧洲社会机体和政治制度的形成。在特洛尔奇那里,宗教的历史比较是为了认识个体生命的意义问题,也就是韦伯存而不论的问题——或者说交给每个个体去选择的问题,尺度或标准是个体心性的法则。因此,所谓绝对的宗教是通过理性地比较各种历史的相对宗教个体化地形成的,或者说判别宗教绝对性的主体主义是历史地、实证地通过比较得出的个体认信。个体生命的认识寻求的是生命的最高效值——对于生命的理解深度和更高的生命目的的确立,基督教"独一无二的位置"只能通过个体自己确立生命的理解深度和更高的生命目的来得到证实。

特洛尔奇区分了个体的宗教绝对性(这最终是个体自觉的上帝体验)与教义的宗教绝对性。个体的宗教绝对性是一种质朴的绝对性,不是一种精神偏执,而是生命认识的原初形式。群体文化的出现带来了个体信仰的尘缘转变:个体生命问题成了文化问题。文化是一种群体生活伦理的适应、培植和转化,它打破了质朴的绝对性,用制度的"替代建构"(Ersatzkonstruktionen)的绝对性取代了质朴的绝对性。基督教伦理与斯多亚自然法结合形成的超自然的普遍宗教的绝对诉求就是这样的"替代建构",在启蒙思想的冲击下,这种由先知保障的群体性上帝体验的绝对性已经没有客观的绝对性可言,个体的宗教绝对性重新在生活实践中具有了正当性。绝对性诉求的现代文化转变在于:每一种宗教体验都是绝对的。

教义式的宗教绝对性是一种大全式的文化的绝对性,如果最高的生命效值满足的是个体的宗教确信,那么,个体实际并不需要大全式的绝对的宗教真实,而是在个体认信中享有自己获得的绝对的宗教真实,尽管这种享有在历史中是有条件的。基督教的最高效值可以得到个体认信的证实,但要想在历史中拥有绝对性或靠历史拥有绝对性,只是幻想。

质朴的个体的绝对性与教义学的绝对性断裂之后,还能维持基督教信仰吗?拒绝教义学意义上的基督教绝对性之后,个体信仰是否还能置身基督教之中?特洛尔奇认为,基督教信仰仍然保有上帝的启示,仍然是个体的救恩,是耶稣的工作、爱的团契。耶稣具有"纯内在的绝对性",与个体质朴的绝对性有一种生命理解的内在关联。对于信仰者或牧师的宗教生活来说,有个体认信的绝对性已经足够。教义只能触及信仰生活的余脉,信仰生活并不等同于恪守教义,也不可等同于一种历史性的反对异教文化的态度,而是个人在上帝的永恒之光中的生命转变,不再受碎裂的、迷乱的现世冲动制约。

虔信者需要确信自己走在正道上,跟随着正确的星辰。如果在他面前出现了各种不同的通向上帝的路,那么,他将走自己的情感和良知指引给自己的正道,并在这条道路上努力践行他自己所理解的宗教,或者按这种对宗教的理解来培育自己。但他并不需要宣称,只有他才拥有真理,别的人都没有;他也没有必要宣称,他拥有完满的、一劳永逸的真理。对于他来说,他有最深和最好的东西,就足够了,由此不再寻求最高的东西,因为这种东西不存在,他自己也不能虚构出来。他将会是一个基督徒,因为他在基督教中感受到最强有力、也最单纯的更高世界的启示。他在基督教信仰中认识到的不是绝对的宗教,而是规范的宗教(die normative Religion),对于他自己而言迄今规范的宗教。①

可以看到,特洛尔奇拒绝以唯心论形而上学的方式克服现代历史主义,并不表明他想要恢复传统教义的超自然主义立场。即便抵制现代历史观念,也无法给教义式的信仰理解带来呼吸空间——基督教信仰必须凭靠个体认信的资源和力量,为自己创造新的呼吸空间。

---

① Ernst Troeltsch, *Die Absolutheit des Christentum und die Religionsgeschichte*, München 1969,页 96–97。

> 我反对基督教超自然主义的排他性,因为它不可证
> 明。……不仅不可证明,而且也与一切历史学和心理学相
> 矛盾。……基督教神学的独特性只在其对象的内容,而不
> 在于特殊的神学研究和论证方法。……旧的论证手段已成
> 过去,基督教生活世界的内涵也随之发生了变化。但它在
> 今天却恰恰对呻吟于资本主义、决定论、相对主义和历史主
> 义之中的一代人包含着一股充满青春活力的质朴而健康的
> 力量源泉。(《宗教情感的先天性问题》,见《基督教理论与
> 现代》,页 167)

个体的宗教绝对性实际上是个体性情问题,或者说是个伦理问题。因此,伦理学在新的神学理解中占有重要地位。在传统社会中,基督教伦理与整个社会的政治—经济结构相协调,并共同构成统一的社会秩序。在现代社会中,基督教伦理与社会机体分离了,被现代社会的结构转型推拒开,基督教的教会式一统伦理必须面对现代伦理的挑战。现代伦理的基本形态是分离性的,一统伦理的形态已不复存在,各种新的社会政治结构要素形构出经济伦理、知识人伦理、市民伦理、国家伦理。神学关注伦理是时代的使命,但这不等于是把基督信仰伦理学化。基督教信义把个体生命的得救视为伦理使命,但基督教信义不等于单纯的伦理学或伦理诉求。特洛尔奇提出的个体的宗教绝对性基于这样的信念:基督信仰的心性力量依然首先在于对人的存在的自由和德性问题的解答。康德曾致力把基督信仰融化为一种实践理性,这与他信奉自由主义的价值观念相一致。然而,康德的自由主义伦理学对道德律令的直觉论规定的逻辑结果是:道德律令只会是相对的,不存在普遍的道德律令——基尔克果

的"或此或彼"已经让康德伦理学的缺陷暴露无遗。伦理问题成了康德之后的现代哲学的根本难题,而且一直没有出现有份量的解决之道。特洛尔奇以为,基督教的身位论(Personalismus)可以为自由主义伦理奠定基础,其含义是:道德律令并非是最高的,生命目的才是最高的,这个最高的目的就是赐福:"赐福意味着,在爱的国度中与上帝神圣的爱意的个体性融合,这种赐福是福音最内在的核心"(《基督教的世界观及其对抗思潮》,前揭,页261)。因此,基督教信仰在现代精神生活中仍然有其不可取代的位置。

现代伦理的基本形态是分离性的,现代精神生活的基本结构也是分离性的。启蒙后的历史思想带来的多元宗教状况,不仅指世界历史中的各种宗教的多元化历史地位,而且指各种新型的宗教—哲学信念的多元化状况。基督教精神不可能与这些现代宗教信仰融贯,而是构成关于生命理解上的冲突和竞争。在现代精神语境中,基督教信仰面临的最大竞争对手是一元论的世界信仰,因为基督教信仰根本上是一种二元论的世界观,"彻底地贯彻身位与非身位的区分,理念与实在的区分,精神道德价值与自然的区分,上帝与世界的区分"(《基督教的世界观及其对抗思潮》,页279)。现代一元论有各种类型:唯物主义的、审美主义的、唯心主义的一元论等等。唯心主义的一元论(比如费希特、晚期歌德的个体有神论)看起来像一种基督教的身位论,实际上主张所谓"伦理—宗教的超世界性"(Überweltlichkeit),把上帝理解成哲学意义上的最高宗教阶段的概念,最终走向泛神论神秘主义。在特洛尔奇看来,这种泛神论神秘主义表明的是哲学上的精神瘫软:旧的宗教观念被动摇之后,欧洲人已经没有心力靠传统教义的力量重振自己。

按特洛尔奇的考察,自18世纪以来,欧洲思想界出现了一种所谓"新人文主义",其表征是提出种种精神的总体生命理念,似乎欧洲思想产生出一种强健的宗教心力。最为重要的"新人文主义"是一种可以名之为"审美一元论"的持久的思想类型。审美主义不是一种个别的主张,而是现代世界精神的一个普遍特征,带有很强的世俗宗教性。在特洛尔奇看来,这种宗教性是基督教精神品质的真正竞争对手:"人的族类理性(Gattungsvernunft)代替了上帝的神性位置,成为唯一有意义的现世原则,普遍的、无疲倦的进化中唯一可理解的要素"(《基督教的世界观及其对抗思潮》,页230)。审美一元论思想的历史面相相当复杂,并没有一种唯一的审美理念,而是有许多不同的审美理念——或者说审美主义有不同的类型,每一种都有自己的实践理念,但本质上都是对现世和自然生命的宗教性崇拜:要么根本不存在什么彼岸,要么彼岸与此岸无关,生活世界被引向单维的平面。①现代思想的审美主义这一基本趋向表明,现代思想彻底摆脱了传统的二元世界的张力,彻底转向此岸,转向对世界的自然性解释。彼岸世界的存在被取消之后,所有思想都成了现世历史的阶段性发展的相对物,这一切都凝聚成审美主义的准宗教信仰。

种种一元论的产生,主要因为现代科学摧毁了古代的超自然景观,超自然主义精神的残余不得不转移到内在化的个体领域。现代一元论的最终根据在自然科学的自然原则的唯物论,即把精神视为从实在的封闭循环中产生出来的一种自发力量,

---

① 比如"青年德意志"运动通过一种夸张的彼岸与此岸根本无关的二元论来建构一元论。关于"青年德意志运动",参勃兰斯,《青年德意志》,刘半九译,北京:人民文学出版社,1986;曹卫东主编,《德国青年运动》,上海人民出版社,2013。

进而取消了精神的超自然位置。然而,在特洛尔奇看来,唯物论本身就是反驳自然科学原则的最好例子:按照唯物论的原理,自然以及人们赖以认识自然的法则也不过只是人的精神设想的一种实在——这表明唯物论本身就是一种精神的产物。

不过,对特洛尔奇来说,拒绝现代精神的种种一元论,不等于可以无条件固守基督教传统的超自然主义的二元论。二元论也有种种不同的形态,最为简便的区分标准就是看二元对立是否有和解——比如,灵知派式的二元论最终就没有和解。基督教二元论的独特之处在于二元性的和解:即上帝成人。尽管如此,在特洛尔奇看来,基督教的彼岸与此岸的二元论在现代语境中需要重新表述。彼岸理念仅表明,精神与上帝具有亲缘关系,精神仅只在上帝之中找到自己生命的源泉。现代的基督教信理没有必要再坚持超自然主义的二元论,但也不能无前提地认可现代一元论,否则,人只会把此岸世界看作人的生命的最终目的。基督教伦理以超逾此世的真理和目的为取向,拒绝依从现世生活迷乱的多样性。面对现代伦理的审美主义取向,基督教伦理不能让步的基点是:从生存的自然—感性的规定走向精神—德性的身位,走向属灵之国度。属灵的国度才使个体生命具有持存的意义,才是人之生命的自然受苦的彼岸。它并不像佛教那样彻底断绝尘缘,或像灵知派式的二元论那样根本否定自然生命,而是在属灵的国度中重新赢回自然生命。

正是由于基督教,一种对超逾自然和感性的人之生存的评价才变得强有力,开启了指向性情的永恒而又单纯的善的前景,但德性完满并非意味着,指望一劳永逸地摆脱自然之手,毋宁说,德性之完满是一劳永逸地与现存的自然的

二分化，然后才在争斗中重新赢回自然这一为德性搏斗付出的最高代价。(《基督教的世界观及其对抗思潮》，页292)

个人从何处得到信仰上帝成人的根据呢？回答仍然是：《圣经》中的上帝启示。特洛尔奇承认，在现代以自然科学为基础的文化背景中，对上帝启示的信仰的旧有支撑（神迹、先知之言、灵赐）已失去份量。尽管如此，启示信仰最终是由个体的基于"内在经验"的认信来确认的，因此，对上帝启示的证明最终在个体的纯粹精神力量——除此之外，别无证明。这种个体认信的精神力量在于相信：在现世历史中，个人生命需要一种持存的真理，尽管这一真理是在个别历史之中显露出来的。基督教的得救意志是上帝启示的，虽然不是非历史的，但也不是历史演进式的。特洛尔奇并不认为，宗教历史知识学的进展不断在摧毁传统的启示信仰——基督教的绝对启示总是在具体的历史处境中发生作用，因此，通过宗教的历史知识学也能为启示信仰提供证明。尽管神性的启示理念本身在现代思想中遭遇到困难，基督信仰仍然能从上帝的自我陈述出发：毕竟，"只有在上帝的自我陈述中，信仰才找到稳固的落脚点"（同上，页311）。特洛尔奇坚持的是，不仅个人生命的结局在上帝的自我陈述之中，历史的结局也在上帝的自我陈述之中。确认其他宗教的历史性，只会强化对基督教的上帝的自我陈述的认信。这并不表明基督教精神是一种封闭的世界观，历史观念是一种开放的世界观，而是表明历史中的个体生命对历史生活的一种理解："问题不在于，这种启示究竟是否可能，而在于我们是否可以在自己的宗教中事实性地敬仰这种启示"（同上，页317）。况且，历史演进的世界观具有一种内在性趋向:从宇宙向历史演进是由主体性来负担的。严格来讲,历史观念只在精神之内才存在。

尽管对《圣经》的历史考据式研究摧毁了基督教大教会的教义所描绘的信仰图景,将耶稣基督的形象彻底人性化,把基督教救恩史还原为世俗历史,使耶稣基督的神性地位难以成立,特洛尔奇并未承认,基督教精神的现代化可以抛弃其上帝观念的这一核心:

> 不论从那种意义上将基督教的上帝思想与耶稣这一位格分离开来,都意味着切断此一信仰的所有既往之根,使之脱离一切表述和直观手段,使之失去一切超越平庸个体的伟大光辉,并因此而最终使其自身陷于解体。(《自由基督教的可能性与现代哲学》,见《基督教理论与现代》,页330)。

将基督教的上帝思想与耶稣身位分离开来,在特洛尔奇看来,并不是现代宇宙论和历史思想的必然结果。超越性的宗教力量无不是由个体身位的形式来体现和实现的,耶稣基督对于基督教的意义同样如此。不能仅从道德论来理解耶稣(如施维策尔的耶稣论),也不能按历史学来理解耶稣,把耶稣视为历史中的智慧者(如后来的雅斯贝尔斯那样)——只能基于上帝的启示与耶稣的在体关联来理解耶稣。特洛尔奇尽管不赞同对耶稣基督作终末论的解释,更反对启示录式的解释——他称之为"犹太人的政治宗教化的狂热"(judische politisch-religiöse Schwarmerei)解释,但同样反对现代史学—伦理学的解释,坚持上帝国与耶稣身位合一论的传统立场:历史中的耶稣这一个体人身上携带着的是"宗教的理念"——上帝国的救恩。① 显然，如果特洛尔奇连耶稣的神性身位也持守不住，基督教信仰也就不复存在了。

特洛尔奇认为，基督教信义与现代各种"主义"思想（尤其是与历史思想）相冲突的关键仍然在于对个体生命的理解。换言之，基督教信仰的生命力或优越于各种"主义"思想的地方仍然在于耶稣的神性身位对于现世生活的意义；耶稣基督作为上帝的自我陈述是绝然异质的话语。由于这一自我陈述是在此世的历史中道出的，上帝之道与历史之道的紧张和冲突不可避免，这种张力不仅在历史中，更在个体生命之中。② 基督信仰的力量不在于解脱现世生活中的矛盾、冲突和紧张，而在于承负——基督教生命理解的重点不在于人的幸福，而在于人的生命的深度、奥秘和悖论及其得救。

> 只要先知—基督教的上帝信仰具有生命力，耶稣也将为这艘航船保持生命力；只有在对这样一个人的仰望之中，信仰才会上升。（《自由基督教的可能性与现代哲学》，前揭，页 331）。

通过宗教史学可以证明：基督教即便不是最高的宗教，也是绝然深刻的宗教，它超逾了种种自然宗教。基督教不是宇宙论式的宗教，因为上帝在历史中启明自己，历史中的上帝启示把此

---

① 参 Ernst Treoltsch, *Die Bedeutung der Geschichtlichkeit Jesu für den Glauben*, Tübingen 1911。亦参 Johann Hinrich Claussen, *Die Jesus-Deutung von Ernst Troeltsch im Kontext der liberalen Theologie*, Tübingen 1997。

② 参 A. Schüler, *Christlicher Personalismus: Gedanken zu Ernst Treoltschs Werk*, in Festschrift für Th.Stein, Buchel 1948。

世人生的意义引向彼岸,由此给此世奠定了生存意义的根基。作为历史中的宗教,尽管基督教的未来发展难以预料,但基督教最根本的生命泉眼已在耶稣身位中一劳永逸地确定了(《基督教的世界观及其对抗思潮》,页321)。因此,现代基督教神学的基本课题是:化解基督教的启示思想与现代的历史观念之间的冲突,区分上帝之言的基督品质(Christlichkeit)与作为历史宗教的基督教(Christentum),并从哲学上调解历史原则与超验原则的现代性关系。传统的上帝证明方式是本体论的证明,它与当时的形而上学相关。在现代思想语境中,特洛尔奇提出了宗教史学的上帝证明,其历史的宗教理论的意义正在于此。①

四、教义学的转化

在这样的认识前提下,特洛尔奇提出了"学术的神学"(Wissenschaftliche Theologie)或"自由的神学"(liberale Theologie)构想,以调整基督神学的现代方向。特洛尔奇清醒地看到,统一的思想形态已一去不复返,文化理念的相对主义分裂将是未来文化的景象。②特洛尔奇的基本神学意识是:在现代多元、歧义、冲突的思想和知识状况中,基督教神学的处身位置在哪里,应该具有怎样的理论形态? 神学的传统形式(解经学和

---

① 舍勒提出了社会学的上帝证明(参见舍勒,《基督教的爱理念与当今世界》,刘小枫主编,《舍勒选集》,下卷,上海三联书店,1995);布尔特曼的生存论上帝证明和潘能伯格的"启示即历史"的命题实际发展了特洛尔奇的身位论证明和宗教历史学的证明,美国的宗教社会学家贝格尔(P. Berger)则推进了舍勒的社会学证明。

② 参特洛尔奇,《十九世纪》,见《文集》卷四,页649。李欧塔的"后现代论"描述的相对主义的图景映证了特洛尔奇的论断。参李欧塔,《后现代状况》,见罗青编,《什么是后现代主义》,台北,1989,页161以下。

教义学)是否还能为弥合文化理念的分裂发挥作用?

正如现代人文科学必须以史学为基础,特洛尔奇认为现代神学必须以宗教史学为基础,采用历史实证的方法,改述传统的基督教教义学。史学方法必然导致神学以宗教史为基础,使神学成为现象学——历史学方法的宗教理论,神学论说的重心不应再是原初状态论、原罪论、奇迹论或超自然主义的二元论,而是个体的道德信念和宗教情感问题。①

为此,特洛尔奇提出了著名的两种对立的神学方法的命题:现代的史学方法与传统的教义学方法的对立。史学方法是世俗历史的、实证性的、相对主义的方法,摆脱了形而上学的神学本质论,教义学方法是救恩史的、不容争议的、绝对主义的方法。史学方法使神学成为一种公共理论,教义学方法则使神学仍然是教会权威性的。

> 旧方法可以称之为教义学的方法,其出发点是固定不变的,完全脱离历史及其相对性,并由此出发获得其绝对确定的命题,这些命题至多只是事后才被允许与整个人类生活的认识和见解联系起来。这种方法原则上是绝对与历史方法对立的,其本质在于具有权威性,这种权威性的依据恰恰在于它离开了历史的总体语境,离开了与其余事变的模拟,因而也离开了将所有这一切包含于自身之内的历史考据,离开了其结果的不确定性。教义学方法意在将人束缚在个别历史事实之上,束缚在那些证明权威具有肢解一切

---

① 参 I. E. Alberca, Die Gewinnung theologischer Normen aus der Geschichte der Religion bei E. Treoltsch, in *Münchener Theol. Studien II. System*. Abt. Bd. 21(1961)。

历史类比的品格的事实之上。之所以造成这种束缚,是因为教义学方法的事实不同于寻常历史的事实,因而不可能通过考据得到确认,也不可能因此而产生动摇,这些事实是通过奇妙的传统和内在的认识牢牢地置于内心之中的。(《神学中的历史学方法和教义学方法》,见《基督教理论与现代》,页117)

神学方法从教义学式的转化为史学式的,必将带来神学论述的内在性质和结构的转化,具体说,就是教义学(Dogmatik)在性质上转换为一种现代的文化理论——基督教理论。特洛尔奇明确申言,他将致力建构一种神学的全新形态,以批判的先验哲学为基础,采纳现代人文学的各专门学科的知识材料,自由地展开神学思想。① 显然,所谓"自由的神学"的具体含义,就是让神学不再是教会权威式的教义学。传统的教义—解经式神学将向宗教哲学、宗教社会理论、宗教史学和宗教伦理学转化,教义学的转化是整个神学形态的现代转型中最关键、最困难的部分。

具体的转化行动尤其反映在特洛尔奇为《历史与现实中的宗教[百科全书]》(RGG)的教义学部分写的26个条目和《基督教信仰学说》一书中。② 单从内容来看,这些教义学辞条和《基督教信仰学说》涉及的都是传统的教会教义信条,但在特洛尔奇的表述中,教义学变成了一种宗教文化理论的信仰学说。对基督教信仰的描述不再以教会的教条规定为前提,而是以现代

---

① 参 E. Troeltsch,《论宗教状况、宗教哲学、伦理学文集序》,见《文集》卷二,页VII。
② 《基督教信仰学说》是特洛尔奇于1911至1912年在海德堡大学的系统神学讲课稿,特洛尔奇去逝后由其妻整理、编辑,初版于1922年。英译本出版于1992年,由此可见英语学界长期忽视特洛尔奇的信仰学说。

文化理论的知识学原则为前提:在知识学——宗教哲学的基础上来阐释基督教信条,承认现代知识体系对实践的精神有教育和指导作用,即便实践的精神在自己的信仰之中是完全自为和自立的(《教义学》,《基督教理论与现代》,页188)。信仰学说不再与教会教义(Dogmen)相关,但又没有脱离教义学的实质内容(信仰)。同样,对基督教信理的历史描述,不再是"教义史",而是"神学思想史"。这种信仰描述不仅对教会拟定的教条保持中立,也对仅由解经来建构的教条保持中立。教义学的形式被抛弃,但教义学的实质内涵——即信仰的确信保存下来,因此,特洛尔奇的基督教理论可以说是一种"实质的教义学"(die materiale Dogmatik)。①

教义学向信仰理论的转化,是基督教神学积极适应启蒙文化的思想行动。如前所述,在特洛尔奇看来,宗教改革时期的神学仍然是教义学式的,通过建立一种新的教义权威来反抗传统的教义权威。启蒙运动兴起之后,从莱辛、康德到黑格尔、施莱尔马赫和鲍威尔,德意志思想家不断尝试将超自然的教义学变成理性的教义学,于是有了种种非教会教义式的基督教神学。世俗历史的世界观是启蒙运动的激进思想对欧洲基督教传统的普遍的超验理性提出的最为强硬的挑战,为了对付这一挑战,黑格尔的思辨神学企图建构一种唯心主义的历史哲学,以便把历史性和普遍性重新融合起来。但黑格尔的思辨神学没有从教义学内部改造传统神学,直到施莱尔马赫,教义学的改造才以系统的信仰理论形式表达出来。施莱尔马赫阐述基督教信理的专著

---

① 参 H.-J. Bikner, Glaubenslehre und die Erfahrung der Moderne,见 Horst Renz / Friedrich W. Graf 编, *Umsrittene Moderne: Die Zukunft der Neuzeit im Urteil der Epoche Ernst Troelschs*, Gütersloh 1989,页 333。

用的不再是"教义学"这个名称,而是用的"信仰学说"。这意味着,基督信理的□基础不再是教会的教义规定,而是一种人文知识学。显然□"信仰学说"改变的并非仅是"教义学"的形式,也改变了信□论述的内在品质,对后来所谓"系统神学"的形成具有深□历史性影响。①

正是在这一意义上,我们可以了解到,特洛尔奇的神学思想继承的乃启蒙运动之后的德意志神学传统,而非宗教改革的德意志神学传统。特洛尔奇自觉地追随施莱尔马赫的神学现代化路径,②在推进教义学向信仰学说的转换方面甚至有过之而无不及:不仅通过《基督教会和社团的社会学说》开创了社会思想史式的基督教神学史研究,通过《基督教的绝对性与宗教史》开创了宗教哲学式的基督教信理研究,甚至对"神学"这个名称本身也提出了质疑:

> 如果人们不是像今天大多数人那样将宗教学视为漂浮于宗教多样性之上的一般理论,而是理解为获取规范性宗教思想的过程,那么也可以用这个名称取代"神学"。但是,既然获取规范性宗教思想一般被看成是神学的使命,仍可沿用神学一词。这样一来,神学便不可以依附于某一教派,也无需去证明既成的真理,它享有充分的自由,去生动

---

① 参 Walter E. Jr. Wymann, *The Concept of Glaubenslehre: Ernst Troeltsch and the Theological Heritage of Schleiermacher*, Chico/Cal. 1983。自施莱尔马赫的"信仰学说"以来至当代的潘能伯格,新教神学的系统神学要著的论述方式不断在变化,如果比较这些要著的章题顺序,可以清楚看到这种变化的痕印。

② 特洛尔奇自称,在现代神学家中他最靠近施莱尔马赫。参 E. Troeltsch, *Glaubenslehre*, München 1925/Aalen 1981, 页190;亦参《基督教理论与现代》,前揭,页284。

8. 特洛尔奇与神学的现代转型

地把握和整理基督教观念。一种神学之所以被看作是新教神学，完全在于这种神学只有在新教的土壤中才能存在，它分有了新教特有的个人主义和对真理的认信。它可以向一切教派和无教派者学习，不受任何教会的束缚，尽管按其本性，它乐于而且必须为教会服务，但它只是想以此发挥其实际价值，而不是徒然地为普遍的宗教动荡推波助澜。（《神学和宗教哲学中的逻各斯与神话》，前揭，页133）

很清楚，特洛尔奇考虑的问题是：神学与现代知识学能否"并立"（Zusammenstehbarkeit）。在现代学问和教育建制中，"神学"这个学科由于具有教会性质而很难成为公共学术，除非用"宗教学"的名称取而代之——事实上，如今我们的确看到，在大学建制中，"宗教学"的名称可以容纳和沟通各种宗教学说，"神学"作为国家—教会的学问则不再有立足之地——就像儒家学问在现代大学建制中只能栖身在"哲学"的名目之下，除非得到国家权力的支撑，才能有自己独尊的地盘。①

按特洛尔奇的构想，神学形态的现代化转换首先当建立基督教哲学和伦理学，在此基础上重构神学论述，然后建立基督信仰的理论和伦理思想——第三个步骤最重要、但也最困难。②特洛尔奇看到，在现代社会中，基督信仰的根基已不再是救恩经验（Heilserfahrung），而是宗教性的道德生活观，因此，神学必须向伦理学转型。可是，这在神学上有两个困难：首先，基督信仰转

---

① 有人可能会说：如今的德国大学不是还有新教神学系或天主教神学系吗？的确如此，但这是因为在德国还有新教教会和天主教教会——"神学"依托于教会才能存在。

② 参 E. Troeltsch, *Briefe an Friedrich von Hügel 1901–1923*, K.E. Apfelbacher/P. Nenner 编, Paderborn 1974, 页93。

换成一种伦理态度,传统的教义内容是否还能得到保障? 随之要考虑的是,基督信仰的教义原则与作为知识学的伦理学究竟是什么关系? 从神学思想史来看,神学与人文知识学的"并立"并无问题,神学从诞生之日起,就在融糅、协调信仰(神话)与知识学(逻各斯)的关系,采纳过新柏拉图主义、亚里士多德主义。但问题在于,自文艺复兴和启蒙运动以来,神学思想自身中包含的知识学原则(无论柏拉图主义或亚里士多德主义)均面临严重挑战,基督教神学是否能与现代的知识学原则融糅始终是一大问题。毕竟,现代的知识学原则恰恰在摧毁基督教神学的信理原则——这是基督教神学危机的实质。特洛尔奇并非不清楚这一点,因此,他提出神学的首要任务是自身知识学基础的转型,把现代知识学(史学、社会学、语文学、哲学)引入神学,成为神学的基本结构要素,以便使神学有能力进入现代学术领域,从而进入现代性问题——这样做有如一场巨大的冒险:基督教神学可能因此而彻底自我瓦解。

特洛尔奇并不这样想,相反,他认为,神学形态的现代化转换将化解基督教神学的危机,其结果将是深远的:传统教义学有可能成为现代人文科学中的一个学科。因为,基督教信仰的论述和论证根据已不再是教会的教条式规定和《圣经》神话的解释,而是现代人文学的原则和资源,从而,基督教信仰学说可以进入人文学,成为一门人文学系统中具有实践意义的基督教理论。由于把社会学和史学引入神学,基督教理论的建构包括宗教哲学、宗教社会学、宗教史学,这些建构不是传统的神学样式的转换,而是一种全新的、开拓式的神学建构。转换后形成的基督教理论将是一种以宗教哲学和伦理学为主体的神学学科,一

门现代的人文—社会学科。① 毕竟,现代人文学的基本特征是充满内在冲突,各种"主义"或大理论相互论争:

> 事实上,在现代思想中,既有理性主义的主题,同样也有非理性主义的主题,而且,随处可见的法则概念大都带有神话式假设的倾向。如果认为事物只有在其可理性化的条件下才可以被承认是真实的,完全是极端的偏见。(《自由基督教的可能性与现代哲学》,前揭,页 327)

况且,对于人的生存性欠缺,现代科学和人文理论无能为力,基督教的上帝观念仍然是人的实践生活的价值基础,尽管这一观念的核心是神话式的。教义学转化为信仰理论之后,基督教理论仅仅是不再代表某个大教会或宗派的认信,而是只代表阐述这一信仰学说的神学家个人的认信。信仰理论是个体化的、相对于教会权威而言的自由思想,是个体性的(而非教会性的)认信表达——反之,凭靠基督教理论参与公共人文领域的精神冲突的学人,也不是在为教会信仰辩护,而是在为自己个人的认信辩护。一如人文学者的理论只代表他个人自己营建的学说,并不代表某个社会集团或组织,"在一个教会中不同的教义学家的个体多样性(individuelle Mannigfaltigkeit)"将构成现代基督教思想的面貌。② 特洛尔奇相信,神学的人文知识学化并不会导致丧失基督信仰的认信,毕竟,这种转型置换的仅只是神学

---

① 参 E. Troeltsch,《信仰学说》,前揭,页 1。20 世纪后期,著名新教神学家艾柏林(G. Ebeling)力图凭靠二战之后的学界显学"哲学解释学"来建构这样的神学学科,他的《神学研究:一种百科全书式的定位》(李秋零、田薇译,中国人民大学出版社,2003)一书试图把基督教神学描述为一门人文学科。

② 参 E. Troeltsch,《"宗教史学派"的教义学》,见《文集》卷二,页 517。

的知识框架,而非神学的内涵即基督信义本身。人文知识学化的神学将消弭教会的神话知识与现代知识学的冲突,以及教会伦理与现代世界的多元文化伦理的冲突。把基督福音引入现代知识域,与各种现代思想在相同的知识学语域中抗辩,可望使得基督教信理在现代的人文理论的形式中得到发展。

有论者认为,特洛尔奇的信仰理论脱离了教会关联,而施莱尔马赫则没有,因此两人不可同日而语——毕竟,施莱尔马赫仍然强调信仰理论要为教会生活服务。其实,特洛尔奇同样没有否认信仰理论应该为教会生活服务。信仰理论脱离教会的教义权威,不等于不再为教会生活服务。问题在于,用什么样的神学为什么样的教会生活服务。信仰理论是自由的神学,要促使教会成为自由的信仰群体。神学形式的非教权化,并非等于放弃其教会性负担,而是给牧师和神职人员提供具有人文—社会理论基础的信仰学说,使他们能切实地把信仰和福音带入现代文化和社会生活。因此,与基督教理论的建构相关,特洛尔奇提出了"自由基督教"的概念:教义学的非教权化与特洛尔奇的自由基督教理念有内在联系。

"自由基督教"的本质可以简洁地以下面两个特征来说明:首先,它通过一种由传统共同精神蕴含的力量,自由地和以个体形式构成的内在性取代教会—权威联合。其次,它将人类的罪深深玷污了奇迹和拯救这一古老的基督教基本理念,变成靠上帝赢得更高的个体生命,由此解救和解放个体人格。这种自由基督教分享现代思想论题性的和方法论上的一般前提,教会基督教则全然否认这些基本前提,以教权性认识方法取代,因此自由基督教强烈地受到现

代思想的渗透,也在更多的方面与教会基督教发生冲突。(《自由基督教的可能性与现代哲学》,前揭,页323)

教义学的非教权化因此不仅是为了建设"一种学术的神学",也是为了基督教会与现代的自由民主政治原则相协致。在这一意义上,自由神学是一个中介,消弭教会传统与现代世界及其文化的隔绝和敌对。

特洛尔奇并不指望能在属于教会宗派的神学院来建构这种自由的神学,而且,这类神学院能否建立自由的神学,对于自由神学本身也无关紧要。在特洛尔奇看来,从欧洲的传统政治结构来看,神学院要么属于国家的政治力量、要么是教会政治力量内在冲突的一个要素,其精神状况和思想需求受到很大限制:

> 神学院不得不满足许许多多与精神的和学术的状况极少关涉的要求,根本不可能单纯以学术成就为标准来判断它。其成员的任用绝大部分并不是基于学术和宗教的理由,而是基于政治和教会的理由,这便注定了其工作的平庸。(《神学和宗教哲学中的逻各斯与神话》,前揭,页143)。①

新教教会并不必然与自由民主政治文化和宗教伦理相融,事实上,拒绝接纳特洛尔奇的正是新教保守教派。特洛尔奇看得很清楚,有的教会神学家自视为基督教殿堂的守门人,这是基

---

① 亦参 Ernst Treoltsch, *Die Trennung von Staat und Kirche, der staatliche Religionsunterricht und die theologischen Fakultaeten*, Heidelberg 1906。

督教会中立志坚守教权式传统的神学思想方式。

> [他们]禁止站在基督教圈子外面的人参与工作,似乎基督教是一个俱乐部,无需容忍那些不再赞同其章程的成员,不容许他们干涉自己的事务。现在,只要基督教尚有生命力和创造性,人们的确不大容易确认什么是或什么不是基督教。可见,一种宗教观念是否可以感觉到自己是基督教观念,是否可以将自己称作基督教观念,首先必须由这种观念自己作出决断:即要看它是否真正感觉到自己是从基督教精神之中产生的。(《神学和宗教哲学中的逻各斯与神话》,前揭,页141)

接纳特洛尔奇的,既非新教、也非天主教神学系,而是现代学术的基地(大学)中的人文—社会科学领地。本世纪初的基要主义和后来的新正统派保守的教会神学强烈抵制自由神学,它们分别代表了教会基督教中的小群(基要主义)和固守宗教改革时期的权威式新教神学的大教会传统(新正统派)对神学的现代转型的抗拒。自由神学引起大教会的保守主义神学和小派的基要主义神学的强烈反弹,主要的原因是,大教会或小派担心自身的教义权威会因此被削弱。特洛尔奇的自由神学思想的见识是:教义本身不等于上帝的话,而是一种历史中的人为(教会)的知识建构,这种知识系统的神话式思想具有的权威性与古代的社会—政治秩序相融贯。如今,统一的权威性知识系统不仅与现代的自由民主的社会政治理念不相融,而且与现代精神生活中的个体自由思想原则不兼容。因此,传统教义学的非教权化涉及的不仅是神学的形式问题,而且是现代世界中的政治文化立场问题。

> [基督教]理论要求各种组织宽容大度,要求它们在对于基督性、在对于生动评价《圣经》和基督教历史的共同意志的框架内,赋予宗教主体性以自由。(《神学和宗教哲学中的逻各斯与神话》,前揭,页150)

作为新教神学家,特洛尔奇希望新教原则能给个体信仰提供更多的自由空间。特洛尔奇并不否定大教会和小教派对现代世界和文化的反应有自身的正当理由,他只是认为,这种反应方式非常乏力。他指望在大教会的教义神学和小教派的反文化的激进属灵论之外,开辟一条基督神学的现代道路。

> 现代世界意味着信仰共同性和统一性的深重危机。在随之而出现的普遍混乱之中,每个人必须自己探索他的信仰,谋求与形形色色的科学认知协调。在这种探索中,最大帮助莫过于认识到,基督教信仰和神话受到实践性宗教和伦理学的制约,通过对信仰与认知的心理学和认识论的分析来明确两者之间的差别。(《信仰》,前揭,页238)

这一神学取向不依赖于教会或宗派的教义立场(无论大教会还是小派),而是依据现代人文—社会理论的立场,因此是自由的、宗派教义中立的神学。指责特洛尔奇摆脱古代—中世纪的教权式基督教模式,通过与现代思想的内在融合来改造自身的基督教思想为背弃基督教传统,本身就是一种教权式的判教立场。这种立场无视基督教是一个具有复杂含义的历史性概念,历史上的各种教派都有权利与基督教认同。特洛尔奇提醒人们,肯定基督教的生活理想,必须搞清楚指的是哪样一种基督教:教权式的基督教还是自由的基督教(《神学和宗教哲学中的逻各斯与神话》,前揭,页119)。

信仰的共同性和统一性是欧洲中古时代的政治理想,个人和社会生活在这种共同性中具有高贵的精神文化品质。现代民族国家的兴起,要求民族国家寻求适合自身国体的意识形态,另一方面,教会被迫退出政治制度的领域,欧洲国家不再有统一的伦理共同性。在这一历史过程中,基督教会的社会形态也进一步分裂,一种统一性的基督教早已经不存在,人们根本不再可能谈论什么统一的基督教传统。[1]基督教自身的历史长河,不是纯理论可以界定的。基督教仍然处于发展和变化之中,每一时代特有的基督性仅仅是那个时代具体有效的基督教精神。

特洛尔奇对现代政治文化的理解深度和洞察力在现代神学家中并不多见,他既没有像有的新教神学家那样主张基督教社会主义,也没有像有的天主教神学家那样主张基督教保守主义或当代某些神学家那样主张激进的革命神学,尽管他希望看到,基督教的宗教伦理能够与现代政治伦理中的自由主义和保守主

---

[1] 与自由神学问题相关,特洛尔奇作为德语思想家相当仪英语思想传统,不像许多德语思想家那样,沉醉在德语思想传统和德国民族文化的独特性神话中,鄙夷英语思想。一般而论,英美思想注重经验论,德国思想注重理念论。特洛尔奇在论析新教各教派与现代世界的复杂关系时对这种差异提出了一种解释:盎格鲁—撒克逊的经验主义与加尔文教扬弃绝对的善、弃绝绝对的因果观念和统一性观念,注重个别的经验的事物相关,日耳曼的理念论与路德教注重事物的统一性和相互关联、上帝观念的内在性和整体性以及精神的普遍原则和内心直觉的思想相关。参特洛尔奇,《新教对现代世界出现的意义》,见特洛尔奇,《克服历史主义》,前揭;亦参 B.A.Gerrish, *Protestantism and Progress: Anglo-Saxon View of Troeltsch*, 见同一作者, *Continuing the reformation: Essays on modern religious thought*, Chicago Uni. Press 1995, 页219-238。

义结合。由于基督教信仰中的二元论,基督教的宗教伦理具有两种截然不同的政治伦理潜能:

> 一方面是个人拥有绝对价值的观念,另一方面则是服从上帝为世界安排的自然秩序的观念。一方面是革命的民主化倾向,另一方面则是保守的贵族化倾向。(《政治伦理与基督教》,见《基督教理论与现代》,页378)。

在西方现代政治思想的演进中,基督教的自然法为现代自然法的个人自由、平等和自律的政治原则提供了基本动力和价值资源,①另一方面,也为极端保守的维护传统权力的政治原则提供了思想资源。自由主义和保守主义的政治思想都可以援引《圣经》中的话语为自己作论证,如果神学家们不小心,就会把基督教的宗教伦理与现实的政治伦理搞混了。

五、基督教理论与现代学术

特洛尔奇的基督教理论具有很强的综合能力,将传统的神学论题与现代的人文—社会学科(历史理论、社会理论)整合起来。把握特洛尔奇的基督教理论的历史意义,已经不可能仅限于神学方面。特洛尔奇置身于现代社会思想的大理论传统,又是德国历史哲学发展的重要人物之一。特洛尔奇的基督教理论既与社会理论和历史哲学的发展相关,又与现代新教神学的发展相关。

---

① 参特洛尔奇,《东方与西方的自然法》,见《文集》卷四,页728。

社会理论家都看到,欧洲现代社会的基本实情是:基督教丧失了对生活世界的全面支配权,生活世界的道德基础需要重新奠立。孔德、马克思、涂尔干都以为,实证科学、社会学或批判的社会理论可以重建生活世界的道德基础,可以取代传统的精神科学——韦伯反对这种见解,认为实证科学和社会学只能搞清事实,不可能提供生活世界的意义指引,尽管韦伯也不认为,传统的基督教神学还能够派上用场。

　　孔德被看作社会学之父。对于孔德来说,社会学意味着什么？社会学与传统的哲学和神学是什么关系？通过实证社会学孔德究竟要建构什么？

　　孔德意识到,法国革命以后,生活世界的统一的道德基础已经不复存在。社会生活的终极法则已经不再是神性的法则,而是自然的法则。过去,宗教起着维系社会的功能,如今用什么来维系社会？孔德以为,实证社会学可以取代神学,起到神学的传统功能。工业社会的根本问题就是道德沟通的可能性问题,社会学代替神学可以成为社会生活的道德基础的沟通媒介。马克思把社会学与历史学结合起来,不仅要获得关于社会生活的历史法则的知识,而且要改变人性和社会,主导历史走向——马克思的历史社会学同样要负担起过去神学的使命。费尔巴哈虽然批判基督教,但没有否弃基督教,而是想用一种人本主义哲学来改造基督教神学。所以,人们至今还可以谈论一种费尔巴哈的人本主义神学。① 与费尔巴哈对基督教的态度不同,马克思彻底删除了神学。孔德的实证主义精神（认识新的社会法则）和

---

① 参 J.Christine Janowski, *Der Mensch als Mass: Untersuchungen zum Grundgedanken und zur Struktur von Ludwig Feuerbachs Werk*, Gütersloh 1980。

马克思的社会—历史批判精神实际上都想成为传统神学的替代品,因此,实证社会学和历史批判的社会学都具有宗教性质。特洛尔奇基本上是在孔德的问题意识中思考神学的现代化转型,以后的神学家如拉嘉茨(Ragaz)、蒂利希(Tillich),以及20世纪后期的默茨(Metz)和莫尔特曼(Moltmann),则是在马克思的问题意识中思考神学的现代化改造。

随后,社会学中出现了宗教理论。西美尔、涂尔干和韦伯等社会理论大家都有自己的宗教社会理论的专门论著,这种论著与传统神学是什么关系?

社会理论继历史理论之后对宗教重新作出解释,历史主义的激进因素受到抑制,但社会理论比历史理论更希望像从前的神学那样发挥作用。涂尔干把宗教当作一个类似于物理现象的功能,按他的分析,每个人都是宗教人:宗教问题即个体与共同体的道德关系问题——个体靠什么作出道德决断。涂尔干的宗教研究正是为了让孔德的社会学代替神学的构想更好地得到贯彻。西美尔则比涂尔干多看到一层:宗教本质上也是一种心性,一种独特的社会区域——圣界之域,而不仅仅是共同体式的生活形式。与此相应,西美尔的文化社会学显得要填充神秘主义神学退却后留下的空间。对韦伯来说,宗教问题不是生活世界的法则问题,而是生活世界的意义问题,应然与实然的关系问题,社会学不可能负担传统神学的功能——韦伯拒绝了孔德、马克思、西美尔的思路。韦伯对宗教的关注只是与现代性的产生、资本主义的出现有关,至于生活世界的意义问题的解决,则需要在意义的黑夜中忍耐。

从这样的时代思想结构来看,特洛尔奇的基督教理论显得在走一种中间路线:通过改塑传统基督教神学,使基督教精神能继续是生活世界的意义指引。在特洛尔奇看来,不可能有一种社会神学,因为不可能有一种社会教义学。基督教的社会思想总是与教会生活联系在一起的,而教会生活只是社会生活的一种特定形式。教会生活的原则不可能成为社会生活的一般道德秩序和法则,反之,社会研究和社会批判也不可能为教会生活提供法则。但对于韦伯的意义黑夜,基督教理论就有用武之地。只不过,基督教神学必须走出教会教义学和教会伦理学,才能对现代社会生活中的生命理解和意义问题发生作用。所以,特洛尔奇要神学认清现代性处境,结识新时代的科学(历史学、社会学),使神学具有新的视野。

　　施莱尔马赫已经认识到神学的现代使命,力图使神学与现代精神哲学结合起来。现代神学的里程碑,不是从路德和加尔文直接连接到巴特。在这一区间,有莱辛的理性神学、施莱尔马赫的浪漫神学、夏多布里昂的保守神学(参见《基督教真谛》)、基尔克果的个体神学(参见《最后的非科学的附言》)和特洛尔奇的自由神学。新教正统派的宗派观点才会把巴特看作是路德和加尔文之后的神学第一人。显然,巴特要不是与施莱尔马赫和特洛尔奇的神学现代化路向针锋相对,力图重新夺回神学的教会性规定,也不会成为新正统派最重要的代表人物。

　　启蒙运动之后,一个神学家的基本立场通常可以由其对现代的态度来决定。巴特抵制特洛尔奇的神学方案,蒂利希则有限度地接纳特洛尔奇的神学方案,盖因对启蒙的理解和评价不同。神学家对启蒙精神的理解和评价,牵扯到对基督教政治伦理的认识、启示与现代科学的关系、世俗历史与救恩历史的关系等等。巴特神学的出发点是拒绝现代精神世界,否定启蒙思想,当然不认为神学应该现代化。巴特写了厚厚一本 19 世纪神学思想史(而非初代基督教思想史或中古基督教思想史或早期宗教改革的神学思想史),就是为了清算启蒙运动后神学偏离早期新教神学的历史主义化。在巴特看来,启蒙精神是人的妄为,是人类中心主义的妄念,在上帝的眼中,这只会是罪的更深沉沦。启蒙精神的目的和结果不过是人把自己拉到世界的中心,取代上帝的位置。①神学的近代发展相应地是人本主义化,"自然神学"是头号肇事者,是以人的尺度来度量上帝、以人的自律对抗上帝的道的自恃行为。现代性是一场人本主义危机:个人主义成为社会生活的伦理基础的支撑和保障者,而个人主义恰恰是脆弱不堪的人本中心论的产物,对此"自然神学"应该负责。

在这种现代性理解的前题下,巴特重申圣经中的上帝启示对于神学的基要性质,任何想要将基督神学与现代意识和人文—社会科学整合的企图,都是神学的歧路,最终会牺牲掉基督教信仰。上帝必须通过上帝自己来认识,上帝认识只有凭靠被认识者(上帝)才有可能。巴特神学拒绝神学的认识方法与其认识对象的关系脱离教义学的循环,否则,神学不仅会失去实质性的空间,也会失去神学的感觉能力。神学只能是上帝认识本身,而不能是什么人的认识。因此,在巴特看来,特洛尔奇的神学现代化方案的问题要害并非在于让神学与教会脱离干系(Aussenbeziehungen),而是让神学与基督的启示脱离干系。巴特坚持用"教会教义学"的名目来阐述基督教信埋,似乎一生都在同特洛尔奇的幽灵搏斗。由于巴特坚持拒绝让神学与特洛尔

---

① 参 Karl Barth, *Die Protestantische Theologie im 19. Jahrhundert: Ihre Vorgeschichte und ihre Geschichte*, Zürich 1985, 页 25, 54。

奇意义上的现代文化沟通,世界仍然只是"上帝的荣耀的舞台"(theatrum gloriae Dei),上帝行为的背景——在巴特那里,神学仍然仅仅是"教会墙内"(intra muros ecclesiae)的独白。①

巴特要拒绝基督教神学的现代转型,就必须拒绝神学的逻各斯化,坚持神学与圣言的启示性关系。因此,巴特拒绝特洛尔奇的现代神学提案,挑起的不仅是如何看待现代性和启蒙的神学论争,也重新挑起了神话[信仰]与逻各斯[哲学]冲突的古老论争。巴特推动的辩证神学正是对特洛尔奇竭力推动的神学现代转型作出的强有力反应:"辩证神学拒绝从启蒙运动和德国唯心论哲学中产生出来的新教自由派,通过重新解释宗教改革神学家(尤其路德的思想)和重新理解保罗福音,与自由派展开论战。"②辩证神学的提法的关键之处在于,如何看待上帝的启示。巴特坚持《圣经》之言是独立不依的真实力量,似乎特洛尔奇看轻启示在基督信仰学说中的决定性位置。其实,正如前文已经分析过的那样,特洛尔奇同样看重启示——毕竟,丢掉了基督教信仰的启示性质,也就丢掉了这种信仰的本质。特洛尔奇与巴特的分歧并非在于是否重视启示在基督教思想中不可位移的位置,而在于如何言说上帝的启示。③确认了圣经中的基督是上帝的启示(特洛尔奇在这一点上与巴特并无分歧)后,是以教会权威的身位还是闻道人的身位言说上帝的启示? 特洛尔奇认

---

① Trutz Rendorff, Karl Barth und die Neuzeit, 见氏著, *Theologie in der Moderne: Über Religion im Prozess der Aufklarung*, Gütersloh 1991, 页127-144。

② 参R. Morgan,《特洛尔奇与辩证神学》,见J.P. Clayton编,《特洛尔奇与神学的未来》,前揭,页34,尤其页42以下。

③ 参S. Sykes, *The Identity of Christianity*, London 1984, 页148-210。

为只能是闻道人的身位,①巴特则坚持教会是上帝启示的代言人,因为,凭靠基督的身体建立的教会才是上帝启示的化身。这就引伸出启示与神学的关系问题:究竟什么是神学？神学是人在言说,还是教会(上帝的救恩机构)在言说？巴特在《〈罗马书〉释义》中充满激情的言说,难道不是他作为一个个体人在言说？巴尔塔萨曾说:我们总听到巴特讲"上帝说",实际上听到的都是巴特在说。无法回避的实情是,任何神学的言说都是一种个体言说——巴特的神学甚至遭到基要主义教会神学的抨击,就是证明。

特洛尔奇的理论视野使得他的神学思想与传统的新教神学在论述形式和问题意识两方面都出现了断裂。不过,辩证神学家们对特洛尔奇的态度并不完全一致,至少戈嘉顿和布尔特曼多少懂得特洛尔奇将神学人文—社会理论化的意义。整个现代新教神学家对特洛尔奇的态度也有分歧:巴特猛烈抨击,蒂利希和戈嘉顿有限度地肯定,哈纳克则极力推崇。无论如何,特洛尔奇与巴特的神学方向的确是 20 世纪新教神学的两条最重要的不同思想路线。巴特的思想是神学的利锥,特洛尔奇的思想是神学的钝锤。就神学和基督信仰面临的现代性问题来说,利锥与钝锤各有其用,不可或缺。基督神学的未来进路,应协调或综合这两条思想路线。巴特的《〈罗马书〉释义》的要旨之一是抵制特洛尔奇,思想的激情和灵感来自基尔克果——就形式而言,巴特攻击特洛尔奇的"学术性神学",看起来就像基尔克果当年攻击黑格尔的思辨神学。不过,巴特从基尔克果那里获得的思

---

① 参特洛尔奇,《一棵基尔克果树上的苹果》,见 J. Moltmann 编, *Die Anfang der dialektischen Theologie*, 卷二,München 1987, 页 139。

想灵感主要是所谓"绝对的差异"和"肯定与否定的辩证法",并没有看重基尔克果攻击思辨神学和浪漫神学时的基本立足点——辩证生存的个体激情。特洛尔奇虽然主张基督神学的现代理论化,但在基督教信仰论上却是一个身位论者。如果通过巴特将基尔克果的个体主义神学与特洛尔奇的身位论连接起来,将会加强特洛尔奇思想结构中的生存论维度,而特洛尔奇的文化—社会理论化的神学则应能填补巴特思想中文化论维度的缺失。在多元的公共文化处境中发展基督神学,关键在于平衡两种神学言说,使基督信仰的生命理解和个体言说在现代精神生活中具有文化的效力。

余 论

特洛尔奇的自由神学提案表明,神学的现代转型依赖于西方神学的理性化传统。这意味着,并非所有基督教思想传统都可以现代化,只有那种与逻各斯[哲学]融贯在一起的基督教神学才可能现代化。儒学从来不曾有过西方式的逻各斯理性化传统,要让儒学实现类似的现代化转型就相当艰难。冯友兰、张岱年、牟宗三都曾力图让儒学逻各斯化,如果他们没有成功,乃因为儒家思想在根本上就与西方的逻各斯体系杆格难通。儒学的所谓现代化转型,尽管看起来是在为儒学找到新的出路——比如冯友兰的新理学和牟宗三的新心学,结果很可能只会是变卖儒学的家当。这里的根本问题是:儒学难道需要现代化吗?何况,即便要让儒学实现现代化转型,也不存在基督教信理的二元论世界观所带来的类似困难。

将现代史学引入中国思想学术,梁启超和胡适是公认的开拓者,两人都有意识地要模仿现代西方的史学来改造中国的传统学术,使中国传统中的各种思想变成现代的实证史学。他们努力在中国史学传统中找寻与西方现代史学原则的契合点:所谓刘知几、郑樵、章学诚"所论与近代西方之史家多有冥契"(梁启超语),西方史学家"所用研究法,纯为乾嘉诸老之严格的考证法,亦即近代科学家所用之归纳研究法也"(梁启超语),或者所谓"科学的方法,说来其实很简单,只不过'尊重事实,尊重证据'。在应用上,科学的方法只不过'大胆的假设,小心求证'。在历史上,西洋这三百年的自然科学都是这种方法的成绩;中国这三百年的朴学也都是这种方法的结果"(胡适语)。①尽管梁启超对于西方近代史学与近代民族国家兴起的关系以及与近代自然科学的关系有较为清楚的认识,仍然没有清楚看到,西方现代史学和历史思想是一种新的世界观,远不止是一种方法论或学科。现代西方史学带来的是世界观和生活世界道德基础的改变,引出的问题岂是改写《资治通鉴》或"整理国故"触及得到的?

在 20 世纪的汉语学术中,思想史撰述最多——思想至多不过是思想史"注我"的思想。然而,我们没有一部思想史像特洛尔奇的思想史那样,从现代问题出发来检讨历史中的思想,不过实证地"整理国故"、改写《儒林传》或诸子注疏。在 20 世纪相当长的时间里,所谓现代性问题对于汉语思想家只不过是民族性问题。要不是把马克思的历史社会学引入中国学界,中国的现代性问题视野还会一片模糊。可是,又正由于马克思的历史

---

① 参梁启超,《中国历史研究法》,上海古籍版 1987;许冠三,《新史学九十年》,上册,香港中文大学出版社 1989,页 9-54,137-171;颜非,"胡适与整理国故",见刘青峰编,《胡适与现代中国文化转型》,香港中文大学出版社 1994,页 429-436。

社会学进入中国后成了现代中国的民族国家意识形态的法理基础,最终与"法后王"的现代儒家政治伦理合流,使得汉语思想界仍然看不懂西方近代历史思想问题的要害。

9. 洛斯基父子与现代俄国东正教思想

引 言

俄罗斯的东正教神学思想是俄罗斯的民族性思想,在现代政治语境中,这一思想传统遭遇到与儒教思想近似的命运,对西方现代思想的东渐作出了值得我们关注的思想反应——如果我们也关注儒教思想如何对此作出反应的话。①

在基督教思想史上,东方正教会的神学思想著作的确不及西方公教会的论著丰饶。神学作为一种理论性"学科",确乎不是东方正教会的兴趣所在——据说,这是因为东方正教会注重

---

① 西方的现代基督教思想史书很少涉及现代东正教思想,也许是因为东方正教神学被归到了所谓"东方学"的学科领域。麦奎利的《二十世纪宗教思想》(何光沪译,上海人民出版社,1990)虽称百科式的,对俄罗斯的教会神学思想涉及极少。列文斯顿的《现代基督教思想》(何光沪译,四川人民出版社,1992)也称详实,同样未涉及俄罗斯的神学思想。

冥思、灵修、神秘感受,不好理论思辨。① 其实,这一说法未必允当。毕竟,西方公教和后起的新教未必就不看重冥思、灵修、神秘感受。神学作为一种理论学科的形成,严格来讲是西方公教会的僧侣学者在13世纪采纳亚里士多德的形而上学促成《圣经》知识公理化的结果,与此同时形成的还有法学和医学等——这是所谓西方学术的滥觞,不独神学为然。不过,19世纪以来,随着俄罗斯帝国的现代化发展和西方现代哲学思想(尤其德国思辨哲学)对俄国知识人的影响,俄罗斯正教思想在理论上有了很大发展。这一发展呈现为两个基本方向:教会神学(尤其教义学)和不受教会教义约束的教会外神学——在思想建树和著述方面,后一发展方向显得更为丰硕。

从思想的表达形式来看,现代俄罗斯正教神学思想主要有三种言述形式:教会神学的论述(以布尔加柯夫、小洛斯基和弗洛罗夫斯基为代表),宗教哲学的论述(以索洛维耶夫、别尔嘉耶夫、舍斯托夫、弗兰克为代表)和宗教文学的论述(以陀斯妥耶夫斯基、托尔斯泰、罗扎洛夫、梅烈日科夫斯基为代表)。如果要研究现代俄罗斯正教神学思想,就得注意上述两个方向和三种论述形式的差异及其互动关系——就像研究现代中国佛学,就得注意梁启超、章太炎、熊十力的哲学化佛学,欧阳渐、太虚法师的教派佛学,苏曼殊、八指头陀的佛教文学,以及吕澂、汤用彤的学院佛学的差异及其互动关系。

本文要关注的尼古拉·洛斯基(N.O.Lossky,1870-1965)和其长子弗拉基米尔·洛斯基(Vladimir N. Lossky, 1903-1956,

---

① 参见赫舍尔(J.F.Hecher),《俄罗斯的宗教》,高骅译,香港:道风书社,1994,第一章。

即小洛斯基)这对父子,不仅可以让我们略窥现代俄国东正教思想对西方现代思想如何作出思想反应,而且有助于我们认识教会神学论述和宗教哲学论述的基本差异。尼·洛斯基在现代俄罗斯哲学思想史上占有重要位置,也是俄国宗教哲学的重要代表,在现代西方思想界也享有声誉,但他不是教会神学家——他的长子弗·洛斯基则是东正教的教会神学家,同样在西方神学界享有声誉。

一、尼·洛斯基的神秘理性主义

尼古拉·洛斯基出生在俄国靠近第聂伯地区的一个小镇克勒斯拉夫。由于社会动荡,尼·洛斯基在中学时代被迫辍学,父母送他去瑞士的伯尔尼城继续中学学业,可见其父非贫寒之士。中学毕业后,尼·洛斯基回到俄国,就读于圣彼得堡大学自然科学系和哲学系,因成绩优异,年仅29岁就被校方破格提拔任教。出于对哲学日益浓厚的兴趣,尼·洛斯基决定赴德国访学深造。在德国从学期间,尼·洛斯基得到新康德派大师文德尔班和现代心理学奠基人冯特的指导。1903年,尼·洛斯基返回彼得堡,完成了题为《论唯意志论的心理学之主要学说》(1903)的博士论文,4年后又完成了题为《直觉主义的奠立:论一种前建构的知识论》(1907)的讲师资格论文——尼·洛斯基的从学之路,正是20世纪乃至如今我国诸多年轻学子成学路径的写照。

俄国革命之后,尼·洛斯基仍在彼得堡大学担任哲学教授,直到1921年——这年春天,尼·洛斯基与其他诸多教授一起被革命政权作为旧知识分子逐出校园。1922年,120余位著名科学家、哲学家、艺术家、作家和教授遭到逮捕,随之被宣布为不受欢迎的旧学者驱逐出境——时年52岁的尼·洛斯基也在其中。

尼·洛斯基开始了流亡生涯,从此未能再回故土,1965年以95岁高龄客死异乡美国。尼·洛斯基流亡后起初在布拉格的俄罗斯大学任哲学教授——这是一所由俄国流亡学者创办的大学。随后,尼·洛斯基被布拉格大学聘为俄国哲学史教授。第二次世界大战爆发后,尼·洛斯基转到斯洛伐克的布拉迪斯拉法大学任哲学教授。1946年,已经75岁高龄的尼·洛斯基移居美国,在纽约的俄罗斯思想研究院任哲学教授,直到80多岁才退休——退休之后,他与在加州大学任欧洲史教授的小儿子住在一起,直到去世。不难设想,如果尼·洛斯基在二战之前流亡到美国,他在今天的影响力会大为不同。

尼·洛斯基一生孜孜于哲学研究,虽然有近半生涯在流亡中度过,却留下了大量著述——除早年的《作为有机整体的世界》(莫斯科,1917)外,绝大部分是在流亡异国之后极为动荡的生活处境中完成的:《质料与生命》(柏林,1923)、《逻辑学》(柏林,1923)、《意志自由》(巴黎,1925)、①《价值与存在:论上帝和上帝国是价值的基础》(巴黎,1931)、《世界观的类型:形而上学导论》(巴黎,1931)、《感性的、精神的和神秘的直觉》(巴黎,1938)、《上帝与世界之恶》(柏林,1945)、《绝对善的条件》(巴黎,1949)、《陀斯妥耶夫斯基及其对基督教世界的理解》(纽约,1953)、《哲学通论》(法兰克福,1956)等。② 严格来讲,洛斯基是带东正教思想色彩的哲学家。尽管他提出了所谓直觉主义的

---

① 尼·洛斯基,《意志自由》,董友译,北京:三联书店,1990。
② 1949年之后旅居海外的中国哲学家也有好几位,没有一个取得过如此可观的学术成就——旅居香港的新儒家哲学家显然不能算流亡学人,毕竟,香港是以说中国话为主的地方,学术出版以中文为主。

认识论和"位格的观念实在论"之类的哲学论题,在尼·洛斯基的哲学思想中,最高和最终的部分是宗教,以至于有所谓纯粹的抽象上帝论代表之称——尼·洛斯基留下了一部权威性的《俄国哲学史》(纽约,1951),这部哲学史以自己长子的神学思想收尾。

苏联时期的俄国哲学界对这位世界著名的俄国哲学家一度只字不提,似乎不曾有这样一位同胞。尼·洛斯基去世以后,苏联哲学界才开始有一些对尼·洛斯基哲学思想的介绍。苏联瓦解成俄罗斯联邦之后,随着俄国流亡哲学家被恢复名誉,尼·洛斯基的著作才日益受到俄国哲学界的重视。

尼·洛斯基的哲学思想带有浓厚的东正教色彩并非他的个人特色,而是现代俄国哲学的特色之一,这一特色发端于19世纪中后期的现代俄国宗教哲学之父索洛维约夫(1853-1900)——尼·洛斯基被视为这种具有俄罗斯风范的哲学方向的杰出继承人和发展者,尤其在思辨的纯粹性和抽象性方面推进了这一宗教哲学传统,以至于我们难免会想起新儒家的牟宗三……

在尼·洛斯基看来,俄罗斯哲学思想传统有三大基本特色:首先是伦理性,其次是对宗教的深挚情感,再就是对综合的追求。我们知道,俄罗斯的哲学出现很晚,最有俄罗斯特色的哲学是19世纪由索洛维约夫发端的宗教哲学,尼·洛斯基称之为"天然而又完美的神秘理性主义"。这种神秘理性主义的基本品质是:扬弃理性主义与非理性主义的对立,主张上帝可被直接认知。事实上,索洛维约夫的神秘理性主义是借助德意志神秘哲学传统(莱布尼茨、谢林、黑格尔)来重塑俄罗斯的东正教传统思想,企望以此超越欧洲哲学——就像牟宗三借助康德哲学来重塑儒家思想,企望以此超越西方哲学。尼·洛斯基认为,索洛维约夫在认识论方面还不够深入,这与索洛维约夫的不幸早逝有关。此后,虽然有阿烈克塞·柯兹洛夫(1831-1901),谢尔基·图别科侬(1862-1905),以及与尼·洛斯基同时代的谢尔基·阿斯柯尔多夫(1871-1945)致力于在哲学思辨方面推进索洛维约夫开创的哲学方向,在尼·洛斯基看来,就"具体的唯心主义"学说而言,他们的推进都还远远不够。因此,尼·洛斯基自觉地力图从认识论和存在论两个方面进一步深化神秘理性主义。

尼·洛斯基把神秘理性主义称为"神秘经验论"或"直觉主义",他声称自己的哲学是神秘论的,亦即是哲学的神秘主义。换言之,尼·洛斯基从不讳言自己的哲学带有明显的宗教色彩。哲学的神秘主义要标明的是这样的主张:人的意识与上帝之间并没有一个不可跨越的深渊,人至少在神秘的瞬间有可能与上帝完全融合。在这种"出神入化"(Ekstase)的瞬间,人可以直接感知到上帝的在,犹如感受到自己的自我之在。用哲学的语言来表述即:非我的世界能够犹如自我的世界那样直接被认知。尼·洛斯基认为,由此认识论出发可以产生出诸多富有意义的哲学和宗教思想的结果。

尼·洛斯基的哲学建构以柏拉图主义关于理性的实在性学说为基础,在形而上学方面则靠近莱布尼次。在他看来,哲学的主要任务是建构关于作为统一整体的世界的学说,为此提供实质性材料的只能是宗教经验。世界的中心要素是必须神秘地加以理解的身位(Person),它是在行动上完成的超时间的实体,其他的一切都是出自于身位的创造性能力。洛斯基把自己设想的这种存在论称为"身位的观念实在论"。与此相关,认识论上的中心概念则是神秘直觉的逻辑综合体。认识活动起始于一系列指向对象的意向目的行为——意识、注意、感知均如此。每一认识对象是由各种直觉（intuition）依其意向性对象的本性而认识到的。对象的本质（其本性的统一）总是观念性的，正因为如此，它才能被认识到。可以看到，尼·洛斯基力图把理智的、感性的、神秘的认识要素综合起来，即探讨这样一种认识方式：既是理智的观念性认知，又是感性的直觉感知，而且是神秘的感知——因为这种感知禀有超越性的宗教意蕴。在这种认识方式中，理智、感性、神秘经验等看似互不相容的要素得以综合。在这种认识论和存在论中，实在的世界到哪里去了呢？按尼·洛斯基洛的看法，所谓实在的世界实际上只是幻象，实在的历史只是为元历史所做的准备，是为在上帝之国中的未来生活所做的铺垫——显然，这样的观点是实实在在的宗教哲学主张。与此相应，尼·洛斯基反对任何形式的价值相对主义，主张一种绝对的实质伦理学——绝对价值的基础在于上帝本身；顺从上帝之爱还是违背上帝之爱，在洛斯基看来是评判伦理价值的终极标准。

无论生活处境如何，尼·洛斯基始终沉浸在自己的宗教哲学思考之中，尽管这种学究式的思考与时代的艰难现实并非不相关。从尼·洛斯基的著作中我们能体会到他对俄罗斯民族、时代乃至个人的不幸命运的忧思，但这种忧思是哲学化的。尼·洛斯基始终不放弃哲学探究的纯粹性，这种精神体现了作为哲人的意志自由——他恰好写过一本题为"意志自由"的小书，而且完成于流亡异国的最初几个年头，算是他流亡后的第一部哲学著作。尤其值得让今天的我们注意的是，这本书探讨的不是一般的自由问题，而是意志的自由问题——这个问题既古老,又颇具现代性。就其古老而言,圣经开篇的《创世记》已涉及意志自由问题。就其现代性而言,由于存在主义哲学对这一问题的新主张而显得富有吸引力。从伦理方面来看,意志自由涉及恶的问题,从神学方面来看则涉及人与上帝的关系问题——在如今流行的英美自由主义哲学中则不会有这样的问题。

《意志自由》篇幅不大,尼·洛斯基首先考察了各种反对意志自由的哲学和神学见解,尤其是宿命论和决定论这两种主张。所谓宿命论指的是,人生中的一切重要事件都由某种人之外的力量(神或命运)预先决定,人的行为无法改变必然要发生的事情——因此,人的一切主动的意志行为都没有意义。决定论的主张是,人的命运固然取决于人自身的行为,但人的行为本身却是受决定的,如受社会环境或心理因素决定——比如,人的意志服从物质过程之规律和必然(唯物决定论),或者人的意志服从心理过程之规律和必然(心理决定论)。在尼·洛斯基看来,决定论比宿命论更有害,因为它从根本上取消了人的意志自由。按照宿命论,尽管命运取决于天意,人毕竟还可以自由地反抗或诅咒命运,即便反抗和诅咒都无效。按照决定论,人的反抗或诅咒行为本身也注定预先被决定了:人的一切行为都被置于某种因果必然性之中,反抗或诅咒这种必然性也由必然性所决定。尼·洛斯基敏锐地看到,决定论无法解答诸如悔过、罪恶、责任、义务、向善等人的意愿行为。事实上,决定论已然取消了这些行为的意义:人无需对罪过负责,一切罪过都由客观因素决定,是人无法避免的自然缺陷。

尼·洛斯基反驳了各种决定论,但他并不赞同非决定论。毕竟,不受任何条件约束的自由概念是一个否定性的自由概念。因为,当行为活动摆脱了某一条件时,它可能同时又受另一种条件支配。从实质上讲,不受任何条件约束的自由概念只是一个相对自由的概念,而非如表面看来那样是一个绝对自由的概念。这种否定性的相对自由永远只是一种必然性的形式,最终只会导致人的受奴役状态。所谓能摆脱任何根据的行为,事实上是不可思议的,它只会使自由导致极端蠢事的必然结果。

个体的行为既不是决定论的,也不是非决定论的,而是意志行为。所谓意志自由的行为表现为既摆脱某些条件的支配,又主动—积极而非被动—消极地接受某种条件的支配。问题随之而是,人的意志要摆脱的是哪些条件,要主动承纳的又是些什么条件。简略说来,意志自由的行为表现为摆脱自然事实域的条件,超越事实和自然既定性,承纳作为无条件的条件之价值实在。换言之,意志自由的活动出现于事实与应当的矛盾和张力状态。事实性存在不是应当的存在,应当的存在不是自然的事实性存在。例如,爱、良善、正义不仅不是自然性事实,而且经常遭到事实存在的否定,但它们应当发生;意志自由体现为使价值存在之发生成为可能的活动。由于人之存在处于自然事实状态之中,意志自由因此而表现为在使价值存在发生时不受人和社会的自然支配,摆脱既定的社会状态等客观条件的限制。就此而言,自由与应然的价值相关——自由产生于意志的价值决断。

当然,的确有不受人的意志制约的现实存在的规律。但这些规律并不能勾销意志自由,相反,它正是意志自由得以出现并创造价值存在的条件。试想,如果价值存在并不与事实存在相抵牾,人的一切意愿活动没有任何事实性障碍,意志自由的问题根本就不会出现。正因为爱、良善、正义不是合规律性地自然发生的事件,价值存在不是既有的存在状态,才会出现意志自由的问题。这意味着,人的意志究竟把人的自我交付给自然之事实,还是交付给价值存在。更进一步讲,积极的自由意味着,人的意志不应受事实存在支配,而应以价值存在为归依。因此,罪过指的是:人作为自由人本来应该克服恶的诱惑,克服自己的脆弱本性或社会条件的限制,却没有去克服,而是屈从于事实状态。反过来讲,爱、良善、正义的发生,则是人之意志自由的表现。这些价值行为表明,自我存在最终没有受制于自然状态,而是使价值存在在事实存在中的发生之不可能成为了可能。

意志自由的基础在于人之存在的身位品质。按尼·洛斯基的见解,身位是唯一性的、独特的、不可取代的世界要素,它与世界的整体有机观念有关。换言之,身位是人的真实自我——身位的自我。它不是事实性的自己活动的自我,而是代表其理想使命的自我。身位的自我不是自然本性,不是因果式地产生出行为的基础,而是人的规范性本质。反过来讲,人的生理过程只是人的自我在愿望、决定、意图中借以表白自己的理由,而不是造成这种愿望的原因。起决定性作用的原因是超越自然性的身位自我。因此,意志自由是人作为上帝之造物的最完美的品格的条件——没有意志自由就没有善。尼·洛斯基在《意志自由》中写到:

> 上帝不只是以自己的创造命令创造世界,而且要以活人身份参与历史过程,从而促进善。但上帝不是通过魔术般地向人的意志领域灌输、统辖,而是通过鼓励同恶作斗争,内在地促进、安慰、培育而不是破坏人的自由来实现的。……上帝不以自己的万能来破坏人的经验性格,而是在人之生命的每一时刻都提供无数机缘去发现和体验照耀我们迷惘世界的神国之光的内在绝对价值。所以,人的意

志永远具有构成自由地走向善的道路的材料。

尼·洛斯基将这种不受有条件的事实(自然事物都是有条件的存在)制约而只受无条件的超越的存在制约的自由称之为积极的自由概念,由此便与所谓不受一切条件限制的自由——洛斯基称为否定的自由概念区别开来。不仅如此,尼·洛斯基进一步区分了形式的积极自由概念和实质的积极自由概念。前者指的是某种自我活动在形式上具有积极自由的性质,即具有超逾一切自然事实之条件限制的创造力量,但却不问这种活动所确实表达的价值实质如何。从本质上讲,存在主义的自由观即是如此。它否定一切既定条件的限制,否定世界现有的一切和超越之上帝的限制,只禀有超越之形式,不问超越活动的实质价值蕴含——实质的积极自由则必须涉及超越活动的价值实质。在尼·洛斯基看来,这一区分关涉一个至关重大的问题:意志自由能给世界加进什么内容。不外有两种可能:向善与向恶——形式的积极自由概念不可能确保自我活动的向善。

> 恶魔不是以魔术来征服人的意志,而是以虚构的价值来诱惑人的意志,而且往往是奸狡地混淆善与恶来诱惑人的意志,使之服从自己。

我们在20世纪曾经有过的深刻的痛苦经历是:超越性活动本身导致了恶和罪过。这是由两种原因造成的:要么以虚假的价值观念来引导超越活动,要么抽空了超越性活动的价值实质——就像有人说,当年的红卫兵与如今的自由知识人是同一类人。无论哪种情形均表明,必须首先确定超越性自由活动的实质价值蕴含——因此,形式的积极自由学说与形式的义务伦理学一样可疑。尼·洛斯基看到,人在现代生活中新的受奴役形式是:人追求并获得了形式的积极自由,却丧失了积极的实质自由。

可以看出,尼·洛斯基的思想方式是:力图用西方现代哲学的思维方式和理论术语来表述基督教的基本信义,使之成为理性化的宗教哲学。问题在于,索洛维约夫所开创的这种俄罗斯神秘理性主义是否凭此就击败了西方的理性主义呢?正如我们同样可以问:牟宗三力图用康德哲学的思维方式和理论术语来重述儒家心学的基本信义,使之成为理性化的儒家哲学,是否就击败了康德的理性主义呢?

二、弗·洛斯基与东/西方基督教之争

弗拉基米尔·洛斯基于1903年生于德国哥庭根,当时他父亲正在德国留学。弗·洛斯基在彼得堡长大,就读于彼得堡大学哲学系,受学业于卡尔萨文(L. P. Karsarin)——俄国学界当时研究西方中古思想史的权威,著有《12至13世纪西方中古教会的基础》(1915)、《中世纪文化》、《中世纪的僧侣思想》(1923)等。① 在这位父亲的同事和友人激发下,弗·洛斯基对早期教父思想和西方基督教中古神学产生了兴趣。1924年随父流亡欧洲后,弗·洛斯基进巴黎大学继学,师从中世纪思想史权威学者日尔松(E. Gilson)。弗·洛斯基的个人情性偏好基督教神秘主义传统,在研究西方中古神学时,目光不是投向理性化

---

① 参 N. O. Nossiky, *History of Russian Philosophy*, London 1952, 页 299-314。

的神学(经院神学),而是投向了有神秘主义大师之称的埃克哈特,并以"埃克哈特的否定神学和上帝认识"(*Theologie native et connaissance de Dieu Chez Mare Eckhart*)为题获得博士学位(弗·洛斯基去世后由日尔松撰序于 1960 年出版)。随后,弗·洛斯基的研究溯源到基督教早期的托名狄奥尼修斯的神秘神学,在这里最终找到了自己的神学思想事业的基础——他一生中最重要的著作《论东方教会的神秘神学》(*Essai sur la Theologie Mystique de l'Eglise d'Orient*)开章即疏解狄奥尼修斯的神秘神学。①

到巴黎后(1925),年轻的弗·洛斯基加入了俄国东正教会在巴黎的流亡组织——圣弗提乌斯公会(Confrerie de Saint Photius),该组织旨在激励流亡西方的俄国东正教徒葆有正教认信,肩负起正教的宣教使命。② 30 年代初,流亡法国的俄国东正教组织纷纷宣布脱离与莫斯科东正教庭的宗法组织关系,转而效忠君士坦丁堡的东正教廷,理由是莫斯科教廷已成为苏联政权的御用工具。弗·洛斯基反对这种脱离莫斯科教庭的行为,他认为,这种做法从宗法上讲不正当,从宣教上讲则有损整个俄罗斯东正教的使命——何况也不合符基督的福音伦理。弗·洛斯基并不否认,苏联政权下的东正教会应该在允许的有限空间内尽力实现教会的自主生活,但流亡的东正教会应同情和理解苏联政权下的兄弟教会,与之保持教会之间的团契,没有理由指责其为御用工具和实用变节,进而断绝关系。由于弗·洛斯基拒

---

① 英译本 V. Lossky, *The Mystical Theology of the Eastern Church*, London 1957,页 23-43。以下凡引此书简称"神秘神学",并随文注页码。

② 弗·洛斯基的思想生平资料参见 O. P. A. Nichols, *Light from the East: Authors and Themes in Orthodox Theology*, London 1995, 页 21-25; Anon, In memoriam Vladimir Lossiky (1903-1958), 见 Contacts, 31(1979); O. Clent, *Orient et Occident. Deux Passeurs: Vladimir Lossiky et Paul Evdokimov*, Geneva 1985。

绝中止效忠莫斯科的东正教教廷，与巴黎的流亡教会遂生龃龉。

这场教会的宗法之争延伸到神学教义领域：1936 年，弗·洛斯基发表的第一部著作《论智慧问题》即针对流亡的东正教神学家布尔加柯夫（Bulgakov）的智慧神学论。[①]布尔加柯夫与弗·洛斯基的父亲是同辈人，而且是友人——同属于 19 世纪末 20 世纪初由哲学、社会理论转向基督教的一批思想家。这批思想家（代表人物如别尔嘉耶夫、弗兰克）的确与东正教的正统教会有隔膜，属于非教会的东正教思想家。[②]但在这批知识人基督徒中，布尔加柯夫是个例外，他不仅皈依了东正教，而且积极参与教会事工——流亡前曾是莫斯科教会最高议会成员。弗·洛斯基攻击流亡后的布尔加柯夫脱离教会生活，真实的理由其实是：布尔加柯夫主张流亡教会中断与莫斯科教廷的关系。政治见解的分歧使教会思想和团契破裂，这是基督教思想史上诸多教义论争的重要原因之一，自古皆然。弗·洛斯基与布尔加柯夫的论争不是教会神学家与非教会神学家之争，而是流亡教会神学家中的政治歧见之争。在这类论争中，所谓教会传统变得面目不清了。弗·洛斯基坚持效忠莫斯科东正教廷，与斯大林钦定的牧首保持联系——斯大林逝世后的 1956 年，弗·洛斯基应邀到苏联作巡回讲学，还在苏联政权掌控的《莫斯科教会杂志》上发表论文。教会分裂和政治歧见引出了一个教会论上的难题：与国家教会保持积极关系被视为与迫害教会之敌为友，与这种教会中止宗法关系又被视为割裂传统——是耶非耶，当

---

① 弗·洛斯基驳布尔加柯夫的这部书属论战性，无西文译本。关于布尔加柯夫，参笔者为氏著《东正教》（董友译，香港：三联书店 1995）撰写的中译本前言。

② 参别尔嘉耶夫，《自我认识》，雷永生译，上海三联书店 1996，页 180-201；弗兰克，《虚无主义的伦理学：评俄国知识分子的道德世界观》，见《思想文综》，2（1997），页 340-368。

由教会神学家们自己去澄清。①

当然,不能把弗·洛斯基对布尔加柯夫的批评完全视为教会政治冲突的神学表现,事实上,两人之间的确还有纯属神学上的分歧——弗·洛斯基认为,基督教神秘论绝非基督教神学理论的一个分支,毋宁说,它是指导一切神学论说的基础:神秘论把神学引向冥思和圣通的静默,才使神学成为可能——毕竟,神学不过是神秘经验的理论表达。② 表面看来,弗·洛斯基指责布尔加柯夫的神学思想力图调和基督教和泛神论,实际上是指责布尔加柯夫的智慧神学使神学屈从于西方的思辨形而上学传统。③用今天的话来讲,弗·洛斯基的神学论点及其对布尔加柯夫的抨击,可以看作现代神学中的保守主义对神学和宗教哲学中的自由主义作出的思想反应,因为神学和宗教哲学的自由主义的确强调理智知识对神学的重要性——这当然包括19世纪末20世纪初俄国宗教哲学的先行者们。④ 如前文所见,弗·洛斯基的父亲的宗教哲学就采取了理智论的思想形式,尽管他追随的是所谓"神秘理性主义"。

因此,弗·洛斯基对布尔加柯夫的抨击实际上延续了19世纪俄罗斯知识界中的斯拉夫派与西化派的东西方文化优位之

---

① 另一位同情和理解苏联政权下的兄弟教会的东正教神学家赫克尔(J. F. Hecker)亦遭到流亡的东正教神学家攻击——不过,赫克尔比弗·洛斯基更激进,他甚至以为,苏维埃文化将发展出一种新的灵性文化。参 J. F. Hecker,《苏联的宗教与无神论之研究》,杨缤译,上海:基督教青年协会版1935,页201-208。

② 参 R. D. Williams, The Via Negativa and the Foundations of Theology: an introduction to the Thought of V. N. Lossiky,见 S, Sykes 编, New Studies in Theology,第一辑(1980),页15-118。

③ 参 R. Williams, The Theology of Vladimir N. Lossiky: An Exposition and Critque, Oxford 1975,页12-13。

④ 参 O. P. A. Nichols,前揭书,页29-30。

争。弗·洛斯基指责布尔加柯夫的"智慧"神学论企图调和俄国正教神学与西方思辨哲学传统,而事实上,布尔加柯夫主张的是基督教三大教派各有所依、各有所重。换言之,布尔加柯夫并没有放弃东正教神学传统的独特性,只不过对西方思想传统持开放立场。布尔加柯夫以为,基督教三大教派神学各有自己的传统,因而是三种不同的基督教神学类型,任何一个教派的神学都不具神学道统上的优位性。弗·洛斯基则主张,东正教神学因主张神秘论而是唯一正统的基督教神学,这就必然会引出西方的大公教神学和新教神学走的不是正道的结论。由此可见,在处理俄罗斯思想与西方思想的关系上,弗·洛斯基持强硬立场——打个比方,20世纪的新儒家都强调儒学在思想世界中的独特性乃至优位性,但牟宗三、唐君毅等新儒家大量吸纳西方哲学原理——牟宗三还倾力译述康德,不介意采用西方的理性哲学概念来论说儒家心性之学;与此不同,熊十力、梁漱溟就拒绝让西方哲学概念渗入儒学——尽管要完全做到这一点其实很难:《新唯识论》开篇就出现"实体"概念。

可以说,弗·洛斯基的思想是在两种论争语境中形成的:首先是东正教内部因苏联政权建立后出现的分裂导致的论争;其次是有深远历史背景的俄罗斯知识人中的斯拉夫派与西化派的论争。弗·洛斯基把流亡视为向西方思想界宣传东方正教的契机,反对父辈中的一些东正教神学家用西方哲学思想来重新解释东正教神学,坚持抵制西方拉丁教会自中世纪经院神学以来形成的理性化神学传统——埃克哈特在西方教会长期被视为异端,弗·洛斯基则视之为正道。

德国军队占领巴黎后,弗·洛斯基积极参加地下抵抗运动——在德军占领的巴黎,弗·洛斯基举办半公开的东正教神学讲座,在家中与信奉东正教的神学家和哲学家聚会……德军进攻苏联后,弗·洛斯基彻底认同苏联政体,并把苏联政权抵抗德国的入侵视为东方抵抗西方的圣战——这时,弗·洛斯基的神学立场从多少还带有存在主义和位格主义色彩的神学激变为东方教父主义论。战后,弗·洛斯基参与创办著名的丛刊《活的上帝》(Dieu vivant)(法文版),对现代思想持批判但开放的神学姿态。① 反布尔什维克的"流亡的俄国人教会"(Russian Church in Exile)领袖柯瓦列斯基(E. Kovalesky)牧首去世后,弗·洛斯基与流亡教会人士的紧张关系逐渐有所缓解。弗·洛斯基还创办了自己的以托名狄奥尼修斯为名的神学研究所,传扬神秘主义神学思想,以这一传统的现代传承者身份参与战后的基督教普世运动,出席各种宗教对话会议,就"和子"(Filioque)问题的普世重要性与公教和新教神学代表对话。

弗·洛斯基主张神秘主义神学才是基督教思想的真正传统,西方的神秘论神学都出于东正教。这一立场让西方公教和新教中注重教会传统的神学家相当尴尬,难免引发何为基督教传统的论争。② 为此,弗·洛斯基撰写了论基督教传统的长文。③ 事实上,弗·洛斯基最重要的著作《论东方教会的神秘神学》缕述源于托名狄奥尼修斯和希腊教父的神秘论思想传统,

---

① 笔者在日内瓦旧书店曾购得该刊第二十六辑,其中有论音乐家 Verdi,心理学家 C. G. Jung 和弗洛依德的论文;法国天主教思想家 G. Marsel 亦为该刊编委,可见该刊的开放取向。

② 例如 J. Danielou 与 O. Cullmann 的"使徒传统之争",参 J. Danielou,"Qu'est ce que la tradition apostolique?",见 *Dieu Vivant*, 26(1954),页 73–78。

③ 该文是为圣像画家乌斯宾斯基(L. Ouspensky)的 *Der Sinn der Ikonen*(《圣像画的意义》,Bern 1952,英译本 Boston 1952)写的长篇导言。

就是在与西方基督教争正统。① 流传更广的《东正教神学导论》,不过是以这些东方神秘论者的思想为基石来建立东正教教义学的主要论题。②

按俄罗斯东正教神学思想史家恩多基莫夫(P. Evdokimov)的观点,20世纪的俄语神学思想分为三派:道德学派、宗教哲学学派、新教父论派——弗·洛斯基属于新教父论派。③ 严格来讲,这三派都与19世纪俄罗斯东正教神学的民族自觉意识的觉醒有关。19世纪的俄罗斯帝国正在走向强国,帝国内部出现了斯拉夫派与西化派的论争,④东正教神学意识的民族自觉意识的觉醒属于斯拉夫派。任何传统国家在走向现代国家的过程中,知识界都难免出现分裂——与中国所经历的思想历程一样,俄罗斯知识界除了变革的改制思想与保守的守制思想的冲突外,还有东西方文化的冲突。⑤ 我们通常把俄罗斯视为欧洲大家庭的成员,或者说视为广义的"西方"成员,但在俄罗斯知识界的斯拉夫派看来,俄罗斯属于"东方",与"西方"不属于同一个家庭。

---

① 缕述三位格里高利——纳赞泽的格里高利(Gregory Nazianzen),尼萨的格里高利(Gregory of Nyssa)和帕拉马的格里高利(Gregory Palamas)——以及大马士革的约翰(John Damascene)、圣巴希尔(St. Basil)、亚历山大的狄俄尼修斯(Dionysius of Alexandria)、厄瓦格留斯(Evagrius)、马卡留斯(Macarius of Egypt)、瑟拉斐姆(Seraphim of Sarov)直到斐拉雷特(Philaret of Moscow)和圣马克西姆(St. Maximus)。

② 此书原连载于 *Messager de l'Exarchat du Patriarch russe en Europe occidental (1964-1965)*,1978年译为英文出单行本。弗·洛斯基关于末世论的演讲文集 *Vision de Dieu* (Neuchatel 1962;英译本 London 1963)是这两部学术论著的通俗化发挥。

③ 参 P. Evdokimov, *Le Christ dans la pensee russe*, Paris 1970,页121-206。

④ 参见 M. Raeff,《独裁下的嬗变与危机:俄罗斯帝国二百年剖析》,蒋学祯、王端译,上海:学林出版社1996;伯林,《俄国思想家》,彭淮栋译,台北:联经出版公司1987,页153-274。

⑤ 参普列汉诺夫,《俄国社会思想史》,卷三,孙静工译,商务印书馆1990,页92-247。

不用说，斯拉夫派眼中的"东—西方"之别，源头在一千多年前罗马帝国的东—西部二分化。因此，斯拉夫派眼中的"东—西方"之别与我们眼中的"东—西方"之别不可同日而语——毕竟，东正教仍然是基督教，斯拉夫派与"西方"要争夺的是欧洲文明的领导权。尽管如此，我国 20 世纪知识界中的某些新儒家与俄罗斯知识界中的斯拉夫派所处的论述位置的确有类似之处，毕竟，东正教神秘主义思想在现代性语境中的复兴与现代性思想冲突有很大关系。[①] 现代东正教神学中的新教父论派与其他东正教神学派别的差异主要在于对现代西方思想的态度。弗·洛斯基论证东正教神学的神秘主义传统才是基督教思想的正宗，与现代新儒家强调由孟子发端、陆王发扬光大的心学传统才是儒家思想乃至中国传统思想的正宗，的确有类似的思想方式。

其实，何为神学论说的基础，神学家们各有不同的一套说法，神学思想史应当检查这些论说提供的理由。弗·洛斯基的新教父论具有的斯拉夫派性质，属于更广泛的思想史关注的问题。我们仅仅需要从教义学的角度来考察，弗·洛斯基如何论证神祕神学才是基督教神学正宗——毕竟，任何论说都应该有理论上的自洽性。

三、弗·洛斯基与神秘神学

尼·洛斯基的《俄国哲学史》以评述自己的儿子弗·洛斯

[①] 参别尔嘉耶夫，《俄罗斯思想：19 世纪末至 20 世纪初俄罗斯思想的主要问题》，雷永生、邱守娟译，北京：三联书店 1995，页 32 以下，尤其页 214 以下。亦参 L. Muller, Die Kirche des Protestanismus in der russischer Theologie und Philosophie，见 E. Benz 编，*Die Ostkirche und die russische Christenheit*, Tübingen 1949，页 21–58。

基的思想收尾。① 笔者读过的其他几种俄国哲学史书,没有一家把弗·洛斯基纳入哲学史谱系——即便俄国宗教哲学史也不提弗·洛斯基,他毕竟是教会神学家。② 知子莫如父,此话恐怕未必尽然。尼·洛斯基在《俄国哲学史》中论及自己的儿子是出于亲情,还是出于信仰,抑或出于哲学理由? 哲学上的理由很难说得通,毕竟,他的儿子弗·洛斯基宣称:哲学止步于神秘主义,神学起步于神秘主义——"就其极致而言,神学本身要求取消思辨;因为探索上帝,哲学达到了最大限度的无知。"③换言之,神学超越了哲学。既然如此,弗·洛斯基就不应被纳入哲学史。尼·洛斯基对儿子的思想介绍,基本上是复述《论东方教会的神秘神学》一书的论旨,这些论述以希腊教父思想为基础。因此,恩多基莫夫把弗·洛斯基定义为新教父论派,十分恰切。

弗·洛斯基的主要著作是《论东方教会的神秘神学》和《埃克哈特研究》——前者阐述希腊教父的神秘论传统,后者论述这一传统在西方基督教神学中的表达,两书共同呈现出基督教神秘论的基本概貌。在1936年的雅典东正教神学代表大会上,俄罗斯著名的东正教神学家弗罗洛夫斯基提出了所谓"新教父综合"(neopatristic synthesis),其含义是:凭靠希腊早期教父思想来回应现代思想问题,即把希腊教父思想与现代问题加以有

---

① 1956年,弗·洛斯基早于其父7年去逝。
② 参N.Bubnoff, *Russische Religiöse Philosophen*, Heideberg, 1956; B.Schultze, *Russische Denker: Ihre Stellung zu Christus, Kirche und Papstum*, Wien 1950; H.Dahm, *Grundzüge des russischen Denkens*, München 1979; F.C. Copleston, *Philosophy in Russia: From Herzen to Lenin and Berdyaev*, Notre Dame 1986.
③ 见弗·洛斯基,《东正教神学导论》,杨德友译,香港:道风书社1997,页10。以下凡引此书简称"导论",并随文注页码。

机综合,让希腊教父思想在现代语境中恢复生命力。① 与此相对照的是,现代西方公教神学提出新托马斯主义来回应现代思想问题。可见,西方公教和东方正教都诉诸自身的思想传统来回应现代思想问题。然而,东方正教的新教父论宣称:应该"以罪人的方式,而非以亚里士多德的方式创造神学"——这话明显是在诋毁新老托马斯主义。② 我们知道,西方传统的公教神学以亚里士多德的知识学为理论基础,而亚里士多德并非基督徒,倒是所谓"异教徒"。因此,东正教神学家有理由说,西方公教神学的根底大有问题。由此可以理解,弗·洛斯基为何主张,希腊教父的神秘主义经验才是基督教神学的纯正根底,并主张神学与神秘主义的同一:

> 东方传统从来不把神秘主义与神学、神性的神秘个体经验与教会宣称的教义清楚地划分开……教义表达的是启示的真理,对我们来说,显得像深奥的神秘。这一教义必须在这样一种方式中存活,即不是让这一神秘适应我们理解它的方式,相反,我们必须致力引致一场深远的变化,即灵魂的内在转变,以使我们会更多地汲纳神秘经验。(《神秘神学》,页8)

神学与神秘经验相互滋补,不可或缺——这一论点同样是针对公教神学:神学的根本性质是实践性的,而非(如西方公教神学那样)是理论性的,教义是神秘经验的表达,而非公理化的

---

① 参 N.O.Lossky,《俄国哲学史》,前揭,页395以下。
② 参 Evdokimov 前揭书,页195。新托马斯主义的思想,参波享斯基,《新托马斯主义》,见《现代外国资产阶级哲学资料》(北京),3(1961)。

体系。神秘经验总是个体性的,但基督信仰的神秘经验又是可相通的。神秘主义持守共通的信仰中的个体表达绝然属己的神秘经验,神学则是致力表达可被每一信仰者体验到的神秘经验(参同上,页8—9)。神秘主义重神秘经验的可表达性,神学则重神秘经验的可传达性。按此论点,神秘主义是个体性的,神学不过使之成为可共享的信仰经验。可表达的不等于是可传达的,没有神秘经验,神学成了无本之木;没有神学,神秘经验则不可传达,不能在共通的信仰生活中成为共通的信仰经验。

把神学界定为个体性的神秘经验的共通性传达,这就与中世纪西方公教神学传统主张的理性共通性区别开来。① 这一区别可溯源到古希腊两位大哲人——柏拉图和亚里士多德——的差异。弗·洛斯基说,希腊教父的知识指"与上帝的合一",这种知识与作为或然知识的上帝知识不同,而这种差异又与上帝观(神秘体或第一存在)的差异相关。弗·洛斯基由此断定,公理化的神学知识不是基于信仰,而"在信仰之外,神学毫无意义;神学只能以真理在圣灵中的内在见证为依据,以真理本身给予的教导为依据。"(《导论》,页6)与西方公教神学以或然知识为神学的知识形式不同,弗·洛斯基以属灵知识(Gnosis)为神学的知识形式。在《东正教神学导论》绪论开首,弗·洛斯基就写到:

> 真实的灵知与某种神奇的魅力分不开,是转化我们心智的恩典散发出的光明。静观的对象是人的实存和现状,所以,真正的灵知就意味着相互依持,相互依持即是信仰,

---

① 参 J.Meyerdorff, *Le Christ dans la Theologie byzantine*, Paris 1969,页100。

9. 洛斯基父子与现代俄国东正教思想

即人依持于自我显现之上帝的位格现身。(《导论》)

弗·洛斯基的第二个主要论点是：否定神学贯穿东方的所有基本教义——这一论点的含义是，东正教神学其实就同于否定神学。否定神学是神秘神学的别名，奠基人是托名狄奥尼修斯的"上帝无名"论和圣帕拉马的格里高利(St. G. Palamas)的神性"潜能"论。① 弗·洛斯基认为，托名狄奥尼修斯的论说有很高的原创性，并未过多依傍新柏拉图主义。例如，托名狄奥尼修斯的论说与普罗汀的新柏拉图主义不同，虽然两者都主张上帝之不可知论，对普罗汀来说，上帝之不可知乃因为它是简单的，神秘经验的出神入化即是单纯，在单纯的状态中，人的灵魂与上帝原初的本体合一才显露出来——在托名狄奥尼修斯看来，上帝之不可知乃因为它在本体论上超然于此世，与上帝的神秘合一因此只能是一个圣化(deification)过程，这就否定了个体灵魂与上帝原初的本体性合一(《神秘神学》，页37-38)。

在西方神学思想史上，否定神学一直不是主流论说。为了把否定神学扶为正统，弗·洛斯基提出这样的论点：肯定(cataphatic,希腊文 κατά-φασις [肯定])神学与否定(apophatic,希腊文 άπό-φασις [否定])神学没有本质上的不同——否定神学与肯定神学不过是在不同的两个方向踏出的同一条路：肯定神学讲上帝在其潜能的展露中走向人，从而是终末论的走向；否定神学讲人通过一系列合一的圣化，上升走向上帝——同时，上帝仍在其

---

① 关于托名狄奥尼修斯的神秘神学，参托名狄奥尼修斯，《神秘神学》，包利民译，北京：三联书店 1999。

不可知,这是复活论的走向。然而,道成肉身论最终将这两方向交汇到同一条路上:

> 因此,真正基督教神学的根源是承认神子的道成肉身。的确,通过道成肉身,一个人在自己身上把神性之超验的、不可知的自性和人性结合起来。……在基督身上,超验性变成内在的,向我们提供了谈论上帝的可能性,亦即成为神学家的可能性。(《导论》,页 16—25)

不过,弗·洛斯基仍偏向于从否定神学的角度来解释道成肉身;即便在最高的神显(Theophany)中——即上帝通过道成肉身在此世的自显中,上帝的显身依然是否定的、神秘的。无论东方还是西方的基督教都确认上帝自性的奥秘及其不可知性,以及上帝通过基督事件传达自身的启示性,上帝的不可知与其自我传达从来就不可分。在弗·洛斯基看来,上帝的不可知与其自我传达是基督教启示中的悖论:上帝既超越又内在,"超越的上帝内在于此世,但却内在于上帝的救恩行动之中,……上帝自我启示为超越者。"[①]既然如此,肯定神学与否定神学的分野就仅仅在于人与上帝的不可知性的关系。西方经院神学注重或然知识的推理,这种推理也可以是一种神秘经验——东方神秘神学注重个体的感性经验的体知,并认为体知高于或然知识的理知。因为,上帝的实在高于理知,教会的教义对人的理性总显得是二律背反。不过,弗·洛斯基说,

---

[①] V.Lossky, *In the Image and Likeness of God*, New York 1974, 页 15。

不可知性（unknowability）不等于不可知论（agnosticism）或拒绝认知上帝。然而，这种知识只会经由如下方式获得：这方式导向的不是理性化知识，而是合一即圣化。因而，神学绝不是凭概念的抽象工作，而是冥思：即把心灵提高到跨越了一切理解的实在。（《神秘神学》，页43）

弗·洛斯基的这一论点的实质在于，不承认概念化的理性认知具有圣化的性质，这对于公教神学未必公允。

弗·洛斯基的第三个主要论点涉及三位一体教义——既然否定神学贯穿东正教会的所有基本教义，东正教会的三位一体教义就当是否定神学式的。然而，什么叫否定神学式的三一论呢？弗·洛斯基仍然从澄清东正教神学教义与公教神学教义的差异入手来阐明这一问题：西方神学强调神性的自性，再由此引申出三个位格（从一至三），东方神学首先强调三个位格的实体在性，再引向单一的上帝自性（从三至一）。这等于说，不存在自性（Nature）对身位性（personality）的优先性或超然性，或者相反。西方神学三一论的自性在先说必然引出从圣父和子（Filioque）向圣灵的演进过程，因此，"和子论"（Filioquism）之争的实质在于："和子"的表达突出了自性的一体性，即"圣灵来自父和子"。这就削弱了三个位格不同的实在性的差异，使三位关系成为进程化的关系，而非圣子和圣灵直接与上帝的单一自性的平行关系。换言之，由于圣父成了一个基于单一自性的关系传统，圣子、圣灵与圣父的关系就被视为逻辑上的先后秩序。因此，和子论之误关键在于无视神性的三位格之间的个体差异，三位之间的关系成了"一"之中的关系（《神秘神学》，页56-64）。

《约翰福音》的绪论是三一论的源头,弗·洛斯基认为,其中的"道与上帝同在"的"同"应译成"趋于",即"道趋向于上帝"——这包含的是一种创生的关系含义(《导论》,页30)。换言之,圣父与圣子的关系不是并在关系,而是创生关系。在西方神学家那里,圣灵只是父与子之间的联结,三位格各自的自性只是因关系而差异化的一体性的一个原则。结果必然是,三一体中的一体性关系重于三位格的各自自性,如阿奎那所说,"位格即关系"(Persona est relatio)。三一体的关系论导致以通性(the universal)重于个体性(the individual),这种三一论最终引出埃克哈特非位格的否定神学论的"上帝性"(Gottheit)学说,就不足为奇了(《神秘神学》,页57-65)。①

弗·洛斯基反对和子论的最终意图乃是保守三一体的三位格各自的身位,强调每一位神性身位都同样具有优位性,尽管圣父之位具有元主权位,但三位是平等的,因为三位"既绝对同一又绝对有差异"。② 这并不应得出如下结论:身位性高于神性的自性。据弗·洛斯基说,布尔加柯夫的智慧论就在这一点上犯错:在布尔加柯夫看来,神性的自性只是所有三个位格的展现。东方教父坚持自性和身位在apophatic[否定的意义上]是平等的,否则,上帝的独一治权(the monarchy)会变成次位论(subordinationism)(《神秘神学》,页62)。

在灵修生活上,三一论的这种差异见于至福学说(the doctrine of beatitude)。对西方教会来说,至福是冥思神圣的自

---

① 关于"和子"论的历史之争,参J.Pelikan, *The Christian Tradition: A History of the Development of Docdrine II. The Spirit of Eastern Christendom 600-1700*, Chicago 1986,页98-170。

② 参V.Lossky,《上帝的映相和相似性》,前揭,页28。

性，对东方教会来说，至福是在神性生活中参与圣三一体。东方教会与西方教会的三一论之争，一定程度上是由描述神性身位的术语不同——即希腊语与拉丁语的语义差异——引起的。在弗·洛斯基看来，这一差异源于4世纪时的教父们在用何种语词表达神性的一致性和多样性时遇到的困难：希腊教父和拉丁教父都不得不用传统术语，但又赋予其新的含义，使之能涵括基督事件启示的全新现实，从而造成一种"语言转化"(《导论》，页31)。希腊教父为神性位格的身位选定的语词是 hypostasis(希腊文 ὑπόστασις[沉淀、支撑物、基础]，转义为"实质""实体")，这是一个普通的词语，而非哲学术语。① 弗·洛斯基以为，ousia 是一个哲学术语，主要指本质，hypostasis 主要指独体性，两者都有实存的含义。希腊教父们使用 hypostasis 这个词，使希腊哲学的本体论身位化，"展现了人类现实的一个新貌：身位的现实"(《导论》，页33—35)。毕竟，古希腊哲学中并没有身位性的概念，基督事件才引入了这个概念，教父们使之本体论化，这是基督教三一论的重大意义。

三位一体论的形式本身并非基督教神学独有的，新柏拉图主义也有三位一体论。在弗·洛斯基看来，两者的分野除了身位化，重要的是三一之间的关系不同：普罗汀的三一论(太一、圣灵和世界灵魂)采用了"同质体"(consubstantial)的表达，三一关系是三原理的传继性的等级秩序。希腊教父的三一论强调三位格平等的一体性和差异，强调三神圣身位的关系的自立体的多样性："多样性是一个绝对的现实，多样性植根于神性身位的

---

① 参 H. Dorrie, Hypostasis: Wort and Bedeutungsgeschichte, 见 *Nachrichten der Akademie der Wissenschaqten zu Gottingen. Phil-hist. Klasse*, 3(1955), 页33—92。

三重的和原初的奥秘之中。"相反,拉丁教父把多样性视为简单关系,不区分位格中的在体性质,"而是确定各自立体的绝对同一性和同样绝对的多样性"(同上,页35-36)。这些论点似乎是说,西方神学没有最终从古希腊哲学思想中转化出来。

弗·洛斯基的第四个主要论点是:把神性的能的教义(the doctrine of the energies)视为东方神学的主要思想传统之一。这一教义的基本要点是:上帝寓居于人不可企达的光之中,但上帝在其光"能"中走出自身,展示了自身——从阿特纳戈拉(Athenagoras)、圣巴西尔、圣大马士革的约翰(St. John Damascene)到圣帕拉马的格里高利,这一教义构成了东方教父的主流论述。按圣帕拉马的格里高利的说法,人的圣化之所以可能,靠的是圣神的恩典,但恩典不是上帝的自性,而是其"能"——"神性的光芒"透照世界,这光是"非受造之光"(the uncreated light)或恩典。如果问:上帝在本质上不可企达,我们又何以可领受上帝的恩典?回答是:上帝完全临在于其神性的每一光线之中。与在其能中的上帝的合一,使人能分享到上帝的本质,但人的本性不会成为上帝的自性。在圣化中,受造物仍然是受造物(《神秘神学》,页73-78)。

弗·洛斯基强调神性的能的教义是东方神学的重要思想传统,意在指责西方神学热衷于区分恩典的受造之光与受造的超自然恩赐。在他看来,这种恩典观仍是一种因果性的观念,因为,恩典被理解为上帝之因的效力。东方神学把恩典视为神性的自性的光能——即潜能的放射,是在受造的世界中的永恒和非受造的光之临在,这种临在远胜于上帝的因果性临在。因此,这种光能的神学是神秘神学的核心,它解决了否定神学的内在困难:圣父、圣子、圣灵的名称都显示的是神性的光能,以喻神性的光——弗·洛斯基说,东方神学用"光能"描述神性比经院神学用"属性"来描述好,这样更能显示神圣荣耀的活生生的力量(《导论》,页41;《神秘神学》,页88-89)。

人的身位性的完美实现即完满意识就是"灵知"(gnosis),"灵知"使人进入"光之子"(弗5:9-14),《圣经》是与光的关系的完满表达。14世纪时,西方教会的教士(Tomists)与东方教会的教士之间曾有过关于光能的论争——这场论争涉及的是神秘经验的实在性,有意识地沉冥上帝的可能性,以及恩典的被造性或非被造性。圣帕拉马的格里高利坚持,上帝被称为光是基于上帝之潜能,而非上帝的自性。光是神性的可见特征,是潜能或恩典的可见特征——靠这潜能,上帝使自身为人所知。这光同时充满感觉和智性,启明整个人,而不是人的某一种能力。但光也有可见的一面,此即上帝荣耀之非受造、非质料性的光。这光隐于基督的身体之中,在历史的末世终点,人的身位性的变形会在每个人身上有差异地展现——人才与不可见的光相遇。

由此看来,上帝的光能的教义针对的是西方公教神学中关于上帝的本质的教义(the doctrine of the essence)。在弗·洛斯基看来,区分上帝的本质教义与上帝的光能教义,对灵修生活有重大意义。首先,光能的教义是所有神秘经验的教义基础,它表明上帝的本质既不可抵达又不与人隔绝。上帝临在于其光能中,犹如在一面镜相中。其次,这一教义可以让人明白,为何三一体在在体上不可沟通,同时又会留驻于我们之中:就各自的自性(Nature)而言,三个身位不可沟通,但神性的"能"是共通的——换言之,在体不可沟通,"能"可沟通。因此,这一区分也成为东正教恩典论的基础:与上帝的合一不是实体性的(neither hypostatic nor substantial)合一,而是在上帝的光能之中的合一,即上帝的恩典使我们可分享上帝的神性——这种分享不等于人的本质就成了上帝的本质(《神秘神学》,页86-87)。

也许可以这样来理解:在人与上帝的关系问题上,公教的主张使得两者关系太近,新教的主张则使得两者关系太远,正教的主张则是不即不离。不过,在人的上帝相似性上,东方正教又与西方公教一致,而与西方新教有别。东方神秘论强调人与上帝的有意识的和意志性的关系,其根据是人的灵魂与上帝的相似。人是按上帝的形象被造的,因此,人的灵魂与上帝亲缘和相似,能感觉到趋向上帝的行动,从而与上帝建立起紧密的关系。① 弗·洛斯基认为,希腊教父竭力避免把人的上帝形象的品性限定在人的在性的任一单个品性——无论灵魂、理智、智慧还是理性(《导论》,页122)。人的上帝相似性在于人的身位,但人的身位不是存在的一部分:

> 上帝形象的特点不是指人的总体构成的一个因素,而是指全部的人类本性。第一个人自身包含了全部的人类本性,也是一个独特的身位。(《导论》,页126)

人与上帝的未受损害的关系,就是人与上帝的身位性关系:

> 人是按上帝的形象创造的,是一个位格性的存在,他面对的是一个位格性的上帝。上帝把他当作一个位格人来对待,人对上帝作出反应。(《导论》,页130)

---

① 参 D.Staniloae, *Orthodoxe Dogmatik*, Zürich 1984,页353以下。

这个区分的要点是人的自然本性与人的身位的区分,即身位不等于个性性,个性性属于人的个体本性,而身位比个体本性更完整:"人是像上帝一样的位格存在,不是盲目的自然。这是他身上的神性形象的品格"(《导论》,页65)。人的上帝相似性的经文根据是《哥林多前书》15章45节:"头一个人亚当被造成为有气息的人",可是"末后的亚当是赐生命的灵"。上帝在开初造人时就与人保持一种意识的、自由的关系,这是通过给人气息来达成的。教父解释这句经文时说,上帝通过这口气息不仅在人身上植入了理性的、似神的心灵,而且植入了恩典。通过恩典,上帝与人的关系才最终确立。最初之人(第一个亚当)的沉沦,被上帝赐灵(末后的亚当),这种赐灵就带有恩典性质。由于是赐灵给沉沦者的,从而使人与上帝失去的关系得以恢复,人对上帝恩典的应答行为也是通过恩典。因此,恩典是上帝与人的相似性的关键。帕拉马的格里高利说,天使的眼睛注视人的灵魂,而人的灵魂尽管与感官和身体连在一起,毕竟是另一位上帝,而非只是理性。靠神性的恩典的塑造,人作为身体才有理性和精神。概言之,人的灵魂才是上帝的映象。① 弗·洛斯基依此展开自己的论点:神性的气息展示了创造的模态,由此,人的灵魂与上帝的恩典有了最紧密的关系——这种关系是人的灵魂与上帝的能之间牢不可破的纽带,它使人的灵魂可以成为上帝的映象。弗·洛斯基甚至以为,即使在沉沦者身上也留存有上帝的相似性——这是通过一种不竭的能量得以保持的。通过上帝的相似性,人与上帝甚至建立起了一种爱的本体论意义上的对话关系。弗·洛斯基的确还提到人成为上帝、至少部分地是

---

① 参 D.Staniloae 前揭书,页354。

上帝的可能性：永不穷竭的恩典在创造行动中进入人灵，人灵以其生命因此也获得恩典——恩典是上帝的气息，是神圣化的光照，人由上帝的恩典而成为似上帝。

　　从路德、加尔文到巴特的新教神学思想中，人因沉沦而丧失的人的上帝相似性很难重建。新教批评公教神学看轻人的罪性的彻底性，对东正教也有同样的批评。① 巴特明显加强了人与上帝的无限距离——这已是神学思想史上的常识。因此，新教更多强调人的罪性，而不是人的上帝相似性。

　　弗·洛斯基的第五个主要论点是把救赎论视为东方神学的重点——东方神学的救赎论以信徒与上帝的合一为核心，但与西方经院神学的救赎论完全不同。合一的问题当然起于分离，没有自立的两个个体，两者的合一无从谈起。人在自性上与此世是一体的，或者说人是属肉身的此在——基督教教义学往往以亚当来比喻人的这一在性。显然，按照教义学原理，这一在性是片面的，需要与上帝的"能"合一才获得其整全的在性——基督教教义学称为身位之在。如果亚当受上帝的引导把自己完全交付给上帝，他就把自己所处身的整个此世交付给上帝，上帝也在其转身入世中把自己交付给世人。但亚当的在世性让合一使命失败了，于是，这一使命就挪到了上帝之子、神人、第二亚当——基督身上。这意味着合一的可能性由人而神变为神而人。尽管如此，人与上帝合一的可能性毕竟在人身上还有其基质，这就是上帝造人时给予人的生命气息。这不可理解为人的灵是造物主的粒子，否则就意味着，人是由肉体来负载的上帝或

---

　　① 参 F.Lieb, Orthodozie und Prostestantismus, 见氏著, *Sophia und Historie*（东西方思想史及神学史论集），M.Rohkrer 编, Zürich 1962, 页 46。

"上帝与动物"的结合。那样的话，恶的起源就不可理解。在弗·洛斯基看来，人之灵是与上帝的恩典最隐秘的内在联系。这意味着，东方教父的人类学基础是人的被造性和非被造性：

> 被造物现实本身根植于其中的基本区分，是上帝的区分和造物的组合，包括被造的和非被造的。被造的本应分为天上的和地上的，可知的和可感的。(《导论》，页69)

人身上的第一亚当自性是被造的，第二亚当自性是非被造的。上帝身上有自性与潜能之分，在人身上则有自性与身位性(personality)之分。① 所有人在自性上都一样，沉沦前的亚当是普遍的人——由于沉沦，人的自性碎裂为无数个体(《神秘神学》，页120-122)。每一身位性都独一无二，就是由于人的这一个体性，身位总是个体之在的身位(persons only through individuals, and as individuals)。但身位性毕竟不等于个体性，身位性之在必有上帝的映象，其作为上帝之映象的完满性不可定义，也无法穷究。化用圣尼萨的格列高利的说法：身位性不是全体的一个部分，而是以个体之身位包含整全。因此，弗·洛斯基说，所谓身位性指人摆脱了自身的自性，使之处于次位，但又保有个体性。所谓沉沦则指的是，人丧失了针对自然本性的自由(此说会让人想起弗·洛斯基的父亲的意志自由论)，按其自然性质(或曰"性格")行事，成了"身位性与本性的混合"——按东方苦行文学的说法，这种混合即是"自我性"(selfhood)。身位

---

① person过去通译为位格或人格，人格的译法难以与心理学的词义区分，也不便说上帝的person；位格的译法则失去了身体的含义——因此试译为"身位"，相应地，personality译为身位性。

性的修复,靠的是断弃"自我性",自愿牺牲个我的在性。这是一个自为的生存过程,通过这一过程,身位性可无限地扩展,被属于自己的一切所丰润,最终成为上帝的完满映象,获得神性的相似性(Divine likeness),成为"一个受造的上帝"(a created god)或"凭恩典而成的上帝"(god by grace)——这就是圣化。圣化的达成要靠由恩典赐畀的圣灵的意志和人获得恩典的意志,这一生存转化以人的身位与自性的区分为基础——弗·洛斯基称此为东正教人类学的要义:"基督教就是上帝自性的模仿"(《神秘神学》,页124)。

人的意志转向上帝的表现是凭信仰祈祷,祈祷是与上帝的身位性相遇——通过祈祷,个体进入上帝之爱。祈祷的初级阶段用语言,但在高级阶段就再也找不到语言,因为意志已完全交付给上帝,只有沉冥(contemplation)——东方正教的苦行观即是致力于内在的或灵修的祈祷。灵修的最高状态是 ecstasy[出神入化],这是神秘主义的核心概念,弗·洛斯基释为精神在沉静或冥静(tranquillity)状态中感到的"惊颤"、"惊怵"或"销魂"。

> 人离开了自己的存在,不再意识到自己是否还在此生或此世;他已属于上帝,不再属于自己;他不再受自己支配,而是受圣灵引导。(《神秘神学》,页208)

这就是神秘主义的自由——我看不出这种神秘经验的最高境界何以与西方基督教神秘主义不同。

弗·洛斯基的第六个主要论点是:把虚己基督论视为东方教会的基督教人类学的另一支撑点。依据《腓立比书》2:5-11 的经文,弗·洛斯基这样来解释基督的虚己性含义:

> 虽然基督还保持着"上帝的形式",亦即保持着与神相同的处境,保持着神性,但是,在接受奴仆的处境之时,他空乏、虚己、谦恭。(《导论》,页99)

基督的形象是具有奴仆形式的上帝自性——上帝道成肉身时并未舍掉神性,基督的虚己因此是圣子的身位,而非圣父的自性。换言之,圣子的身位具有自体性:耶稣基督不以具有神性为自己的身位,"反倒虚己":

> 虚己是不寻求自己的荣耀而寻求派遣他的天父之荣耀的那位奴仆的谦下。……在全然舍弃自己、隐蔽自己的神性、舍弃自己的意志以至说出"圣父比我伟大"的同时,耶稣基督在世上变成了三位一体的爱的劳作。(《导论》,页100)

基督虚己论作为基督教人类学的基础在教义学上的重大意义在于:人之在体上的偶在性和脆弱性的救护(称义或东正教的圣化),基于上帝—基督的虚己——由于超绝神圣者的虚己行动,基督教对人之在体性的救护与其他宗教区别开来。①

神秘神学的教会论达到圣化也就克服了罪、本性和死,只有耶稣基督才能克服这三种孽障,因为新亚当结合了受造的和非受造的存在。耶稣基督的身体就是教会,但弗·洛斯基提出,应该对教会的基督论方面和圣灵论方面或者说机体维度和身位维

---

① 贝夫理将基督—上帝的虚己与老子的虚己比较,忽略了虚己基督论具有的救恩行动含义。参见贝夫理,《碗的默想:道德经与东方基督教之虚己基督论》,见刘小枫编,《道与言》,上海三联书店1995,页349-365。

度有所区分。从基督论方面看,教会"既是神性的身位又是人性的机体",从而带有两种自性、两种意志,具有两种行为方式,两者既不可分又明显不同。所以,在教义史上,教会论中的异端邪说不绝如缕(《神秘神学》,页184-186)。基督的身体总是与人的自性相粘连,因此,教会的在世生活就像人的在世生活,处于人性的自性与神性的身位性的张力之中。就教会的圣灵论方面而言,正如圣灵总是按每一个体的独一无二的在体性赋予每一身位以神性的完满,圣灵的救恩行动使教会成为沐浴上帝恩典的身位性的在体(同上,页191-193)。人性的一性(the oneness)与基督的身位相关联,人的个体之多样与圣灵的恩典相关联——教会同样如此,既有一体性,也有多样性。因此,基督的工作与圣灵的工作既不同又不可分。

弗·洛斯基的这些涉及教会论的观点意在批评西方公教的"大公性"(catholicity)理念,在他看来,真正的"大公性"应是一体性与多样性的和谐:整全的完满不是各部分的总和,毋宁说,每一部分都可拥有同样的作为整全的完满。圣三一就是这种大公性的理想模态,是"教会的所有正典中的正典"(the canon, for all the canons of the Church),"教会的救恩行动"(ecclesiastical economy)的基础(《神秘神学》,页177)。教会及其圣事是人与上帝合一的客观条件,而主观条件则在人自身,毕竟,圣化必从人的在世生命趋向永恒性为起点。但圣化是靠圣灵带来的上帝的恩典,人不可以此称功——东方正教传统完全拒绝善功的观念。为了开拓灵性生命,人必须使自己的意志趋向上帝,断弃此世,达致灵性(the spirit)与心(the heart)的和谐:"无心的灵性是无能的,心是一切行为的中心;无灵性之心是瞎的,没有方向"(《神秘神学》,页201)。所以,弗·洛斯基十分强调教会的基督论方面。

四、余 论

弗·洛斯基的新教父神学以复兴希腊教父思想为宗旨,似乎希腊教父思想已被长期遗忘,又似乎希腊教父思想只是唯一由东正教传承的基督教思想遗产。实际上,自 19 世纪以来,基督教三大教派中都有过复兴教父思想的神学取向。① 弗·洛斯基把东正教神学的特质表述为神秘主义,其实,公教和新教也重视神秘主义。② 再说,希腊教父思想当然不是东正教专有的思想遗产,而是基督三教共同的思想遗产——与弗·洛斯基同时代的大公教神学大师巴尔塔萨就非常重视希腊教父。

笔者初涉基督教神学时,曾问学于一位学识渊博的公教神学家:西方公教与东方正教思想究竟有何不同?答曰:只有教会建制上的不同,教义思想并无不同。如今,笔者虽学有所长,觉得情形未必如此——但差异究竟何在,仍然没有明确的所获。

无论西方公教、东方正教还是西方新教,毕竟有一致的信义,这就是尼西亚—君士坦丁堡信经述明的信义——这些信义使三教归一于基督宗教的名下。有新教神学家说,既然所有基督教教会的建立都基于尼西亚—君士坦丁堡信经,再奢谈独特的正统传统其实没有意义。倘若如此,从历史的角度看,基督宗教的三分化与历史的地缘政治分化相关,民族共同体的语言及

---

① O.P.A.Nichols 前揭书,页 36。
② 参奥托(R.Otto),《论"神圣"》,成穷、周邦宪译,四川人民出版社 1995,页 112 以下及页 229 以下。通过比较西方和印度的神秘思想,R.Otto 认为,神秘思想和经验是人类的共同基本经验,尽管东方和西方的神秘思想有类型上的不同,参见 R. Otto, *West-östliche Mystik*, München 1971。

文化差异难免也会引致具体教义上的差异。① 对启示的理解是属人的理解,而人的生存在世又受民族共同体的语言及文化的影响。启示理解的属人性质恐怕是导致教义争纷更为基本的原因,事实上,无论公教、正教还是新教内部,思想论争一直存在——任何宗教共同体都从来不是一个无分歧的统一体,东正教会内部同样论争不绝。② 三教之间的思想论争和各教内部的思想论争,都属于人性的自然。

20世纪罗马尼亚的著名东正教神学家斯塔尼罗阿(D. Staniloae)提出,按教父传统,认识上帝有两条路径——理性的即"肯定的"认识方式和不可说的神秘的即"否定的"认识方式。但通过理性,人只能认识上帝的创源性——即世界的创造和维持的创源,通过神秘的经验则可以上升到对上帝的另一自性的认识——即认识到上帝是世界的 Urheber[承负者]。这种上帝认识之所以是否定式的,乃因为上帝在这种认识经验中充满奥秘地当下临在。但这种上帝认识是对理性的上帝认识的补充,而非取消对上帝的理性认识。理性的上帝认识的局限仅在于,上帝的自性不单是思辨的对象,首先是直接经验的对象——上帝的无限和全能的爱不单是理智的概念,首先是直接经验的对象。理性的上帝认识关于上帝所说的一切尽管不是完全恰切,也并非完全与上帝的在性相违,只不过需要通过不可说的神秘经验来深化。反之,若神秘经验要得到清楚的表达,也得凭靠理

---

① 参 M.Scheler, Über östliches und westliches Christentum, 见 *Schriften zur Soziologie und Weltanschaungslehre*, Bonn 1986, 页 99-114。

② 参 E.Benz, Die russigche Kiche und des Abendlandischen Christentum, 见 E. Benz 编, *Die Ostkirche und die russische Christentum*, Tübingen 1949, 页 102。

性的术语和语法。① 可以看到,斯塔尼罗阿的东正教神学立场比较温和,与此不同,当代希腊的东正教神学家杨纳拉斯(Chr. Yannaras)则根本否认西方有真正意义上的否定神学——在他看来,apophatic 神学不可等同于否定神学,这种等同是西方的 Apophatismus 制造出来的,而且以自然的肯定认识为前提——西方的否定神学是从这种肯定的理性认识中引导出来的,因此,西方的神秘神学与西方的理性化神学一样具有肯定神学性质。②

斯塔尼罗阿和杨纳拉斯都是 20 世纪著名的东正教神学家,两人对西方神学的态度有很大的差异。可见,教义思想的争端也许更多是个体性因素而非教派性因素所致。教派性受地缘政治和教会政治支配,但同一教派中,教义思想的争端也从不乏见(如弗·洛斯基与布尔加柯夫的争辩)。

其实,西方公教神学传统从来没有否认上帝的不可知性和上帝认识的直接经验的重要性,但的确给予理性在上帝认识中以充分的位置。可以说,西方公教与东方正教的教义差异,并不在于是否看重神秘经验,而在于对理性知识的看法和定位。西方公教神学传统从来没有说,上帝认识唯有理性足矣。弗·洛斯基模仿保罗的口吻把西方公教的理性化神学称之为"希腊人"的神学,把西方新教神学家说成"痛恨哲学家而充当十足的'犹太人'",只会死守《圣经》的字面意思(《导论》,页 53)。其实,在对待理性知识的立场上,东方正教倒是与新教颇一致。在对福音的理解方面,新教重视直接的圣经经验,对西方公教以拉

---

① 参 D.Staniloae,前揭书,页 109 以下。
② 参 Chr.Yannaras, *Del' absence et del' inoonnaissance de Dieu*, Paris 1971,页 87-88。

丁教父及其教会传统自居不以为然,也同样对东方正教以希腊教父及其教会传统自居不以为然(《导论》,页45)。

如果弗·洛斯基是出于为俄罗斯民族文化的独特性辩护的目的而突显东正教神学与西方神学的差异,那么,这种民族性文化的担当精神应该得到同情的理解——毕竟,他不希望看到东正教思想被西方的理性哲学同化。尽管如此,弗·洛斯基与自己的父亲虽然有相同的心愿,却采用了与其父截然不同的思想方式——他们毕竟是两个单独的思想个体。

10. 西美尔论后宗教时代的宗教

据一位替现代生活方式勾勒肖像画的现代作家说,"金钱是一件简单而奇特的东西,它与欲爱同为人类快乐的两大泉源,又与死亡并列为让人类焦虑的两大因素。"①20 世纪初,德意志的思想奇才西美尔(Georg Simmel,又译"齐美尔")为了考究金钱的现代含义,写了大部头著作《货币哲学》(如今已成现代学术经典)。关于欲爱,西美尔则写了不少表现主义式的哲学小品和社会学小品,似乎探究欲爱的最佳方式是写小品。在探索金钱和欲望的同时,西美尔也沉思死亡,经十多年积累,手稿已经有一堆……第一次世界大战爆发那年,西美尔拎着装满沉思死亡的手稿的提箱出行,未料提箱在火车上被窃——后人能够看到的是作为遗稿出版的《生命直观:形而上学四章》(*Leben-*

---

① J.K.Galbraith,《不确定的年代》,杜念中译,台北:文化时报出版公司 1994,页 177。

sanschauung: Vier metaphysische Kapitel, 1922）。①

从色诺芬的《齐家》以及柏拉图的《会饮》和《斐多》中可以看到，金钱—欲爱—死亡是西方思想古已有之的思考主题。然而，如西美尔一篇文章的标题所示，"柏拉图式的爱欲与现代的爱欲"完全不同。西美尔与涂尔干一起被称为"第一位现代性思想家"，②他的现代性社会文化理论不仅对现代人的金钱感、欲爱感、死亡感有敏锐的感觉，对现代人的宗教感同样感觉敏锐。

1858年，西美尔出生于普鲁士王国首府柏林的一个有犹太血统但信奉新教的家庭，普鲁士王国经过长达6年的战争（1865-1871）实现统一德意志的大业建立起德意志帝国那年，西美尔才13岁。1881年，西美尔以关于康德的论文获得博士学位，时年23岁。1918年，西美尔在德法两国反复争夺的斯特拉斯堡（Strasburg）去世时才60岁，用今天的话来说，算盛年早逝。他没有看到，仅仅一年之后，德意志帝国就崩溃了。

虽然是哲学科班出身，西美尔长期仅仅是柏林大学的编外哲学讲师（无薪），直到临逝前不久（1914），才在斯特拉斯堡大学当上教授，其时已近退休年龄。不过，虽然身为编外讲师，西美尔的学识和才华深受当时学界乃至文化界名流敬重，比如，社会学家韦伯、滕尼斯（F.Tönnies）、哲学家胡塞尔、李凯尔特（H. Rickert）、神学家特洛尔奇、哈纳克、诗人里尔克、盖奥尔格（S. George）——胡塞尔与西美尔共同创办《逻各斯》学刊，韦伯、滕

---

① 西美尔，《货币哲学》，陈戎女等译，北京：华夏出版社2003；西美尔，《金钱、性别、现代生活风格》，刘小枫编，顾仁明译，上海：学林出版社2001；西美尔，《生命直观：形而上学四章》，刁承俊译，北京：三联书店2006。

② 参见 S.G.Mestrovic, *The Coming Fin de Siecle: An Application of Durkheim's Sociology to Modernity and Postmodernism*, London & New York 1991, 页54-74。

10. 西美尔论后宗教时代的宗教

尼斯与西美尔共同发起"德国社会学学会"。柏林大学、海德堡大学等名牌大学的学术委员会一直拒绝西美尔的大学教授职位的申请,理由是西美尔的学术成果不合学术规范,专业性不强,而且研究领域不断变化……其实,"西美尔才华横溢,这使得那些居于高位、那些老朽、那些一心向上爬的各色人物感到震惊和不安","他给循规蹈矩的同时代人留下了一个不易归类、使人不安而又令人着迷的形象"。①幸运的是,靠早逝的父亲留下的一笔可观遗产,西美尔得以按自己的意愿做学问,不受大学建制和忌贤妒能者的羁跸。西美尔一生大半时间都生活在大城市柏林,出没于讲堂、聚会、咖啡馆,在现代市民社会生活中显得如鱼得水——他的妻子同样才华横溢,与西美尔一起为现代社会描绘印象派式的风景画,据说还开启了性文化研究。

西美尔写过不少哲学著作,与狄尔泰一起被称为德国"生命哲学"的代表,前承尼采,后启舍勒和海德格尔。然而,如今记载其生平学术的主要是社会学思想史而非哲学史。② 其实,在"生命哲学"名目下,西美尔影响了几代德国学人,许多人以

---

① 柯塞(L.A.Coser),《社会学思想家》,石人译,北京:中国社科出版社 1990,页 213-216。西美尔去世之后,不少著名学者撰文向西美尔表达感激之情,这种情形在西方学界并不多见。参见 K.Gassen/M.Landmann 编,*Buch des Dankes an Georg Simmel*, Berlin 1958。

② 参见 D.P.Johnson,《社会学理论》,南开大学社会学系译,国际文化出版社 1988,页 312-368;L.A.Coser,《社会学思想家》,前揭;珀杜,《西方社会学:人物、学派、思想》,贾春增、李强译,河北人民出版社 1992,页 220。德语文献很多,仅举其要:H.J.Helle, *Soziologie und Erkenntnistheorie bei Georg Simmel*, Darmstadt 1988; W. Jung, *Georg Simmel zur Einführung*, Hamburg 1990; M.Schmid, Simmel: Die Dynamik des Lebens, 见 J.Speck 编, *Grundprobleme der grossen Philosophen: Philosophie der Neuzeit IV*, Göttingen 1986;关于西美尔的宗教思想,参见 P-O.Ullrich, *Immanente Transzendenz: Georg Simmels Entwurf einer nach-christlichen Religionsphilosophie*, Frankfurt/Main 1981。

曾是西美尔的学生为荣,其中不乏德国现代思想史上的重要人物,比如哲学家舍勒、卢卡奇、布洛赫(E.Bloch),社会理论家曼海姆(K.Mannheim)、天主教神学家瓜尔蒂尼(R.Guardini)、皮茨瓦纳(E.Przywara),犹太教思想家布伯……西美尔迄今仍然值得重视,不是因为他的思想在德意志帝国晚期"飘到四方,消散于他人的思想中",或者成了"一座供那些讲坛占有者采掘宝石的宝矿"。① 毋宁说,西美尔体现了西方思想现代嬗变的一个极为重要的面相:哲学的终结与社会思想的兴起。我们知道,这一嬗变源于 13 至 15 世纪的文艺复兴时期——或者说在原西罗马帝国地区成长起来的日耳曼诸部族追求实现绝对王权国家的时期,经过启蒙运动在 19 世纪后期逐渐定型:孔德、马克思、韦伯是哲学终结与社会思想兴起的标志性思想家。社会学式的思考取代哲学式的思考,不仅意味着西方思想"扬弃"了源于古希腊的西方哲学传统,也不仅意味着现代商业化文明成了思想的唯一关注对象,更为重要的是:思想的品质本身发生了质变——用尼采的话来讲,哲人这种类型的人的品质发生了质变。

与马克思改造哲学和韦伯抛弃哲学不同,西美尔仍然想要保留哲学——他曾说马克思是"没有分量的哲学家"(einen schwachen Philosophen),并用"哲学"来给自己与马克思的《资本论》打擂台的论著命名(*Philosophie des Geldes*[货

---

① 皮茨瓦拉(E.Przywara),《齐美尔、胡塞尔、舍勒散论》,见刘小枫/王岳川主编,《东西方文化评论》(北京),1992(4),页 256。当时有不少天主教哲学家喜欢西美尔,1907 年,教皇庇护十世(Pius X)发通谕评击现代主义,天主教哲学家才不再敢公开表示赞赏西美尔,因为他的思想被视为一种现代主义。见 H.J.Helle 为西美尔的 *Gesammelte Schriften zur Religionssoziologie* (Hrsg. von H.J.Helle, Berlin 1989) 所写的导言,*Einleitung zur Gesammelte Schriften zur Religionssoziologie Simmels*,页 8。

币哲学])。① 马克思改造哲学的主张对型塑现代知识人产生了深远影响:马克思式的现代知识人要么在各大城市和边远乡村流串,发掘埋葬资本主义的社会潜能,要么整天泡图书馆,构想资本主义必然死亡的历史逻辑。西美尔虽然生长在马克思主义形成并产生影响的时代,却没有变成马克思主义者——他在资本主义的大城市里观察现代生活风情,甚至带着形而上学情怀沉浸在现代生活的感觉之中。与马克思或韦伯相比较,西美尔对现代社会似乎有更多的同情理解——既不诅咒资本主义,也不认为现代的世俗化文明有如"一只铁的牢笼"。

西美尔对现代社会的同情理解尤其体现于对宗教问题的看法。我们知道,现代西方文明的形成是一个所谓"世俗化"过程——这意味着,随着现代商业化文明的出现,传统宗教将逐渐走向消亡。19世纪末期,欧洲学界兴起的宗教史研究已经以摧毁犹太—基督教所建立的神圣历史与世俗历史的区分为己任,随宗教史研究而兴起的宗教社会学则以把宗教问题变成世俗问题为己任。西美尔是德国古典社会学的奠基人之一,他的宗教社会学把宗教问题当作世俗问题来看待,并不让人意外。②问题

---

① 《货币哲学》初版于1900年,增订第二版1907,1977第七版(Berlin),后由D.P.Frisby 和 K.C.Kohnke 重新编辑,除对勘初版和第二版,还补入了若干残稿,1989年作为《全集》卷六出版(Franfurt/Main)。

② 西美尔论述宗教的文本共十篇,大多是短论,其中四篇见于西美尔的论说文集《桥与门》(中译本,捱鸿,字声译,上海三联书店,1991),其余六篇散见于各种论著和文集(写于1898至1912之间)。西美尔应自己的学生马丁·布伯(Martin Buber)主编的《社会》丛书所作的《论宗教》一文篇幅最长——布伯曾希望西美尔出任丛书主编,淡泊名誉的西美尔婉拒了布伯的请求。不过,直到20世纪末,西美尔论述宗教的文章才结集成书:G.Simmel, *Gesammelte Schriften zur Religionssoziologie*, H. J.Helle 编, Berlin, 1989(英译本 1998)。笔者编的《现代人与宗教》(曹卫东译,中国人民大学出版社,2003)收入了西美尔最重要的三篇论文:《论宗教社会学》 (转下页)

的复杂性在于,与韦伯和涂尔干的宗教社会学不同,西美尔的宗教社会学思想还带有"生命哲学"色彩——颇有眼力的思想史家勒塞(K.Leese)以为,西美尔的"生命哲学"本身就是一种宗教哲学。① 正因为如此,西美尔的宗教思想显得比韦伯和涂尔干的宗教社会学要复杂,早在上个世纪的二三十年代,西美尔的宗教观就引起了毁誉不一的论争。② 在今天看来,西美尔的宗教观仍然在激发我们思考这样的问题:在现代商业化文明的世俗社会形态中,超越性的宗教感觉如何可能?

一、宗教是社会关系的超越形式

宗教的本质是什么?启蒙运动以来的哲学喜欢提出这类"本质"追问。讯问什么东西的本质,实际是对这东西作出重新解释。传统思想就在这无数"何谓某某的本质"的追问中被消解了。为何在19世纪出现了对宗教的重新释义(对宗教本质的追问)?社会理论为何对宗教问题感兴趣?因为现代社会是一个所谓走向世俗化的社会,重新解释宗教本身就是一种世俗化的思想行动。孔德、马克思、涂尔干、韦伯都提出了自己的宗教解释,他们对宗教的重新释义,充分体现了社会理论的世俗化性质,西美尔也不例外。

在西美尔看来,与哲学或神学的宗教解释不同,宗教社会学

(接上页注②)《宗教的地位问题》和《论宗教》——还收了两篇宗教哲学文章(以下随文注篇名和页码)。

① K.Leese, *Die Religionskrisis des Abendlandes und die Religiöse Lage der Gegenwart*, Hamburg 1948,页156。

② 参 P-O.Ullrich, *Immanente Transzendenz*,前揭,页31—155。

10. 西美尔论后宗教时代的宗教

从功能论角度来理解并解释宗教的本质,这意味着它"用一种极其世俗化、极其经验化的方式解释超验观念",既不追究宗教的主观情感价值,也不追究其客观的真理价值,而是从"此岸的各种关系和旨趣中寻找到某些宗教的契机"(《论宗教社会学》,见《现代人与宗教》,页3)。换言之,社会理论本身是一种"世俗化"的思想,而非一种新的"世俗化"的宗教。然而,与马克思对宗教施予世俗化的道义性批判不同,[①]西美尔仅仅对宗教作出世俗化的功能性解释。由此可见,世俗化思想也有不同类型,不可一概而论。

西美尔如何"用一种极其世俗化、极其经验化的方式解释"宗教?

在西美尔看来:宗教是社会的一种超越性形式,而非一种安慰性幻想的社会倒影。社会是人与人的"交互作用",即俩人之间或通过第三者形成的生活关系。[②] 所谓社会形式,就是连接人与人的互动因素的规则:风俗、法律、道德和宗教都是这类作为社会的人际互动秩序的形式。把宗教视为一种社会形式,无异说作为人的互动关系的社会本身就带有宗教因素。

> 人与人之间各种各样的关系中都包含着一种宗教因素。孝顺儿女与其父母之间的关系;忠心耿耿的爱国者与其祖国之间的关系,或满腔热情的大同主义者与其人类之间的关系;产业工人与其成长过程中的阶级的关系,或骄横的封建贵族与其等级之间的关系;下层人民与欺骗他们的

---

① 参 R.Bocock/K.Thompson 编,《宗教与意识形态》,龚方震、陈耀庭等译,四川人民出版社,1999,页4-16。

② G.Simmel, *Soziologie*, Franfurt/Main 1992, 页19。

统治者之间的关系,合格士兵与其队伍之间的关系等等,所有这些关系虽然内容五花八门,但如果我们从心理学角度仔细考察它们的形式,就会发现它们有着一种我们必须称之宗教的共同基调。一切宗教性都包含着无私的奉献与执着的追求、屈从与反抗、感官的直接性与精神的抽象性等的某种独特混合;这样便形成了一定的情感张力,一种特别真诚和稳固的内在关系,一种面向更高秩序的主体立场——主体同时也把秩序当作是自身内的东西。(《论宗教社会学》,见《现代人与宗教》,页 4-5)

如此解释宗教,显然与把紧密的团体或信徒共同体(如教会)或某种超越之在(如神)视为基本宗教要素的观点不同,而是把特定的相互关系视为基本宗教要素——如果接受这样的宗教界定,儒家学说可以说是地道的宗教学说。

这段论述可看作西美尔宗教社会学基本思想的概括,其要害是拒绝了宗教与社会的二元论区分,从而与马克思和韦伯的宗教概念都相当不同。虽然马克思与韦伯的宗教观有异,但两者都把宗教视为一种神圣秩序,与世俗秩序判然有别。按西美尔的观点,马克思与韦伯都未能区分"宗教性"(Religiösität)和"宗教"(Religion)——准确地说,Religiösität[宗教性]这个语词更应该译成"虔敬品质",但在西美尔看来,它指的不是单独个体的品质,而是一种体现为某种人际行为态度的"社会精神结构"。这种人际行为态度往往是人在社会生活中自发形成的处身状态(Befindlichkeit,或译作"心绪状态",不妨比较这个语词在海德格尔用法中的含义)或灵魂的敞开状态。作为人的一种社会体验形式,这种处身状态是人与超越域相遇的前提。"宗教"则指的是独立的建制实体甚至教义体系,从而是与"虔敬品质"(或"宗教性")相对应的具有客观性的建制形式——用西美尔的比喻来说,"宗教"是一种有如艺术、科学那样的文化形式或"有如罗马或现代意义上的国家"(同上,页6)。①

"宗教"一词的源始含义是人群因某种一致性而形成的凝聚,但人群毕竟是由个人聚合起来的。在西美尔看来,当个人与集体的关系"具有溶升华、献身、神圣、忠诚于一体的特征",就是宗教性[虔敬性]的关系。若从这种关系发展出一套具理想内容的神圣观念体系,分化出一个特殊的身分阶层(教士、僧侣、儒生),成为神圣观念体系的化身,专门料理宗教性的关系,"宗教"就出现了(同上,页7)。宗教性的形式溶在社会关系之中,因为,个体与上帝的关系同个体与社会共同体的关系颇为类似——这两种关系都是一种依附感。西美尔对这两种依附感的类比描述,显得是把施莱尔玛赫宗教哲学的依附感论题转换为社会学论题,提出了依附感的宗教社会学:

> 个体自觉依赖于某个普遍的高级集体,……并期望从集体中得到升华和拯救;他同集体之间可说既有差别,又有认同。(同上,页14;比较《论宗教》,见《现代人与宗教》,页99-108)

一方面,社会关系本身具有某种宗教性的性质,另一方面,

---

① 西美尔区分 Religion 和 Religiösität 对马丁·布伯的思想影响很大。参 M. Buber, *Briefwechsel aus sieben Jahrzehnten*, Grete Schaeder 编, Bd.3, Heideberg, 1972, 页 165; 亦参 G.Schaeder, *Martin Buber: Hebraischer Humanismus*, Göttingen 1966, 页 35。

宗教建制离不开社会关系的表达。① 因此，在西美尔那里，"社会如何可能"与"宗教如何可能"的问题是一回事。他对"宗教如何可能"的解答，就是对"社会如何可能"的解答——反过来说，西美尔的宗教观是其社会观的推演。② 西美尔批评马克思的社会观过于简单化，仅仅"依据经济形式来推论历史生活的整个内容"以及其他社会行为（如艺术）和社会秩序要素（风俗和法律）。西美尔从人际关系的依附中看到社会构成的基本要素，宗教关系则是这些社会构成要素之一。这种社会观是一种形式论，即以人际关系为社会的基本形式来推论历史生活的整个内容，以及所有社会行为和社会秩序要素。所谓社会关系，就是人与人之间的相互作用（既冲突又整合）。就宗教起源于人的社会生活而言，西美尔与马克思的观点并无不同，但西美尔基于其人际互动的形式社会观对宗教所作的功能化解释，与马克思基于经济—政治利益冲突的阶级观来批判宗教判然有别——显然，不同的宗教观会引出完全不同的政治理论后果。

信仰当然是宗教的核心要素，但按西美尔的看法，信仰最初也仅仅是人与人之关系的一种形式——诸多社会关系的形式其实就是一种信仰关系："人际关系中的信仰，作为一种社会必然性，勘称人固有的特殊功能"（《论宗教社会学》，前揭，页 10）。所有的宗教形式都是由社会形式转化而来的，一旦信仰关系凝聚成形，又会对其赖以形成的母体即社会形式产生规导作用。

---

① 西美尔的这一观点开启了贝格尔（P. Berger）的宗教社会学论题和卢克曼（T. Luckmann）所谓"无形宗教"的论题。参见 P. Berger/T. Luckmann,《社会实在的建构》，邹理民译，台北：巨流出版公司，1991，页 147-194；卢克曼,《无形的宗教：现代社会中的宗教问题》，覃方明译，中国人民大学出版社，2003。

② H. J. Helle, *Soziologie und Erkenntnistheorie bei Georg Simmel*, 前揭, 页 128-130。

信仰起初是社会关系的一种形式(eine soziale Form),以后才演化为一种纯粹的精神关系,直到形成最纯粹的信仰(西美尔称为超越的唯一上帝信仰),才摆脱了社会因素的约束。若与韦伯在统治社会学中提到的"正当性信仰"(Legitimätionsglaube)相比较,西美尔对信仰的社会学定义显得更为宽泛。

宗教不在社会的彼岸,不在社会之外,而在社会关系之中,脱离社会谈论宗教不仅不可能,而且没有意义。既然宗教是社会关系的一种形式,它与其他形式的社会关系有何不同?西美尔的解释是:宗教的社会功能在于为社会整合提供一种绝对形式。社会整合有多种形式:族群、家庭、社团和国家——即通过某个中心使个体不致彼此分离。"所谓整合性,不外乎指多个因素彼此相连、休戚与共"(《论宗教社会学》,页11)。宗教关系作为一种社会关系指的是:个体之间形成的情感转化成了个体与某种超越体的关系,这种关系并不基于个体对他者的理解,而是基于信任和忠靠——所谓信仰就是对某个他者(超越体)的信任和忠靠感。宗教是对一般社会关系的形式化,亦即通过强化信赖和忠靠关系,使这种关系从其他社会关系中独立出来,从而使之能够依其独特的旨趣重新整合社会关系。"社会现象和宗教现象如此相近,以致于社会结构注定具有宗教特征,宗教结构则表现为那种社会结构的象征和绝对化"(《论宗教》,页101)。国家也好,家庭或社团也罢,都是对一般社会关系的形式化整合,只不过整合旨趣不同。国家、家庭或社团的整合使内外有别、亲疏有别,宗教关系的整合则使圣俗有别。从形式上看,它们都使特定整合群体内的人际关系内聚和睦、共契一致,形成某种稳定的内在秩序,使个体脱离一般社会关系中的相互冲突和倾轧。从性质上看,宗教关系的整合提供了个体与超越体的关系,因而与国家、家庭或社团的整合规则和社会功效不同。由此,西美尔提出了社会学式的上帝观念:上帝是最高、最纯粹的整合。

> 上帝观念的内在本质就在于,使各种彼此矛盾的事物相互联系并整合——当然,这种整合可以是太一上帝的绝对整合,也可以是涉及个别存在领域的多元神论的局部整合。(《论宗教社会学》,页 11)①

不同的上帝观会引出不同的社会整合形式——反过来说,不同的社会整合形式会引出不同的上帝观,但所有上帝观都提供整合社会的形式。任何形式的社会整合都会对个人的心性品质产生影响,塑造个人的情感归属,而不只是规导人际关系。因而,宗教与国家、家庭或社团的整合规则和社会功效不同,也更在于宗教作为特定的社会形式对个人的心性品质的塑造旨趣不同。②

---

① 关于上帝信仰与个体在社会中的归属性信仰的分析,参《论宗教》,见《现代人与宗教》,页 98-101。
② 由此看来,西美尔的宗教观颇为接近涂尔干的宗教观。与韦伯从超越秩序与现世秩序的紧张二元论来看待宗教不同,涂尔干也不赞同社会与宗教的二元论,主张宗教并非必然与超自然存在相关。没有任何宗教是虚假的,宗教作为一种社会的集体意识,是社会整体的特性之一。涂尔干同样从结构功能的角度解释宗教,只不过他关注的问题是,现代劳动分工组织起来的社会结构与传统社会的组织结构有何不同,宗教对现代的个人主义生活观与社会秩序的关系有何意义。参涂尔干(E. Durkheim),《宗教生活的基本形式》,芮传明、赵学元译,台北:桂冠出版公司,1992,页 471-505;亦参吉登斯(A. Giddens),《宗教与认识论:杜尔凯姆的宗教理论》,见《国外社会学》,1989(4),页 7-12;W. Gephart, *Strafen und Verbrechen: Die Theorie Emile Durkheims*, Opladen 1990,页 144 以下。西美尔和涂尔干的社会理论都带有所谓"社会学的康德主义"性质,用形式化的理论来界定宗教的品质、形态及其功能。涂尔干通常被看作结构功能论的宗教社会理论之父,其实,他的《宗教现象的定义》(De la definition des phenomenes religieus)虽然与西美尔的《论宗教社会学》(转下页)

宗教与生命及其形式

在西美尔看来,每一时代的思想都围绕着一个需要理解的中心理念展开,对这一中心理念的理解支配着对时代的所有问题的解答。古希腊思想致力于理解的中心理念是*存在*,中世纪思想致力于理解的中心理念是*上帝*,近代初期思想致力于理解的中心理念是*自然*,近代晚期思想致力于理解的中心理念是*自我*,现代思想致力于理解的中心理念则是*生命*。理解"生命"成为解答现代思想问题的基础,只有触及"生命"理念,思想才是现代的。

> 生命的意义是什么?纯粹作为生命的价值是什么?只有这个首要的问题解决了,才能对知识和道德、自我和理性、艺术和上帝、幸福和痛苦进行探索。它的答案决定一切。(《现代文化的冲突》,见《现代人与宗教》,页 24)

19 世纪末、20 世纪初欧洲一度流行"生命哲学",西美尔就

(接上页注②)同年发表(1898),但《宗教生活的基本形式》(1912)则比西美尔的《论宗教》(初版 1906)要晚。1900 年,西美尔在巴黎召开的第一届国际哲学家大会上宣读的论文即后来的《论宗教的认识论》(1902)一文。当时参加大会的有 H. Spencer、G.Tarde、F.Tönnies、W.Wundt、H.Bergson 等学界名流。参见 E.M.Miller/D. J.Jaffe, Georg Simmel: On Religion from the Point of View of the Theory of Knowledge, 见 The New England Sociologist, 1984 (1),页 61-75。此外,涂尔干并未提出一套哲学的宗教论,也没有具体论析宗教与现代社会生活的关系。参见 M.Maffesoli, Ein Vergleich zwischen Emil Durkheim und Georg Simmel, 见 O.Rammsteht, 编, *Simmel und die frühen Soziologen: Naehe und Distanz zu Durkheim, Tönnies und Max Weber*, Frankfurt/Main 1988,页 163-180(此文未比较两人的宗教社会学)。

是其代表人物之一。①如今的我们多少会感到有些奇怪：为何到了20世纪竟然还会提出"生命的意义是什么"这样的问题？古希腊的柏拉图主义或廊下派以及中世纪的基督教不是早就回答过这样的问题了吗？对我们来说，儒家伦理不是早就规定了对这样的问题的解答吗？西美尔会回答我们说：现代文明是重商文明，金钱欲望颠覆了所有传统的生命意义观念：

> 在任何时代，个人对金钱都贪婪，但我们可以肯定地说，最强烈、最广泛的金钱欲望却只发生在一些特别的时代，在这些时代里，个人生活兴趣适度的满足已不敷足够，例如，把宗教意义上的绝对者当作生存的终极目的，已失去了其力量。在当前——犹如希腊和罗马的衰落时期——以及在远离个人内心世界的地方，生活的所有方面，人类相互之间的关系，以及与客观文化之间的关系，都染上了铜臭。（《货币哲学》，前揭，页165）

商业化生活方式瓦解了传统文明对生命意义的规定，现代自然科学的进展则瓦解了传统的生命理解。因此，在19世纪末-20世纪初的欧洲学界，"生命"概念满天飞，"生命哲学"一时成为显学——接下来就是欧洲大战……

作为"生命哲学"的代表之一，西美尔如何理解"生命"？在《上帝的身位》这篇宗教哲学论文中我们可以看到，西美尔从"身位"（Persönlichkeit）这个概念入手来理解"生命"——可以

---

① 关于生命哲学的思想描述，参舍勒，《一种生命哲学的尝试》，见舍勒，《资本主义的未来》，刘小枫编，罗悌伦等译，北京：三联书店，1997，页124-166。

说，如此理解显然带有基督教世界观的痕迹。但是，西美尔尽量避免基督教的表述，而是用所谓理性化的哲学表述。比如，他这样来界定"身位"概念："身位"指的是"肉身机体的形式通过其延伸到灵魂此在而得到的提高和完善"（《上帝的身位》，前揭，页55）。这个定义表明，西美尔力图对现代自然科学世界观的进展导致的生命理解困惑做出反应：从机体到肉身再到灵魂的发展，是同一个身体质料向更高的"统一体"的生成。如果说机体只是肉身的一个片断，那么，肉身也不过只是身位的一个片断。片断并非无关紧要，没有片断，"统一体"不可能构成。生命不是片段，或者说，生命既非单纯的机体，也非单纯的肉身，当然也不是单纯的灵魂。毋宁说，生命是机体—肉身—灵魂的统一体中因各种片断的相互作用而形成的内在循环的动力——我们甚至可以说，这是一种三位一体的生命论。既然生命不可理解为具体的机体或肉身乃至灵魂，而是理解为具体的机体—肉身—灵魂的相互作用，即个体的统一体，那么，"这个统一体在整体方面远远超过我们的肉体本质"（《上帝的身位》，页57）。因此，西美尔的"生命"概念意味着"身位"的生成本身："身位"不是某种实体，而是个体性的"一个事件"——"所有要素之间相互影响之形式符号的事件。"西美尔的表述非常抽象——这是受康德哲学的毒害——其实完全没有必要，他的意思不外乎是说：所谓"生命"是肉身向灵魂生成的动态过程。肉身之在生成为身位之在，就是人的生命意义所在。①

---

① 西美尔的"身位"生命哲学观对舍勒甚至早期海德格尔的思想有直接影响，皮茨瓦拉不无道理地说，"是西美尔而非海德格尔跻身于［现代］西方思想之母的行列"。参皮茨瓦拉，《齐美尔、胡塞尔、舍勒散论》，前揭，页257。直到今天，仍然很少有人注意到海德格尔的Dasein论说与生命哲学的关系。要理解海德（转下页）

在西美尔看来,低级生存阶段的生命体是更高一级生存阶段的生命体的片断,比如,肉身是机体的统一体,却是身位的片断。但作为个体的人的身位,并不就是最高的生存阶段的生命体,上帝才是这样的生命体。因而,个体人的身位是肉身的统一体,却是上帝的片断。

> 上帝的观念是真实的整体、无时间的一劳永逸,是其所有此在瞬间的绝对联系,正是从这一程度上讲,上帝远远超越人,并填满了身位的概念。(《上帝的身位》,页59)

若与前述西美尔的社会学式的上帝概念相比较,可以看出,这里的上帝概念是宗教哲学的概念。他强调,这一概念并非是一个拟人化的概念,而是表明了人的身位的有限性和片断性的超越性概念。有限性不等于局限性,而是参与更高的生存在性的动力。对于低级生存阶段的生命体来说,更高一级生存阶段的生命体是其生命演化的形式——生命演化的规整秩序,不是来自更低一级生存阶段的生命体,而是来自更高一级生存阶段的生命体。肉身是机体的形式,机体是肉身的质料,肉身是身位的质料,身位是肉身的形式。而人的身位又只是上帝身位的质料,上帝是人作为个体生命之生成的绝对形式(《上帝的身位》,

---

(接上页注①) 格尔的"此在"论说,就得理解西美尔的生命身位观和舍勒的身位现象学的发展线索——事实上,海德格尔认真研究过西美尔的《形而上学四章》。海德格尔的 Dasein 论说还与当时另一位著名的生命哲学家克拉格斯(Ludwig Klages)有直接关系(参见 H. Kunz, *Martin Heidegger und Ludwig Klages: Daseinsanalytik und Metaphysik*, München 1976)——克拉格斯的主要著作有: *Vom Kosmogonischen Eros* (1921, Bonn, 1963), *Der Geist als Widersacher der Seele* (四卷, Leipzig, 1929) 及 *Mensch und Erde*(Jena, 1929)。

页67-68）。作为个体的人之身位生成，受上帝的身位规导，因此，上帝是个体身位的形式。

西美尔的生命哲学的中心论题是生命与其形式的关系，或者说，西美尔从形式与质料的关系来理解"生命"。尽管形式与质料是一对古希腊形而上学的概念，西美尔的"形式"概念直接来自康德，因此，西美尔的生命哲学带有康德哲学色彩——随后的舍勒和海德格尔则用胡塞尔现象学置换康德哲学，发展出现象学式的生命哲学。按照康德，人的经验世界是人自己依某种认识形式来构成的世界，不同的认识形式会形构出不同的经验世界——如西美尔所说："我们把同样的物质加工成五彩缤纷的形式，又通过这样的形式去规整各式各样的材料，所以，这种区分成了建构世界和解释一切生命形式的放之四海而皆准的摸式"（《论宗教》，页71）。宗教与哲学、艺术、伦理，都是整理相同的生命材料的秩序类型。人的社会或世界不可能是纯粹的质料，生活世界分化为宗教世界、艺术世界和科学世界，却都是用同样的质料，只是建构的形式原则不同。因此，"和科学逻辑一样，宗教逻辑也经常坚决要求囊括或者主宰其他一切逻辑。"（《论宗教》，页74）

掌握了西美尔用来描述"生命"哲学的概念工具，我们才比较容易理解他的显得相当抽象的说法。比如他说，人的生命演化离不开形式，形式才使生命之流不再是混沌［质料］。形式是在生命向精神之在生成时形成的，或者说，生命的精神化过程产生出形式——又或者说，形式是生命精神化活动的结果。西美尔给予"形式"一个总的名称：形式即文化，而"文化"这个概念则包括艺术、宗教、科学、技术、法律、伦理。生命的精神化过程一旦客观化为物质形式，就从生命活动本身分化出来，成为客观的文化,为生命提供了安身之所:"没有形式,生命便不成其为生命。"这话的意思是说,没有形式,表明生命没有演进,没有精神化的处所,无从表达自身(《现代文化的冲突》,页20)。形式与生命既不可分割,又是分化的;既相互依赖,又相互抵触。所谓相互依赖指的是,生命若无形式就无从拓展自身,形式若无生命亦无从形成;所谓相互抵触指的是,形式一旦固化,就不再能适应生命的演化,旧形式只会抵触新生命的冲动。生命的本质是永无止息的涌动,它必然要不断寻求新的形式来表达自己,从而否弃旧的形式。

> 整个文化风格的持续不断的变化是生命无限丰富的标志。与此同时,它也标志着生命的无穷流动和生命所赖以延续的形式的客观有效性和真实性这两者之间的矛盾。(《现代文化的冲突》,页21)

可以看到,西美尔的"形式"概念实际上有两种,一为内在形式,即生命的形式冲动本身(这会让我们想起席勒据康德哲学发展出来的"形式冲动"概念),一为外在形式,即生命的形式冲动形成的客体文化形式。拿宗教来说,Religiösität[宗教性/虔敬品质]是生命的身位生成的内在形式,Religion[宗教]则是宗教生命的形式冲动外化形成的客体文化形式。西美尔说,

> 宗教存在乃是整个生机勃勃的生命本身的一种形式,是生命磅礴的一种形式,是生命的外在表现形式,也是命运得济的一种形式。(《宗教的地位问题》,页52)

这里的"宗教"显然指的是 Religiösität［虔敬心性］。对哲学、艺术、道德也可以作这样的区分:理性认识、艺术想象和道德意识是内形式,哲学体系、艺术作品、道德规范是外形式。因此,必须区分客体的宗教内容(外形式)和主体的宗教过程(内形式),这一过程是对存在与应然、可能性与必然性、愿望与恐惧的形式把握。换言之,存在与应然、可能性与必然性、愿望与恐惧是生命的在性,把握生命的在性则有多种方式:艺术、道德、法律、习俗、科学等等,宗教只是这众多的基本形式之一。① 在这里,虔敬心性［宗教性］就是宗教的内在形式,有别于作为客体的宗教形式(教义和机构)。作为内在形式的虔敬心性(与哲学的理性认识和艺术的创构想像一样)是给生命赋形的主体活动,客体的宗教形式则是给生命赋形的主体活动的结果。所以,客体的宗教形式随时代而发生变化,给生命赋形的虔敬心性(内形式)则始终不变。因此,西美尔说,宗教是人之生命的"内在本质的先验性基本形式"(《论宗教的认识论》,见《桥与门》,页 110–115)。

宗教的内形式的建立,基于对生命的三种关系态度的转变:个体生命与自然的关系,个体生命与自身命运的关系和个体生命与人际的关系——这三种关系是生命领域的三种主要类型(《论宗教》,页 76)。虔敬心性的形成,在个体生命与自然的关系方面体现为产生震惊感,在个体生命与自身命运的关系方面体现为在偶然的生存中产生生命意义感,在个体生命与人际的

---

① 西美尔的"生命"与"形式"的关系同狄尔泰的"生命"与"世界观"的关系类似;参 W.Dilthey,《世界观的类型及其在形而上学体现内的展开》,见林方编,《人的潜能和价值》,刘小枫等译,北京:华夏出版社,1987,页 7–12;西美尔提及"生命"与"世界观"的关系,参西美尔,《论宗教》,前揭,页 72。

关系方面,体现为产生归属感和共契感(《论宗教》,页 80)。因此,宗教具有的与哲学、道德和艺术不同的特殊"音色"(Klangfarbe)在于人的灵魂状态,即个体灵魂与上帝之间的一种关系,而且"主要是构成整体关系一方的人的主观态度,或人对该关系现实性的主观反应。它纯粹是人的感觉和信仰,是我们灵魂的一种状态或经历,或者可把它列入一种功能,表明我们是人与上帝间关系的一方。"(《论宗教的认识论》,《桥与门》,页 109)西美尔对宗教信仰的情感化解释,会让我们想起施莱尔玛赫的情感神学:宗教信仰最内在的本质就是人之灵魂状态或情绪状态。虔敬心性是一种生命过程,它使经此过程的一切都成为宗教的领域。可是,施莱尔玛赫的情感神学是对康德的理性化宗教哲学作出的思想反应,如果西美尔对宗教信仰的解释是情感化的解释,那么,西美尔就不是一个彻底的康德主义者——如特洛尔奇(Troeltsch)所说,西美尔的宗教哲学是一种心理主义,它力图把宗教从理性主义的有效性尺度中解救出来。①不过,西美尔的确也推进了康德的精神形态的分化论,这就是他提出的所谓"宗教人"命题:

> 宗教人以一种特殊的、仅仅属于他自己的方式生命,他的灵魂过程所表现出来的各种灵魂力量的节奏、色调、秩序和范围,与力量人、艺术人、实践人截然不同,不可混为一

---

① 特洛尔奇还说,他从西美尔的宗教哲学中看到一种"本位爱国主义"(Ressortpatriotismus)。参 E.Troeltsch, Zur modernen Religionsphilosophie,见 *Deutsche Literaturzeitung*,1907(27)。西美尔的宗教观与施莱尔玛赫的宗教观一样带有审美主义色彩。关于西美尔的审美社会理论,参见 S. Hubner-Funk, *Georg Simmels Konzeption von Gesellschaft: Ein Beitrag zum Verhaltnis von Soziologie、Aesthetik und Politik*, Köln, 1982。

谈。(《论宗教》,页 76)。

这意味着,宗教与艺术、伦理、哲学和科学不同,有其自律的领域。在考察现代社会中的宗教问题时,精神形态的分化论在西美尔那里具有重大意义。

现代性与宗教

在韦伯的现代社会—文化理论中,宗教社会学占有重要位置,它有两个基本问题意识:西方基督教与现代理性化社会形态的出现有何关系(所谓"为什么只有西方才具有一种独特的理性主义")和现代社会中宗教形式的转化及其意义。① 西美尔的宗教理论并不关注前一个问题,但比韦伯更多地探讨了后一个问题。

在考察西美尔的论点之前,我们需要先了解其现代性文化理论的基本命题:②西美尔如何理解现代性文化及其危机?

---

① 参 W.Schlucht, Religion, politische Herrschaft, Wirtschaft und burgerliche Lebensfuhrung:Die okzidentale Sonderentwicklung,见 W.Schlucht 编, *Max Webers Sicht des okzidntalen Christentums*, Frankfurt/Main 1988,页 111-128。艾森斯塔德(S.N.Eisenstadt),《西方的起源:当前宏观社会学理论中西方的起源问题——新教伦理再思考》,见《国外社会学》,1992(1),页 18-25。值得提到,犹太教的宗教哲学家马丁·布伯是艾森斯塔德的老师之一。
② 西美尔的现代性文化理论,参 D. P. Frisby, Georg Simmels Theorie der Moderne;与其他古典社会理论家的现代性文化—社会理论的比较考察,参 H-J Dahme/O.Rammstedt,Die zeitlose Modernität der soziologischen Klassiker:Uberlegungen zur Theoriekonstruktion von E.Durkheim, F.Tonnies, M.Weber und besonders G.Simmel;均见 H-J Dahme/O.Rammstedt 编,*Georg Simmel und die Moderne*, Frankfurt/Main1984,页 9-79 及页 449-478。亦参 D.P.Frisby, Soziologie und Moderne; F.Tonnies, G. Simmel und M.Weber,见 O.Rammsteht,编,*Simmel und die frühen Soziologen: Naehe und Distanz zu Durkheim, Tönnies und Max Weber*,前揭,页 196-221。

> 现代化个体生活的主观主义和它那浮夸的我行我素无非说明：事态文化、机构教养文化及客观思维文化正日益复杂、精细，其扩展范围无穷无尽，它们的内在统一关系都归向文化整体，而文化整体又拒绝把各种个体文化归结到自己之中。(《我们文化之未来》，见《桥与门》，页96)

按前述生命与形式的关系的理论，即内在形式可称为主体文化，外在形式可称为客体文化，在西美尔看来，现代性文化危机体现为主体文化(生命演化的内形式)的紊乱及其与客体文化的分离。本来，主体文化创造客体文化，客体文化又通过同化内在，使人的主体素质向完善演化。① 然而，在现代社会，由于主体文化与客体文化分离，人的主体素质向完善演化的进程便中断了。可见，西美尔从其生命哲学出发来理解现代性文化危机：一旦新的生命形式冲动(哲学理性、虔敬心性、艺术感觉)与旧的文化形式相冲突，就会出现所谓文化危机。"生命只能通过形式来表现自己和实现其自由；然而形式([引按]指外形式)又必然妨碍着生命的发展并阻止其自由。"(《现代文化的冲突》，页38)现代性就是这种内—外形式冲突的文化危机，它不过是生命与形式的恒古冲突的新阶段而已。然而，新在何处？

> 当前，我们正经验着一个历时久远的斗争的新阶段——不是充满生命的当代形式反对毫无生命的旧形式的斗争，而是生命反对形式本身或形式原则的斗争。(《现代文化的冲突》，页21)

---

① 参西美尔，《论文化的概念》，见〈德国哲学〉(北京)，1985(1)，页41。

现代性文化危机的性质是：生命（内形式）反对（外）形式本身，而非仅仅反对旧形式。这一历史事件肇始于从英国革命到法国大革命之后的历史时期："在这些革命的后面有一种几乎全新的理想：个性解放、理性运用于生活、人类向着幸福和完美发展"（《现代文化的冲突》，页22）。现代性文化危机与以前所有时代的文化危机不同在于，由于生命反对形式本身，以致生命不再有形式可用来表达自己。现代人不是没有共同理想，而是根本没有任何理想。生命的表现不再是形成新的形式，而只是生命的单纯原始表现或"绝对生命的一次冲击"。生命的单纯原始冲动成了形而上学本身，"绝对生命的一次冲击"既不依赖旧形式，也不创造新形式，冲击完就了事（有如当今的某些行为艺术）。生命（内形式）不再通过（外）形式来理解自身，只是靠生命欲望自身来理解生命。生命不再通过自身与形式的交替更新来维持和提高自己，而是仅靠生命欲望自身来维持自己。现代性可称为一场"脱离形式本身的运动"，它体现在现代哲学、艺术、道德和宗教各个方面（《现代文化的冲突》，页32）。现代性因此是对整个古典文化原则的反叛：古典文化是"关于形式的思想体系"，现代生命不是以新形式反对古典文化原则，而是希望把生命从形式原则中解脱出来（同上）。然而，以无形式的生命来反对形式最终是不可能的。西美尔虽然注重主观生命的创造力，但也注重客观文化对主体生命的塑造："它引导人类灵魂走向完善或指出通向更高存在阶段的单程和全程"——问题是，如今客体文化被主体文化彻底抛弃（《文化本质论》，见《桥与门》，页92-93）。生命与形式的冲突是恒在的，现代人及其现代文化不过把这一恒在的冲突展示得最彻底、感受得最深切而已——就宗教而言：

现代人既不会忠心耿耿地信奉某种现成的宗教,也不会故作"清醒"声称宗教只是人类的黄粱美梦,渐渐地,人类便会从中苏醒过来。然而,就是面对这样一种事实,现代人却陷入了极度的不安。(《宗教的地位问题》,前揭,页40)

现代人不再信传统的宗教,但现代人其实又仍然需要宗教。这是西美尔对宗教的现代性问题作出的基本论断。[1]

我们需要先搞清现代人如何不再信传统宗教。西美尔认为,对于近代无神论来说,传统的宗教教义的确已失效。但这不是自然科学或历史科学的结果,因为这两种科学都无法彻底反驳宗教教义的依据。科学理性只是拒绝用科学思维去论证无法用实验验证的东西,拒绝信仰的科学化。宗教教义可信性的丧失,根本原因是人的内在需求在现代社会发生了变化——这是启蒙文化的后果,它使"人的内在需要站在空白的零点上"(《宗教的基本思想与现代科学》,见《桥与门》,页124-126)。然而,在现代社会中,宗教绝非如马克思设想的那样会趋于消亡:

启蒙也有盲目之处,它以为通过对宗教长达几个世纪的批判,已经把人类有史以来便控制着人,而且从原始初民直到最文明的民族概莫能外的渴慕(Sehnsucht)彻底摧毁了。然而,这样一来,当前绝大多数文明民族的尴尬处境也

---

[1] 关于西美尔对现代人的分析,参 W. P. Wiesehofer, *Der unmetaphysische Mensch: Untersuchungen zur Anthropologie im Frühwerk Georg Simmels*, Duisburg 1975,页53-141。

就完全暴露出来了：需要的力量不断地驱使着他们，他们又把迄今所能提供的、但只有眼下才能兑现的满足看做是纯属幻想，有了这些满足，他们却反而深陷虚无，不能自拔。宗教在始终不断地新陈代谢，就像一颗树不断奉献出成熟的果实。(《宗教的地位问题》，前揭，页 47)

启蒙文化使信仰的超验教义内容变得不可信，首先是因为信仰主体与信仰对象(超验内容)的分离。在古典文化中，信仰主体与信仰对象(超验内容)是一体的。主体文化与客体文化的分离，是现代文化的特性。与此相应，信仰主体与信仰对象(超验内容)的分离，是现代宗教的特性。信仰主体与信仰对象(超验内容)分离后，信仰对象(超验内容)成了抽象的规定性，随之就被当作幻想排除，只剩下信仰主体孤零零的憧憬(宗教需要)。尽管如此，

> 作为灵魂的现实性，宗教也不是已经完成的东西，不是固定不变的实体，而是一个生机勃勃的过程。虽然一切传统内容牢不可破，每个灵魂、每个历史瞬间还是必须独自创造出这样的过程来。宗教的活力和核心就在于，现有宗教不断进入感情之流，情感活动又必须不停地重新塑造现有宗教，就象水滴虽然不断变化，却制造出稳定的彩虹图像。(《论宗教社会学》，前揭，页 17)

在现代社会中，宗教并未消亡首先体现为神秘主义的泛滥，其动机有二："反对和指导宗教感情的形式被认为不适合于现代生活"，"宗教冲动必须寻求不同的目的和方法"。

> 显然,宗教经验界限的严格规定和划分已经被取而代之。神秘主义追求超越任何个人和特殊形式的神;它探索着不和任何教条主义樊篱相冲突的无限广阔的宗教感情;探索着无形式的无限,探索着只以强有力的精神渴求为基础的表现摸式。(《现代文化的冲突》,前揭,页33)

神秘主义的泛滥表明,现代的宗教冲动不是以新的宗教形式来更新宗教生命,只是宗教需求的单纯冲动。宗教生命在涌动,而宗教形式(超自然目的和宗教制度)却被全然否弃,于是,宗教生命再也没有形式可用来表达自己。在西美尔看来,神秘主义表明了宗教生命的衰落:

> 同未来派现象一样,无定形的神秘主义标志着一个历史瞬间,在这一瞬间内,内在生活不再进入目前形象的形式,因为没有形式存在,它不可能创造其他合适的形象。(《文化形式之变迁》,见《桥与门》,页102)

在现代社会,传统的超验信仰内容也不再为人所信奉,它们被判为幻想。但宗教又是人的灵魂中的"一种存在或事件,是我们天赋的一部分。宗教天性在本质上和情欲天性是一样的。"(《宗教的地位问题》,前揭,页42)那么,宗教的现代性问题的关节点究竟何在?按西美尔的看法,现代社会的基本结构品质是因劳动分工的精细导致的社会分化。宗教的基本功能是社会整合,因而,宗教就锚在社会分化与社会整合的张力之间

(《论宗教》，前揭，页 123-134)。①传统社会的形式特性是，政治秩序没有出现分化的形式，道德、宗教和法律是一体化的，人与人的关系受这种一体化的社会形式支配。在现代社会中，"人际关系由单纯的传统状态过渡到宗教状态，由宗教状态过渡到法律状态，或由法律状态过渡到自由品德状态"，宗教的形式也就发生了变化(《论宗教社会学》，前揭，页 5-6)。现代社会中的个体原则是自由，这意味着要摆脱社会整合，摆脱社会约束。由于宗教的社会功能是为社会提供整合形式，现代的个体原则也就意味着要摆脱宗教——这就是宗教的现代性危机。

后宗教时代的主体宗教

现代文明是"后宗教"时代的文明，西美尔针对宗教现代性问题提出的解决方案也就可以被称为"后宗教"的宗教提案。既然"宗教"的含义在西美尔那里具体指的是教会建制和教义之类的所谓外在形式，所谓"后宗教"的宗教意味着：改变人的内在心态，把宗教不再当作一种客观的实体或外在的形式，而是看作内在行为。对于基督教来说，这意味着要搞清"究竟以什么形式才能充分表现宗教生命"(《文化形式之变迁》，见《桥与门》，页 101)——换言之，现代性宗教的特征是后宗教(建制和教义)的个体宗教。

宗教的确是个体灵魂与超验者之间的一种关系，但它毕竟是个体的心性事件。传统思想只把信仰对象(超验内容)视为

---

① 亦参 W. Gephart, Georg Simmels Bild der Moderne, 见 *Berliner Journal für Soziologie*, 1993 (2)，页 183-192。

形而上学的价值存在,启蒙文化以为排除了信仰对象(超验内容),形而上学的价值存在就没有了,这是大错特错。在西美尔看来,"主体宗教性"本身就是形而上学的价值存在。因此,西美尔提出以建立主体宗教来克服信仰主体与信仰对象(超验内容)的分离:

> 我们可以通过在与其对象同时产生的灵魂信仰中,把灵魂的宗教存在当作是超越于这种关系之外、不受主—客体矛盾干扰的绝对者,来彻底克服二元论。(《宗教的地位问题》,前揭,页 45)

这一主张听起来就像是德意志浪漫派思想家提出的"返回内心性"——因此,思想史家勒塞说,西美尔是卓越的诊断家,却是太差劲的治疗家(参 K.Leese,前揭书,页 157)。勒塞对同时代的诗人里尔克的宗教思想有出色的辨析,但他却没有看出,西美尔的宗教思想与里尔克的宗教思想有相当的类似性。换言之,西美尔提出了治疗方案吗?抑或只是象里尔克那样表达现代式的宗教性?作为一个审美主义式的社会理论家,西美尔的现代性诊断往往不过是现代性心绪的表达。西美尔的所谓"内心性"是一个生命哲学的概念,指的是个体生命的在性本身。①因此,对西美尔来说,宗教的现代性困境的解决是"宗教重新回到特殊的、直接的生命之中,而不是飘逸于自在的、超验的世界"。毕竟,宗教不是教理和机构的总和,而是作为个体的"人

---

① 据 M.Susmann 回忆说,西美尔的"灵魂"概念以埃克哈特(Meister Eckhart)的灵魂概念为基础,其含义是与内在的直接关系;参 K.Gassen/M.Landmann 编,*Buch des Dankes an Georg Simmel*,前揭,页 284。

的如此在"(So-Sein des Menschen)状态(《宗教的基本思想与现代科学》,见《桥与门》,页 128-129)。事实上,西美尔自己重新界定了"宗教"的含义:"只有这种我们所说的宗教性的特殊内在存在所创造或仿造的一切,才称得上是宗教。"(《宗教的地位问题》,前揭,页 45-46)例如,灵魂获救是宗教性的最高实现,而灵魂获救只能通过灵魂与上帝的相互关系才能实现,但这种相互关系在西美尔看来最终不过是一种主体的感觉状态(《论灵魂的拯救》,见《桥与门》,页 131)。成为"宗教人"并非意味着要在自身之外构造一种神性之域,靠外在的客观信仰来引导自己的生命,而只是在个体生命的灵魂开始活动的那一刻成为自己。即便宗教的客观形态(如建制教会或教义)在现代社会中会消亡,"宗教价值依然完好无损地保存在灵魂中"(《宗教的地位问题》,页 46)。宗教的客观形态——西美尔所说的超验世界、教会教义、救恩事工等,只是把宗教存在从生命中抽象出来的结果而已。

西美尔相信,只要有社会存在,"宗教性"(Religiösität)就会存在,即便作为建制的"宗教"(Religion)会消亡。这种看法不仅是西美尔对现代性宗教状况的描述,也是他自己的宗教信念的表达。① 对西美尔来说,"宗教性"是一种生存品质、一种在世关系和感情依附,而"宗教"不过是一些教堂、寺庙式的建制和教义——"宗教性"是活生生的虔敬生命,"宗教"是死气沉沉的宗教机构。宗教教义和机构作为制度化的"培育"(Kultur)机制曾经让活生生的宗教生命变成了一种外在形式,但也会让新时

---

① 事实上,西美尔已经提出了后来的社会学家提出的所谓无形的宗教问题,或者基督教神学家讨论的所谓"教会外的基督教"问题——参见 T. Rendtorff, *Christentum ausserhalb der Kirche*, Hamburg 1969。

代的宗教生命枯竭。① 对于那些天性不具备或较少"虔敬品质"的人,宗教教义和机构是他们成为"宗教人"的唯一可能条件。尽管如此,"虔敬品质"在这种人身上不过体现为每个周末上教堂,从牧师那里接受信条,从而"虔敬品质"与生命实际上是分离的(《宗教的地位问题》,页47)。宗教教义和机构原本只是作为生命的内在形式规定的"虔敬品质"的结果,在外在的宗教教义和机构身上去寻求宗教的活力,无异于舍本求末——宗教的活力永远在于充满希望或绝望的生命本身。那些天性具有"虔敬品质"的人的生命就是宗教的活力本身,根本无需外在的宗教教义和机构来让自己充满活力——对他们而言,宗教是绝然我属的"生命本体",而不是每个周末上教堂、从牧师那里接受信条。天生的道德灵魂根本无需外在的道德律令来规范自己,同样,天生缺乏宗教的灵魂才会去"信仰"宗教教义和机构:"谁内心没有上帝,就肯定要从身外去拥有他"(《宗教的地位问题》,页49)。因此,对现代人的精神不安来说,重要的是寻回作为生命的内在形式的"宗教性":

> 宗教把自己从其实质性和对超验内容的依附性中解脱出来,恢复或发展成为生命自身及其所有内容的一种功能,一种内在形式。整个问题就在于,宗教人……是否能把这种生命本身当作一种形而上学价值,以便可以轻而易举地用它来取代超验的宗教内容。(《宗教的地位问题》,页47)

---

① 西美尔的论点必然会引导出无(或超)宗派归属的基督徒身分的正当性问题,参 P-O.Ullrich, *Immanente Transzendenz*, 前揭, 页 212-213。

10. 西美尔论后宗教时代的宗教　　　*317*

这就是西美尔的后宗教的主体宗教的含义：克服宗教的现代性危机，不在于致力宗教教义和机构的现代化（这是徒劳的），而是个体自决的生命意义的实现（《宗教的地位问题》，页50）。只有内在的宗教性才不会消亡，它会不断创造出客观的宗教文化。

这并不等于全然否定作为客体的宗教形式，西美尔并不认为客体的文化形式（宗教形式只是其一）可有可无。基于现代的自由理念，西美尔实际主张一种自律（autonome）的主体信仰与神律（theonom）的客体形式相融贯的宗教文化：既摆脱异律（Heternomie）的精神束缚，又不坠入无关系的单子式个体状态（Anomie）。"西美尔哲学的卓越之处在于：对他来说，伟大的哲学最终是一种艺术直觉，而伟大的艺术作品则是哲学的表述"（皮茨瓦拉，前揭文，页256）。在宗教方面，对西美尔来说，"宗教性"的人有如艺术家，"宗教性"有如艺术创造，而真正的艺术家是"宗教性"的人，真正的艺术品是"宗教性"的。宗教和艺术都属于灵魂的事情："只有上帝和艺术才确定属于我们灵魂，因为我们相信上帝，我们欣赏艺术"（《基督教与艺术》，《桥与门》，页142；亦参《论宗教》，页73）。

西美尔由此区分了个体和大众：宗教人只会是个体，而大众永远只会追逐外在的宗教教义和机构（《宗教的地位问题》，页50）。现代性的宗教问题关键在于宗教的转向：从"宗教"转向"宗教性"，从大众转向个体。照此看来，所谓后—宗教的主体宗教就是个体性的宗教，是个体的宗教生命的朗然显发。然而，个体性虽然是现代式的伦理诉求，良好的社会也不应该是单子式的裂散状态，个体自由只有在社会整合中才有意义。由于宗教本身具有整合性，个体性的主体宗教并不会使得个体的特殊性成为"单调的片面性和扭曲的极端性"。所以,西美尔说,"宗教能够把人的特殊性以及不同人的共时性在同一时空中完美地表现出来,而这是竞争所无法做到的。"(《论宗教》,页140)。

西美尔的这些观点触及到一个现代性的要害问题:个体自由与社会共契如何达成一致——自托克维尔以来,西方的宗教理论一直在围绕这一问题思考。①在西美尔看来,传统的宗教形式已经很难为高度分化的现代社会提供一个 coincidentia oppositorum[对立的合致]形式,要克服现代生活的碎片化,最终得靠在个体的内心建立起宗教形式。毕竟,对现代人来说,宗教的最大效益就是消弭"内在生活的种种对立"(die Gegensätze des inneren Lebens)。韦伯视为不可解决的生活秩序与价值域的冲突,在西美尔看来最终得靠个体灵魂的宗教性来克服:"在无休止的冲突和漂荡中寻得解脱和和解。"②在现代社会高度分化的生活结构中,个体只有通过与自己的上帝的关系,才能找到自己的确定身分认同。这样一来,现代人的上帝当然是一个"分化/差异化的上帝"(der Gott der Differenzierung)——这样的论点听起来颇像韦伯所谓的"诸神"之争。不过,西美尔相信,宗教的个体化及其"分化的上帝"并不会使得社会结构裂散,反倒是社会整合的酵素。在著名的《社会如何可能?》一文中,西美尔把个体性灵魂得救的宗教观念视为社会的先验性条件:只有通过个体间的互动社会才有可能,生活圈中的人越个体化,社会化也就越有可能(《社会学》,前揭,页47—56)。从这

---

① 参 N.Luhmann, *Funktion der Religion*, Frankfurt/Main1992,页9—71;戴斯耶,《贝拉社会学中关于人类的自主与团结的宗教条件》,见《国外社会学》,1993(1)。

② 参 G.Simmel, *Die Gegensätze des Lebens und der Religion*,见 G.Simmel, *Gesammelte Schriften zur Religionssoziologie*,前揭,页69—73。

一意义上讲,灵魂得救信仰的个体化也是一种社会化的条件。

灵魂的得救是所有宗教的要素,虽然灵魂的得救需要靠宗教形式(教义和机构),但灵魂的得救最终是个人切身的事。"拯救灵魂必须自己针对自己,……如何赢得灵魂拯救,世上不存在万能处方,各人都应各自走自己的道路。"(《论灵魂的拯救》,见《桥与门》,页138)。在西美尔看来,只要基督教成为这种自由的灵魂得救的艺术,它就触及到了现代生活的根本问题。人的天性自然地有差异,人生价值的选择只能由个体自决,这种自决负担着对个体自身和社会的责任——西美尔甚至说,耶稣"非常清楚如何估计人的精神素质的差异"。所谓基督教的灵魂得救是自由的,意思是信靠耶稣基督最终要求信仰者依自己的个体在性在生命失落的处境中从上帝付出的救恩那里重新找回自己。基督教的灵魂得救理念的特点是,把个体从非个体状态中解救出来:"假如灵魂并非在通往自己的道路上找到了拯救,而只是灵魂在寻求拯救,那么这种拯救就不是灵魂的拯救"(《论灵魂的拯救》,《桥与门》,页135及以下)。另一方面,所谓自由也表现为个体在社会现实中的生存自律,即个体"对其行为负责的自由"(《论宗教》,页112)。这样一来,灵魂得救的自由形式就有如艺术家的个体性表达——因此,有人说西美尔的后宗教的主体宗教性是审美主义的,恰如其分。

西美尔宗教观的审美主义性质尤其体现在宗教信仰与道德行为的分离:在西美尔看来,信仰的内在特性不可与道德特性混为一谈——灵魂在信仰活动中的表现多种多样(《论宗教的认识论》,见《桥与门》,页122;《论宗教》,页75)。信仰可以通过道德行为来表达,不等于信仰本身就是道德行为。自康德以来,精神形态的分化论逐渐成为现代性文化理论的基础。但人们通常看到的主要是康德对理论理性、实践理性和鉴赏理性作出的区分,其实,在康德那里还有宗教理性与前三者尤其道德理性的区分:道德理性属理性信仰,而理性信仰与宗教信仰判然有别。① 西美尔的宗教认识论区分宗教形式与道德形式,可以说是对康德的宗教理论的进一步推进:尽管道德行为最终可引向宗教,以致宗教显得是道德行为的"最终目的"(Endzweck),但宗教品质与道德品质的基础完全不同,根本不存在前者取代后者的问题(《桥与门》,页 116 以下)。②

西美尔的宗教理论虽然在表述上显得零散,却触及到西方宗教的现代性问题的方方面面:宗教与劳动分工的关系,个体性与归属性的关系,宗教领域的特殊分工与社会结构的关系,宗教与社会平等的关系,宗教内部的分化,宗教的个体化,宗教宽容等等。③我国学界有这样一个流行看法:西方的宗教理论往往以西方宗教(即基督教)为中心。其实,社会理论的宗教观从现代性社会问题出发来探讨宗教的一般社会和文化功能,要么以人

---

① 参克罗纳(R.Kröner),《论康德与黑格尔》,关子尹译,台北:联经出版公司,1985,页 82。

② 亦参 G.Simmel, *Einleitung in die Moralwissenschaft*, 2 Bde, Aalen, 1964。康德的宗教理论见《单纯理性限度内的宗教》(李秋零译,中国人民大学出版社,2008),与西美尔的宗教认识论问题相关的康德的神学认识论,见《判断力批判》下卷。黑格尔否定了康德对精神形态的形式区分,称"上帝是内在于世界中的理性",恢复了精神形态的一体化。参 F.L.T.Godfrey 的《黑格尔的绝对与有神论》和柯普莱斯顿的《黑格尔与神秘主义的理性化》,两文见 W.E.Steinkraus 编,《黑格尔哲学新研究》,王树人等译,商务印书馆,1990,页 209 及 233 以下。黑格尔受康德影响最大的两本书是《纯粹理性批判》和《单纯理性限度内的宗教》,参克罗纳,《论康德与黑格尔》,前揭,页 171 以下。

③ 英美学界很晚才注意到西美尔的宗教思想,毕竟,20 世纪 50 年代,美国社会学界才引介西美尔的社会学思想,参 H.J.Helle, *Einleitung zur Gesammelte Schriften zur Religionssoziologie Simmels*,前揭,页 24。奥戴(F.O'Dea)的《宗教社会学》仅一处简要提及西美尔,参见奥戴,《宗教社会学》,刘润忠等译,中国社科出版社 1990,页 55。

类学的材料(原始宗教)为基础,要么以比较宗教学的材料为基础,并没有预设基督教中心论——即便以宗教哲学为基础,也抽掉了基督教的基本信理。西美尔说得很清楚:

> 基督教之外还有各种各样的神,他们虽然不是全部,至少也是部分或从某个方面而言,是集体整合性的超验表现,而且同样也是一体化和社会化功能意义上的整合性的超验表现。(《论宗教》,前揭,页131)。

"超验表现"是一个宗教哲学术词,用这个语词来描述世界上的所有大宗教都行得通——比如,下面这段话用来说无论儒教还是道教同样行得通:

> 要求弥补零散的此在,要求调和人自身中以及人与人之间的矛盾,要求替我们周围一切飘忽不定之物找到可靠的基点,到严酷的生命之中和之后寻求正义,到生命纷杂的多元性之中和之外寻求整合性,对我们恭顺以及幸福冲动的绝对对象的需求,等等,所有这一切都孕育了超验观念。(《论宗教》,前揭,页85-86)

这并不意味着各种宗教没有差异——西美尔认为所有宗教都有整合功能,但基督教的整合"动机"有一个不同于其他宗教的源头即上帝的身位形式(《论宗教》,页113)。[1]即便如此,在

---

[1] 关于西美尔的基督教社会理论的分析,参 H.J.Helle, *Soziologie und Erkenntnistheorie bei Georg Simmel*,前揭,页135-140。

现代商业化文明时代,一个新的伪神出现了,它可能会抹平所有传统宗教的"超验观念"的差异——这个伪神就是货币:

> 心理形式意义上的货币,作为绝对手段因而也作为无数目的序列的整合点,实际上与上帝的观念有一种重要的关系,这种关系只有心理学才能予以揭露,因为心理学有种特权,它不会被指责有渎神的罪名。上帝观念的本质在于,世界一切的多样性和对立都在他那里到达一种统一……从这一观念出发,存在的所有相异者和不可调和者都在上帝那里找到了它们的统一和对等,平和、安全、感情中包容一切的财富,都是从我们所持的上帝观念中反射出来的。(《货币哲学》,前揭,页166)

倘若如此,现代文明的根本问题之一乃是:人们最终信靠的是货币还是某种"超验观念"——后现代的社会现实不断在告诉人们,能够解救这个世界的是货币,而非作为超验观念的"上帝"。

11. 阿伽通与后现代的"神"

柏拉图和苏格拉底生活在两千多年前,与我们身处的语境毫无关系,何以可能与后现代扯上关联?这个问题使我们首先得面对西方美学史上一个不大但也不算小的难题:在通用的美学或文艺学教科书中,柏拉图被视为这门学科的西方始祖之一。① 可是,柏拉图作品中出现了"美"这个语词,不等于有"美学",因为"美"是一个日常语词。的确,在《会饮》中,苏格拉底回忆的第俄提玛教诲有一段关于"美的本相"的著名说辞,但从美学来衡量,这段关于"美"的说辞很难算得上一种美学观点。毕竟,古希腊并没有美学,只有诗学——诗学与美学不是一回事。②现代人文学科中

---

① 参见朱光潜,《西方美学史》,上册,人民文学出版社,2002,第二章。
② 西方当今的标准哲学史教科书"劳特利奇哲学史"卷一《从开端到柏拉图》(泰勒主编,韩东晖等译,中国人民大学出版社 2003),在柏拉图的"美学"名目下介绍的是柏拉图的苏格拉底关于诗和诗人的看法(页 500 以下)。同样的尴尬见于所谓柏拉图的"心理学"——古希腊并没有心理学,仅有灵魂学说,《从开端到柏拉图》在"心理学"名目下介绍柏拉图的"灵魂学说"。

有美学,在我国眼下的文教制度中还是二级学科。但"美学"是近代启蒙运动后期才出现的,用伽达默尔的话说,"美学是一个非常晚的发明",得归功于"康德的伟大贡献,他远远超越了美学的奠基人——前康德的理性主义者鲍姆伽通"。① 我们知道,鲍姆伽通是18世纪的一位理性主义启蒙哲人。

读过柏拉图《会饮》的读者都知道,这篇对话作品文学色彩很浓,主题是一帮文人智士赞颂"爱神"——这个语词的希腊文含义本来是人性的自然爱欲,古希腊神话喜欢把种种人性品质拟神化。但在赫西俄德的《神谱》中,爱神在神界并不占据重要位置。《会饮》在赞颂爱神的名目下赞颂人性爱欲,但爱神与人性爱欲显然有实质性差异,除非我们把人性爱欲捧为一个神。人性爱欲具有多样性,或者说有个体差异,比如,《会饮》中的前三位发言人都是男同性恋,当他们把自己身上的自然爱欲作为一个神来颂扬,等于爱神即男同性恋爱欲。

在苏格拉底发言之前共有五位讲者,除了阿伽通,没谁赞颂爱神时用到"美"这个词。阿伽通是肃剧(旧译"悲剧")诗人,他不仅明确颂扬爱神[爱欲]的"美",还提出了一套完整的理论。如果可以把"美学"的源头追溯到古希腊,恐怕只能追溯到柏拉图笔下的阿伽通身上。我们不能谈"柏拉图的美学",但确乎可以谈"阿伽通的美学"——如果对照后现代美学大师马尔库塞的名作《新感性》来阅读阿伽通的爱欲颂,我们的确可以感受到惊人的同调。②何况,为自然爱欲正名,恰是后现代的标志

---

① 参见伽达默尔,《美的现实性》,墨哲兰、邓晓芒译,见刘小枫编,《德语美学文选》,下卷,华东师大出版社,2006,页289、292。
② 马尔库塞,《新感性》,余启旋、刘小枫译,见刘小枫编,《德语美学文选》,下卷,前揭,页241-262(以下随文注页码)。

性著作之一《爱欲与文明》(1961)的主题。

如果可以把阿伽通对爱神[爱欲]的"美"的系统化赞颂看作一种美学甚至神学，随后苏格拉底对阿伽通的盘诘并迫使他承认自己错了，苏格拉底就与后现代有关联——前提得是：阿伽通的爱欲观的确具有后现代性质。①

一、爱神颂与民主政治文化

柏拉图笔下的会饮场合的起因是：年轻诗人阿伽通的剧作在雅典戏剧节公演得奖后举办私人庆宴，请来一帮私人朋友聚会——大家经民主程序商议，一致同意以言辞代酒，每人作一篇对爱神的颂辞。可以说，阿伽通的美学以民主政治文化为前提：没有民主政制及其文化风尚，恐怕也就不会有阿伽通美学出现的机缘。我们将会看到，在阿伽通对爱欲的美的颂扬中，的确包含着民主政治的一些基本理念。不用说，现代美学的出现，正是以民主政治文化为基础或前提——严格来讲，现代美学是卢梭催生的，②被卢梭感动的康德不过为美学的诞生打下了更为坚实的哲学基础。卢梭的鹅毛笔涉及文艺问题时，无不与对民主政制问题的关切相关。③ 后现代美学的出现，则与后现代民主的激进化诉求相关。且不谈"批判美学"与1968年西方新左翼

---

① 柏拉图《会饮》的义疏很多，本文对《会饮》的释读主要依据施特劳斯（Leo Strauss, *On Plato's Symposium*, Chicago: University of Chicago Press 2001）和罗森（Stanly Rosen, *Plato's Symposium*, New Haven: Yale University Press, 1967）的疏解。

② 参见耀斯，《个体的宗教起源与审美解放》，刘英凯译，见刘小枫编《德语美学文选》，下卷，前揭，页349-361。

③ 参见施特劳斯，《论卢梭的意图》，冯克利译，见施特劳斯，《苏格拉底问题与现代性》，刘小枫编，彭磊、丁耘等译，北京：华夏出版社，2008，页69以下。

运动的关联,随后的整个后现代思潮里里外外都浸透着"审美规定"。据说"在非审美上,政治进行得更为顺利,但惟独在审美上,政治才能够考虑今日提高了的正义性要求。"①其实,马尔库塞早在西方文革时期已经看到:"政治抗议变得无孔不入、无所不包了,它甚至进入了在以前被作为非政治性的审美之维"(《新感性》,前揭,页246)。

民主政治文化怎样规定着古希腊诗人阿伽通的爱欲美学呢?在他发表讲辞之前,苏格拉底曾预言他会讲得漂亮,以至担心接下来轮到自己发言会没词儿——阿伽通接过话头,说苏格拉底在给他下迷药,要他想到因"观众满怀期待"心里发慌。阿伽通的话表明,他其实非常自负,满不在乎,明明在座的仅区区几位听者,他却说"观众满怀期待",似乎还没从自己得奖后的陶醉中苏醒。苏格拉底说,自己怎么会以为他阿伽通心慌呢,他前天面对万人观众都没心慌啊。苏格拉底的话暗含机锋,迫使阿伽通表态,究竟在乎"那么多观众"的肯定还是眼下"少数世人"的肯定。如果阿伽通真的因为戏剧节得奖而志满意足,就表明他的智慧与大众的口味相同,或者至少在迎合大众口味。如果他真的有智慧,就不会看重多数人的喝彩,掉进民众的赞誉甘当民众之花。阿伽通脑子的确聪明,他听出苏格拉底话中有话,便说自己当然懂得,"对于有脑筋的人来说",让人心慌的总是少数聪明人,而非不明事理的多数人。换言之,阿伽通认为自己懂得智慧的人与众人的区分,他因为三万人投票给他的剧作而得意洋洋,其实是装样子,否则他不会搞私人庆典,以期得到

---

① 参见威尔斯,《审美思维与后现代》,李秋零译,见刘小枫编,《德语美学文选》,下卷,前揭,页398-418,引文见页416。

少数人的认可。

其实,苏格拉底与阿伽通在会饮一开场就有过言辞交锋,涉及的主题就是何谓有智慧,或者有智慧究竟由人数多来决定还是由见识和教养高低来决定。显然,这是民主政制文化的大问题:票数多是否能够决定有智慧,或者说,民主的方式是否能决定见识的高低,从而确立判定正邪、好坏、对错的裁决权。阿伽通发言之前,苏格拉底再次提出了这个问题。眼下的场合是,几个少数人依民主的程序和方式讨论爱欲,等于是在比赛关于爱欲的见识高低。前面已经有四个人发言,但人数多少在这里不能决定关于爱欲的意见的品质高低,否则前面有三位发言人主张同性恋,已经取得半数,同性恋就是最高品位的爱欲了。苏格拉底对阿伽通说的这番话温文尔雅,话锋却非常锋利:现在轮到看阿伽通关于爱欲有何高见。

阿伽通的发言一开口就强调自己(突出"我")会与众不同,要大家注意他会如何说,亦即注意他与此前的讲者颂扬爱欲的方式不同。提出新的"方法"往往与提出新的思想观念相关,或者说,新的主张往往以强调新方法的面目出现——现代社会科学和人文科学都非常重视"方法",随着"新方法"而来的是各种新观点、新主张。阿伽通强调自己的讲法不同,首先要纠正的是前面的讲者犯下的失误:没谁谈到爱神长什么样子——"样子"这个日常语词用在哲学上指"性质",爱神"是什么样子"也可读作爱神"是什么性质"。前面各位的颂辞没有谈到爱神的外表,也就等于没有谈到爱神的本质:爱神的外表与本质是一致的。阿伽通说,爱神是人的幸福的真正"原因",前面的讲者的确都没有说到这一点。阿伽通宣称,他要先依次讲清楚颂辞所涉及的东西的性质",表明他的独特讲法更在于,要讲清楚爱神的外表与爱神的本质的关联。他说,就有福分而言,"所有的神"都一样,爱神是神,不消说也有福分。但与其他众神不同,爱神"最美",言下之意,爱神因此福分也最大,福分与外表的美就联系起来了。这就好比说,爱神长得美[漂亮],然后再说爱神是人的幸福的"原因",如此说法隐含的推论是:长得美[漂亮]是人的幸福的原因。

阿伽通赞颂爱神的理由因此首先是爱神[爱欲]"最美",然后是"最好"——他随后首先论证爱欲的样子"最美",然后论证爱欲的品质"最好",似乎外表的"美"是内在的"好"的前提,或者说美是善的前提。用美学奠基人的说法,美学高于伦理学,美的理念是涵盖所有理念的最高理念:"只有在美之中,真与善才会亲如姐妹,因此,哲人必须像诗人那样具有更多的审美的力量。"①美显现于外表的样子,是看得见的,好是内在品质,未必能从外表看出来。一个"好人"外表有可能不"美",没有观之于言行,我们没法看出一个"美"人是否也是"好人"。爱神[爱欲]既美又好[善],表里一致,这就是阿伽通赞颂爱神[爱欲]的理由。被赞颂的对象必须有值得赞颂的品质,否则赞颂就是荒谬之举——人性爱欲有值得赞颂的品质吗?阿伽通说有,因为爱神这一人性爱欲的表征样子美、内在好,"美"和"好"当然值得赞颂。前面四位讲者对爱欲的赞颂的确都没有说到爱神的"美"和"好",从这一意义上讲,阿伽通对爱神的见识在品质上高于前面各位——不仅如此,阿伽通的颂辞在形式上也"美":言辞华美,论证理路也讲究对称的美,最后还有一段华丽的颂

---

① 谢林,《德国唯心主义最初的体系纲领》,刘小枫译,见刘小枫编,《德语美学文选》,上卷,前揭,页132。通常认为,这篇现代美学形成期的重要文献体现了黑格尔、谢林、荷尔德林三位哲学青年的共同看法。

赋,符合鲍姆伽通对"美学"所下的第一个定义,ars pulchre cogitandi[优美思考的技艺]。① 据伽达默尔说,这一定义受到古老的修辞术定义 ars bene dicendi[善说的技艺]启发,②阿伽通呈现的爱欲美学恰好借助的是智术式修辞术。

二、阿伽通论爱神的美

阿伽通用来证明爱神"最美"的第一个理由是"年轻",反过来说,年轻成了神性的一种谓词。对于后现代的我们来说,这一理由很好理解。在日常生活中,如今"美"几乎与年轻两不离,不仅女人如此,男人也如此。在现代文化之前的时代,"美"往往与年老相关,老年人受到崇敬,意味着丰富的人生经验受到崇敬。阿伽通说,爱神不仅年轻,"而且永远年轻",不仅讨厌老年,还离老年远远儿的。如果爱神喻指人性爱欲,等于说人性爱欲有不老的能力。凡人都不得不老,阿伽通说人性爱欲有能力不老,等于说人性爱欲具有神性品质。如果"年老"也是神性的谓词,那么,阿伽通认为,这个谓词不会用在爱神身上,只会用在"阿兰克"(alanke)身上——这个语词的含义是"必然",亦可译作"命定女神"。由此看来,阿伽通的意思是,"永远年轻"的生命原则应该取代支配人世的"必然性"原则。比如,人会变老是人生的必然,但阿伽通认为,"永远年轻"可以而且应该取代这种必然。取消必然的支配力量,人世获得的当然是自由,因此,"永远年轻"这一神性原则实质上就是自由的欲求原则——用

---

① 参见鲍姆伽通,《美学》,李醒尘译,朱立人校,见刘小枫编,《德语美学文选》,上卷,前揭,页1。
② 参见伽达默尔,《美的现实性》,前揭,页291。

马尔库塞的话说,"审美的宇宙需要自由的欲求和能力,正是为了解放这种欲求和能力"(《新感性》,页248)。

希腊文的"年轻"这个语词还有"新"的意思,"永远年轻"作为神性原则还包含永远"常新"的含义——后现代的审美原则就认为,凡新的就是好的。在论证爱神的外表"最美"时,阿伽通已经与爱神的内在品质联系起来:外表美的表征是年轻,内在善的表征是新,求新最能体现人的自由。什么东西是真正"新"的?自然的新是循环往复的"新",不算真正的"新",人从无到有创制出来的东西才是"新"东西。在后现代的激进民主论看来,"新感性和新意识"是自由社会的创设者和引领者——人所创制的东西最富"新"意的是诗,如果人世成为"诗艺"构造的世界,那么,人世就会成为爱神统治的世界。马尔库塞告诉我们,人性爱欲是否能从文明的千年压抑下解放出来,取决于诗性的自由社会是否可能。

阿伽通比马尔库塞早两千多年说出了"新感性"的政治诉求。在阿伽通看来,爱神的"永远年轻"要征服的不仅是年老的必然,更为重要的是政治的必然;这就是相互残杀的残酷。谁都知道政治的残酷,有可能消除残酷的政治吗?阿伽通说,完全有可能。从前,神界一直充满相互残杀,还有囚禁"以及其他许多暴力行为",那时爱神还没有在神界当王,"自从爱神当了神们的王",神界就出现了"友爱和安宁"。阿伽通让我们推想,人世间迄今还充满相互残杀的政治,不过是因为爱神还没有成为人世间的王,否则,人世早就进入了"永久和平"(借用康德的著名提法)。

阿伽通由此给出了爱神"最美"的第二个理由:爱神的样子不仅年轻,而且"轻柔"。为了论证这个理由,阿伽通引征了荷马——不过,阿伽通引荷马是所谓"六经注我"式引法:荷马笔下的"轻柔"描绘的并非爱神、而是阿特神。阿特神喜欢伤害、捣蛋、报复,①荷马并没有赞颂这个神。阿伽通把荷马用于阿特神的"轻柔"挪过来用到爱神身上,可谓化腐朽为神奇:让爱神的柔美品性化解了古老诗教传统中阿特神的伤害品性,为刚才说的爱神"当王"画龙点睛——阿伽通告诉我们,爱神的轻柔品质应该成为人的性情和灵魂的品质,因为"爱神把自己的住所筑在神们和世人的性情和灵魂里。"爱神对灵魂是有选择的:遇到心肠硬的灵魂就飘然而去,遇到心肠软的灵魂就住进去。这无异于提出了改造灵魂的革命诉求:为了爱神的留驻,每个人的灵魂都应该变柔软——用马尔库塞的话说,"美具有制约侵略的力量:她禁止侵略,使它瘫痪无力"(《新感性》,页244)。

神界的事情我们不得而知,就人间而言,可以设想,一旦每个人的灵魂都变柔软,世间的残酷肯定会自动消失。问题仅在于,人世间每个人的灵魂是否可能变柔软——后现代的民主文化智识人认为,这至少是可欲的人类未来,或者说,每个人的灵魂都变柔软,是现代民主文化的伟大理想之一。在谈到"民主对于严格意义上的民情的影响"时,伟大的民主理论家托克维尔说,几个世纪以来,随着人们的身份趋于平等,"民情变得柔和了"。民情不再那么粗暴以后,就会要求法律制度也体现柔和②——比如,我们今天会认为,无论谁犯下怎样十恶不赦的罪行,也不能处死,因为判死刑是心灵不柔软的表现。托克维尔还说,在民主的美国,定政治罪仍然必不可少,但为了不让普通公

---

① 参见荷马,《伊利亚特》,卷十九,罗念生、王焕生译,上海人民出版社,2004。
② 参见托克维尔,《美国的民主》,董果良译,商务印书馆,1988年,下卷,页700。

民感受到威慑,与政治罪相关的立法显得非常柔和,似乎仅仅威慑到担任公职的公务员,以至于民主的美国看似没有政治罪。其实,这种柔和的表面使得政治罪的运用更高效、更频繁。① 言下之意,民主政制必须巧妙掩藏政治管制难免的令人生畏的性质。

如何看待政治生活中的残酷,这个重大问题在古希腊经典作品(神话叙事诗、肃剧诗)中都相当突出。古老的诗教把政治生活中的残酷视为自然的必然性,人类生活必然充满相互缠斗,这是古老的诗教传统的一个重要见识。基于对世间"残酷"本性的认识,古老的诗教传统认为,正义的统治秩序必须基于具有威慑力量的权威,这种统治权威看起来也是一种"残酷"。从赫西俄德的《神谱》中可以看到:宙斯不仅通过严酷的斗争才建立起正义的统治秩序,为了维持这个秩序,宙斯的统治看起来也残酷:动辄就用霹雳击死不听话的神,再打入塔尔塔罗斯。阿伽通在赞颂爱神的样子"最美"时,言辞看起来轻飘飘的,实际上提出了非常革命性的观点:让本来受宙斯管制的爱神夺取了宙斯的王位。从前,命定女神"阿兰克"支配神界和人间,诸神之间有战争,人世间也难免有战争,一旦爱神取代了命定女神[必然]的支配,相互残害就会变成相互友爱。马尔库塞把这一想象表达得更为具体:人的感性力量可以凭靠技术理性战胜自然的必然,通过实践理性战胜政治的必然,人类最终会走向命定女神规定的必然的对立面,即从自然王国迈向自由王国——"那些不再自惭形秽的男女们的感性"一旦"克服了自己的罪责

---

① 同上,上卷,页118;参见马特,《民主的本质:托克维尔的政治哲学》,崇明译,北京:华夏出版社,2011,页102-106。

感","懂得了不再与自己犯过错的祖先站在一边","他们将是自由的,可以制止犯罪,防止犯罪行径卷土重来"(《新感性》,页242)。

在结束对爱神的样子"最美"的赞颂时,阿伽通再增加了两个赞颂理由:爱神体形柔软,色泽鲜艳。爱神"体形匀称、滋润",因此非常适于进驻灵魂。爱神一旦进入灵魂,就会使得人的灵魂变得有秩序感和优雅。显然,这一说法是对第二个理由所作的补充。阿伽通最后对爱神的美的描述用上了寓意手法,把爱神比喻作新鲜的没有肜体的生命气息本身:爱神总与鲜活的东西在一起,无论身体、灵魂还是植物,只要哪里有血脉、有鲜活,就会有爱神——爱神的样子"最美"的第四个理由无异于说,爱神或爱欲是神奇的生命原则本身。如果说前三个理由都是形体上可见的"美",第四个理由则上升到爱神[爱欲]的色泽鲜艳"美"。从阿伽通的描述来看,爱神的样子像朵花,或者说人性爱欲总如鲜花般鲜活。据史书记载,阿伽通的确写过一部名为"花"的肃剧作品——传统肃剧无不令人惊骇,阿伽通用"花"让人惊骇,堪称有现代启蒙理性之风。因为,雅斯贝斯告诉我们,从启蒙运动中产生的理性哲学证明,"神话式的无疑问的知识"(荷马—赫西俄德的神话叙事诗)和"神话式追问的知识"(古希腊肃剧)对世界的解释"都不充分",启蒙哲学"通过破坏一切错误地流传的神的想象",克服了肃剧知识。① 肃剧诗人阿伽通的爱欲想象是,让所有的冲突变和谐,摆脱一切受苦,因此可以说,他已经早于启蒙哲人两千多年克服了传统肃剧的

---

① 参见雅斯贝斯,《悲剧知识》,吴裕康译,见刘小枫编,《德语美学文选》,下卷,前揭,页68。

知识。

阿伽通自己长得如花似玉,有人说他的"花"剧是自恋的表现,他在这里对爱神的美样的描绘,显得像在描绘自己。在古希腊伦理中,自恋与同性恋一样,并没有好名声,正因为如此,马尔库塞把解放同性恋欲和自恋欲视为审美解放的基本标志:

> 俄耳甫斯和那喀索斯的形象调和了爱欲和死欲。他们唤醒了另一世界的经验,一个摆脱了控制,获得了解放的世界的经验,这是一种自由,它释放出爱欲的力量,而这力量至今仍被束缚在人和自然的潜抑与僵死的形式之中。这些爱欲的能量旨在和平而非破坏,旨在美而非恐怖。①

马尔库塞的这段精辟之言能够帮助我们更好地理解阿伽通对爱神的美的论证,尤其这一论证中的四项证明之间的内在关联。

三、阿伽通论爱神的"美德"

说完爱神何以"最美",阿伽通接下来赞颂"爱神的美德"——现代美学大师伽达默尔也是研究柏拉图的名家,他说过,古希腊的"美"这个语词本身就有"美德"的含义。按照古希腊的城邦伦理,所谓"美德"指的并非是"美的德行",而是共同生活的基本形式的表达(《美的现实性》,前揭,页287)。因此,

---

① 马尔库塞,《俄耳甫斯和那喀索斯的形象》,赵越胜译,见刘小枫编,《德语美学文选》,下卷,前揭,页267。

对爱神[爱欲]德性的论证,是阿伽通美学的题中之义。从阿伽通对"爱神的美德"的赞美来看,确乎如此,因为他提到的都是传统美德的名称——古希腊城邦伦理的四大实践美德。

正义位居传统四大美德之首,阿伽通首先赞美的爱神德性是"正义"。可是,阿伽通对爱神的"正义"的描述很奇特,他没有说爱神如何行义或主持正义,而是说爱神既不会行不义也不会遭受不义——"正义"被理解为消极行为,听起来很像当代自由主义思想大师伯林所谓的"消极自由"。联想到前面阿伽通对爱神的"轻柔"的赞美,他的意思可能是,爱神"当王"之后,首要的改革措施就是涤除正义所带有的天生强制力,使得正义的品质变成温雅的顾及或体贴。比如,按照后现代民主的诉求,对贩毒分子也应该体谅到他的神经生理很脆弱,缺乏自制,不能判死刑。阿伽通的爱神"当王"后对正义秩序的改革与后现代民主政治的法理诉求的确显得相当一致:这位新"王"宣布的公法原则是"自愿同意"。也就是说,正义并不裁决对与错、正与邪,只要多数人同意,行为就是"正派的",就可以受到法律保护。在赫西俄德笔下,宙斯的统治以严法著称,阿伽通赞颂的爱神的"正义"彻底颠覆了传统的正义秩序原则,爱神所主持的正义用不着强制力——如马尔库塞所说,"美就是对立的征服。由于没有压抑,强力再也用不上了"(《新感性》,前揭,页244)。伽达默尔说过,现代美学的经典作家们(席勒、黑格尔)用古希腊城邦伦理的"美德"概念来反专制,与"现代国家机器的无灵魂的机械主义相对立"(同上,页287)。倘若如此,阿伽通的审美正义论堪称反专制的先驱。

第二个传统美德是"节制",阿伽通把爱神的节制美德解释为"掌管好快感和欲望",听起来蛮符合对节制的传统理解。但他的说法同样非常奇妙:爱神才是最强烈的快感和欲望,如果快感和欲望需要受到爱欲支配,等于说程度还不够强烈。可想而知,在爱欲的节制下,快感和欲望应该达到最强烈的程度,或者说达到没有节制的程度,因为爱神作为最强烈的快感欲望,本身并不受节制——爱神掌管快感和欲望,无异于说快感欲望越没有节制等于越有节制。人们不禁会想,这怎么可能呢?阿伽通说,"爱神肯定特别有节制"。可见,这样的节制得靠技艺:精湛地放任快感欲望的技艺——用马尔库塞的话说,这需要"解放了的艺术与解放了的技术结合在一起"(《新感性》,前揭,页262)。马尔库塞很好地表达了后现代审美伦理的"节制":"对于审美道德来说,除了容忍保护和改善生活的压抑之外,任何其他压抑都不能容忍。"因为,

> 审美道德是清教主义的对头。有些人把净化实践系统地限定为受刑,集体自杀和服毒,审美道德并不强求这些人每天去盆浴或淋浴;它也不强求在职业上参与了肮脏勾当的人衣着整洁。(《新感性》,前揭,页245)

阿伽通赞颂的第三种爱神品德是"勇敢",但他没有直接说爱神的勇敢品德是怎样的,而是通过重新解释古传神话中的战神阿热斯与性感女神阿芙洛狄特的艳遇故事来比喻爱神的勇敢。这个艳遇故事典出荷马,但荷马笔下并没有出现爱神,荷马突出的也并非阿热斯和阿芙洛狄特火热的情欲,而是阿芙洛狄特的老公赫菲斯托斯的机灵:他设圈套逮住了阿热斯和阿芙洛狄特在床上火热的爱欲。阿伽通的讲法删除了荷马突出的赫菲斯托斯的机灵,让荷马笔下被逮住的爱欲成为勇敢的表征:阿热

斯勇于与阿芙洛狄特艳遇,是受到爱神的激发。阿热斯是战神,天生就有勇,但在艳遇这件事情上,他的勇却不够用,要靠爱神"给力"。可是,阿伽通说过爱神轻柔、柔软,如此爱神何以能够"给力"? 悉心体味阿伽通的说法可以看出,他采用的论证方式就是如今后现代美学常用的"解构式"论证:通过重新解释传统的美德名相来解构传统美德——从正义、节制到勇敢,阿伽通对爱神美德的赞美都是对传统美德的解构。倘若如此,与阿伽通的修辞对比,德里达的解构修辞技法并非富有原创性。事实上,海德格尔的学生马尔库塞比德里达更早地准确解释过何谓"解构":把"西方文化中的一些最崇高的升华了的概念""重新加以解释",使之"去崇高化(entsublimiert)"。他举的例子也很准确:比如,自柏拉图以来,"灵魂"这个词"本质上就是百合花一样白的意思"——

> 这个词乃是人本身一切真正属人的基本的、不朽的传统本质之所在。这个词在传统语言的庞大系统中变得压抑、乏味和虚伪,被去崇高化后,在转义的情形下进入了黑人文化。黑人是"黑人男子",灵魂是黑色的、暴力性的、狂肆的意思。(《新感性》,前揭,页252)

德里达的反本质主义美学和福柯的知识考古学的要义,马尔库塞用一句话就说清楚了。

阿伽通论证爱神一共具有四种德性,与前面论证爱神的样子"最美"时提到四项证明对称。对最后一项"智慧"美德,阿伽通表示要尽量说得全面,不要有遗漏,可见他最看重这项美德。在直接赞颂爱神的"智慧"之前,阿伽通说应该先赞美诗人的技艺,因为这种技艺来自爱神。阿伽通再次解构传统:按古传诗教,诗人的技艺来缪斯,阿伽通没有赞美缪斯,而是把缪斯的技艺说成爱神造就的。宙斯统领的神界中本来没有诗人,阿伽通则说爱神就是诗人——听众当然可以推想,现世的诗人就是爱神智慧的体现。阿伽通对爱神美德的第四项证明与他对爱神的样子"最美"的第四项证明相呼应:爱神、智慧、诗人三者同一。这充分表明,阿伽通自己的爱欲的确就是自恋欲。

　　阿伽通的这个论证的要点是:智慧等于技艺。既然技艺可以传授,智慧也可以传授。从前,并非人人只要想当诗人就能成为诗人,阿伽通则说:无论谁,只要爱神"碰触"一下就能成为诗人——"碰触"是身体性接触,这个语词也可用来比喻使女人受孕,当时在座的听者都熟悉传统神话中的说法:宙斯"碰触"了哪个女子,她就会怀孕。既然智慧可传授,智慧就是人人都可以获得的东西,因此,诗的技艺或广义的智慧美德就可以是全民的技艺或美德。所以阿伽通说,诗的技艺(等于智慧)能够"教给任何别人"——智慧是人人都可以拥有的东西,这一民主观念的要害在于,智慧必须变成感性的东西,如康德所说,感性的"审美判断力"是普遍可沟通的理性。在康德的激发下,席勒随之提出了人的感性的审美生成论,马尔库塞把这种审美生成论变成了一种激进的自由民主政治论。把智慧等于作诗,则是德意志浪漫派诗人用来反对启蒙理性的著名命题(比较小施勒格尔的《论诗》和诺瓦利斯的"断片")[①]——在海德格尔那里,还可以看到这一命题更为精致的形式,尽管德意志浪漫派和海德格尔都尖刻地嘲笑过启蒙理性哲学的美学。

[①] 见刘小枫编,《德语诗学文选》,前揭,上卷。

11. 阿伽通与后现代的"神" 339

技艺有很多种类，阿伽通说，诗的技艺才是所有技艺中最高的技艺。言下之意，在诗的技艺中，智慧的含量最高，因为这种技艺最能造就所有活的生命——他巧妙地利用了"诗人"这个希腊语词的同源词"造作"（poeesin）。阿伽通说的显然是实践智慧，而非静观的智慧。在他看来，实践智慧就是生命活力本身，由于这智慧本身就是爱神［爱欲］，爱神［爱欲］因此是所有生命活力的源头。这也等于说，诗的技艺就是生命活力的造化之源，生命的诞生也是诗艺的结果——由此可以理解，为什么马尔库塞会说，"政治抗议在审美之维里激活的恰好是生理因素：属人的感觉"（《新感性》，前揭，页246）。

无论哪个行当的实践技艺都有艺高和艺低之分，作诗这个行当同样如此。阿伽通还得进一步区分高手诗人和低手诗人，才能表达自己的自恋性爱欲，表明自己不是一般诗人。他说，在任何技艺中，技艺家有所成就、声名远扬，靠的是爱神，因为古传的所有著名技艺都是受欲望和爱欲的诱导。反过来说，对名望的爱欲是成为有所成就的技艺家的条件。追求美名本来也是古希腊城邦伦理的美德之一，阿伽通用酒瓶装新酒，借这一传统美德来表达自己天生的自恋爱欲。他举了神界中最著名的几位掌握技艺的诸神为例，却没有提到哪怕一位人间艺匠，遑论人世间的著名诗人——阿伽通所代表的诗人到哪里去了呢？神界本来没有诗人，阿伽通把爱神说成诗人后，等于自己作为人间第一诗人已经成为爱神到神界去了。阿伽通共提到五位神，七种技艺：阿波罗拥有三项技艺（箭术、医术、占卜术），然后是缪斯的乐术、赫菲斯托斯的金工术、雅典娜的纺织术，最后是宙斯的统治术。这些技艺中，唯有缪斯的乐术是非实用性技艺，但它处在中心位置，或者说处于领导其他技艺（包括统治术）的主导地位。

阿伽通提到的技艺实际上都是人间生活必须的技艺，古希腊的古传诗教把这些技艺溯源到城邦神那里，意味着城邦的文明成就是拜城邦神之赐，阿伽通则说，这些技艺都是人的爱欲的结果。不仅如此，既然缪斯的技艺是爱神诗人造就的，所有实用性技艺也就都应该受爱欲的引导——这一说法表达了马尔库塞在后现代基于发达技术文明成果提出的激进自由民主的审美诉求：艺术将成为而且应该成为"改造现实的技术"，因为"反抗压抑性理智的造反解放了新感性中的审美力量，进而激化了艺术中的审美力量，艺术的价值和功能发生了根本性的转变"（《新感性》，前揭，页253）。

由此可以理解，为何在结束对爱神的智慧美德的赞颂时，阿伽通回到了先前说到爱神的样子"最美"时的论题——由于爱神的出现，神界才出现了友爱、和平和秩序。阿伽通借神界说人世间，他的意思是，凭靠"对美的东西的爱欲"，诗人可以重整神界秩序，给人间带来永久和平。按马尔库塞的说法，"从而，审美的历史性公式将发生转变，这意味着审美的显现将表现为把生活世界——社会改塑为艺术品"（《新感性》，前揭，页260）。所谓"对美的东西的爱欲"指的是对名望的爱欲，美名当然是美的东西。文艺复兴之后的马基雅维利通过写戏剧告诉我们，凭靠对名望的爱欲，有政治抱负的青年可以搞出专制式的民主政体这样的杰作，这当然需要极为高超的人为政治技艺——如果历史上出现了极富诗才的后现代激进自由民主的政治领袖，实在不奇怪。

最后，阿伽通即席赋诗，以赞颂爱神的"好处"结尾——先是规整的讲究格律的四句颂。起头的"人间的安宁"和结尾的"让烦恼入睡"描绘出人世间的自由民主生活景象：阿伽通现在赞颂的不是神界的和平,而是人世的永久和平。中间两句"大海的浪静风平,让风安息"表明自由民主政制所依赖的前提:不仅已经征服大自然,也解放了人的自然情欲——用马尔库塞的话说,"快乐得到救赎,时间停顿了,死亡消融了;静谧、安眠、幽夜、乐园:不是代表死而是代表生的涅槃原则"(《俄耳甫斯和那喀索斯的形象》,前揭,页267)——在接下来的颂赋中,阿伽通频繁变换格律,绝非仅仅在堆砌诗艺手法制造迷幻效果。毋宁说,这位民主文化的爱神创作的这段颂赋是一个审美的政治神话:暖和的自由民主神话。他让我们看到,轻柔的爱神管住了暴戾的诸神,终止了古传诗教中无法无天的诸神行为,带来了永久的自由生活……"艺术与举足轻重的国家机构和社会状况无法求得一致"(马尔库塞语)的历史一去不复返了,因为激进民主靠爱神的轻柔消融了国家和政治——德意志美学的经典作家们提出的"从自然迈向人的作品"的主张,说到底是一种自由主义的政治想象:

> 理念只是自由的对象。因此,我们必须超逾国家!因为任何国家都要把自由的人当作机器齿轮来对待。国家不应该这样,也就是说,它应被废止。①

阿伽通最后的颂赋是一阕爱神统治之歌,早于德意志美学的经典作家两千多年描绘了审美的自由国度……两千多年后,如果历史碰巧让某个天才人物出现,他"要写下人的历史的诸原理",立志"把国家、宪法、政府、立法这整个苦难的人的成品

---

① 谢林,《德国唯心主义最初的体系纲领》,前揭,页132。

驳斥得体无完肤"(谢林语,同上),我们只能说,阿伽通的审美想象如马尔库塞所说成了现实而已。

四、苏格拉底对阿伽通的回应

阿伽通的讲辞博得满堂掌声,此前的讲者还没有谁得到过所有在场者的一致夸赞——阿伽通得到的是民主的掌声,与他的剧作在戏剧节上得一等奖相符。不过,阿伽通在戏剧节上得到万众的掌声是实实在在的民主掌声,那是人民发自内心的夸赞。眼下这个少数人场合的掌声未必都是真的赞赏或同意,完全有可能是出于对东道主的礼貌和客气——起码苏格拉底的鼓掌是出于客气,谐剧诗人阿里斯托芬想必也如此。

苏格拉底恭维阿伽通的讲辞实在太美啦,尽管不是处处精彩无比——苏格拉底的溢美之辞明显自相矛盾:他赞阿伽通的讲辞时提到的也仅是华丽的外观,对讲辞的内容不置一辞,用沉默表示了否定。苏格拉底还说,"谁听了会不呆若木鸡",言下之意,在座各位都被智术师高尔吉亚式的修辞术搞得呆若木鸡,等于否定了阿伽通得到的满堂掌声。高尔吉亚在当时人气极旺,这位外国来的知识分子的言辞被雅典人比作蛇发女妖一样令人生畏,就像如今有论者把德里达比作高尔吉亚。苏格拉底说,自己担心被阿伽通的颂辞"搞成哑默的石头",其实是说在座的其他人被阿伽通的智术式修辞术变成了"哑默的石头"——变得失语和麻木。在如今后现代文化的状况中,我们知道,解构式的审美文化修辞的确具有这种能量。苏格拉底言辞的高妙在于,他明明在说其他人,表面上却说自己如此。但苏格拉底的话又清楚表明,在蛇发女妖般的言辞面前,他没有变成哑默的石头。他说自己不好意思得简直想溜却又没地方溜,实际的含义是:阿伽通应该不好意思找地方开溜才叫知羞耻。

现在本来该轮到苏格拉底颂扬爱神了,但他却宣布要退出这场赞颂爱神的讲辞比赛,说自己起初答应一起颂扬爱神很可笑,自以为懂爱欲,其实自己既不懂爱欲也不懂何谓真正的颂扬——言下之意,此前的所有发言人既不懂爱欲也不懂何谓真正的颂扬。苏格拉底拒绝参与对爱神的民主文化式颂扬的理由是,颂扬就得讲真实,挑出最美的来讲,说得来有根有据,但前面各位对爱神的颂扬并非如此。人性爱欲明明不是神,怎么可以堂而皇之把人性爱欲作为神来颂扬呢。苏格拉底引用了欧里庇得斯的诗句,说自己当初虽然嘴上答应了,但心里没答应。言下之意,他在民主场合有时也不得不口是心非。但苏格拉底把话头一转,说如果大家同意他以自己的方式谈爱欲,说"真实的东西",自己愿意试试。苏格拉底宣布自己退出这场对爱神的民主式颂扬竞赛,但没有拒绝谈论人性爱欲。遵守承诺是民主政治的标志之一,苏格拉底没有自毁对民主的"承诺",但他迫使在座的同意他按自己的方式讲,以至于苏格拉底这会儿显得有点"专制",但这一"专制"作派基于讲真实的正当诉求。苏格拉底巧妙地终结了民主政治的流行论说,但没有破坏民主的契约。

在斐德若和其他在座者要求下,苏格拉底开始讲自己对爱欲的看法,他请求先问阿伽通几个小问题——苏格拉底巧妙地以盘诘对爱神的颂扬来开始自己在这个民主场合的发言。征得民主的同意后,苏格拉底首先恭维了一番阿伽通颂辞的开头,言下之意,阿伽通的讲辞仅仅开头还行。这句恭维一箭双雕,既否定了前面所有讲者的开头,也否定了阿伽通的讲辞本身。苏格拉底随之问,"爱欲是对某人[某种东西]的爱欲抑或不是",这个问题明显针对阿伽通的讲辞，因为，按阿伽通的说法，爱欲本身已经拥有美和好。苏格拉底又马上补充说，"我并非要问，爱欲是否是对某个母亲或者父亲的爱欲"，似乎为了把问题提得更为明确，苏格拉底否认自己问的是"爱欲是否就是对某个母亲或者父亲的爱欲"，但实际上他问的恰恰就是这个问题，而且是针对前面所有讲者发问。一个人对母亲或父亲的爱欲说白了就是乱伦，赞颂这样的爱欲肯定荒唐。苏格拉底说，自己要是这样问问题会显得"可笑"，实际的意思却是，阿伽通之前的各位所赞颂的爱欲说到底就是如此不知羞耻的爱欲丑相，他们却说得来堂而皇之，竟然不觉得自己可笑——苏格拉底马上进一步修改自己的问题，等于提出了第三个问题：父亲是否就是某个儿子的父亲，而父亲本身也意味着他自己是某个父亲的儿子。把这个问题引申到母亲兄妹的语词含义上绕过一圈后，苏格拉底再回到第一个问题，由此可见，那个"我并非要问"的问题其实是认真要问的，因为对兄妹的爱欲当然也是乱伦。苏格拉底表面上仅仅在盘诘阿伽通，实际上对前面所有颂辞的立论提出了尖锐的质疑。他一针见血地点出，前面的讲者所赞美的爱欲展示的都是爱神的丑相：从同性恋、乱伦到自恋欲——马尔库塞的爱欲革命论从反面证明了这一点，他宣称，"古典传统"把俄耳甫斯视为同性恋的开端，把那喀索斯视为自恋欲的开端，古典伦理因此是压抑爱欲的统治秩序的表征：俄耳甫斯"摈弃通常的爱欲，不是为了一个禁欲的理想，而是为了一个更完满的爱欲。像那喀索斯一样，他挺身反抗意在生育的潜抑性的性爱秩序。归根到底，俄耳甫斯和那喀索斯的爱欲是对这种秩序的否定——彻底拒斥"（《俄耳甫斯和那喀索斯的形象》，前揭，页273）。

苏格拉底进一步逼问阿伽通,既然阿伽通承认"爱欲就是对自己所欲求的东西的爱欲",所谓爱欲就是人身上最基本的欲求,这就与他在颂辞中赞美爱神时的观点相矛盾:既然欲求意味着拥有自己还没有的东西,被欲求的东西就不可能是欲求本身。这样一来,阿伽通所谓爱神"最美"的说法就不能成立,因为爱神求美的东西,不求丑的东西,表明爱神并不美,否则不会欲求美。爱欲所欲求的东西,只会是爱欲自身还欠缺的东西,自身已经拥有的东西不会引发欲求,或者说爱欲不会欲求自身——自恋是荒唐的爱欲。苏格拉底揪住欲求意味着欠缺这一点,彻底掀翻阿伽通的爱神"最美"的论说。不过,苏格拉底没有把阿伽通逼得当众没面子,而是替他找到一条出路。苏格拉底继续问,当一个人说"我想要我眼下有的"东西时,意思是不是"我想以后的日子仍旧有现在所有的"。这个提问无异于进一步深究爱欲的"欠缺",因为阿伽通可能会说,虽然我现在拥有美,但也想永久拥有美,因此爱欲欲求美不等于全然欠缺美。苏格拉底通过进一步的假设提问引出了两类欲求的区分——欲求现在还没有的东西和欲求虽然现在拥有但还想永远拥有的东西,为的是迫使阿伽通承认:欲求即便现在拥有、但尚未永远拥有的东西,表明的仍然是欠缺。换言之,人性爱欲所表征的人性欠缺不是暂时性的,而是恒久性的。

这意味着什么呢?如果把爱欲说成欲求,但口渴、饥饿(或性需要)是欠缺,我们显然不能说,口渴或饥饿(或性需要)是爱欲。苏格拉底引入欠缺恒久拥有的东西来界定欲求,无异于从爱欲来界定欲求:爱欲所表征的欲求不是单纯生理性的可以当下满足的欲求。人为了欲求更高的、恒久的东西,可以克制暂时的口渴、饥饿(或性需要)难忍的当下欠缺或需求。通过给欲求引入恒久性的时间维度，苏格拉底刻划了人性爱欲这一属人的欲求的属人性质——所以苏格拉底说，想要永远拥有的"才是欲求和爱欲所欲求的"：属人的爱欲不是自由的生理感性欲求。苏格拉底的这一诘难对先前的所有讲者都有效，因为他们的爱欲论都基于这样的前提：爱欲是自由的生理感性欲求——这样后现代审美文化，"要求一种摆脱了不自由社会中的压抑性满足的感性"，以此作为"自由社会的尺度"（《新感性》，前揭，页244-245），无异于抹去爱欲的属人性质。

阿伽通承认苏格拉底的诘难后，苏格拉底让阿伽通回想自己先前怎么说，还提醒他说过"爱欲美"，显然不会有对丑的爱欲云云。阿伽通承认自己的讲辞失败，苏格拉底得体地说，"你当时说得还是顶美"，听起来是在给阿伽通面子。但苏格拉底紧接着又提了一个小小的大问题：好的东西也是美的，既然爱神欠缺美，是否也还欠缺好。阿伽通承认没法反驳苏格拉底，等于承认自己在前面说爱神既美又好是胡扯。苏格拉底以一句睿智的话回答说："你不能反驳的是这个真实，反驳苏格拉底其实倒一点儿不难"——这话后来成为传世名言。

阿伽通被迫承认的真理是什么？爱欲表征的是人性的根本欠缺，欠缺本身既谈不上丑也谈不上美，关键在于人性欲求什么来弥补自身的欠缺。苏格拉底对阿伽通的盘诘把人性爱欲所欲求的对象拉得很高：爱欲不会是对身体可及的东西的欲求，或者对自己身上已经有的东西的欲求——同性恋和自恋欲也不是求美的爱欲，爱自己的东西不等于爱美的东西，爱美的东西总高于爱自己的东西。爱欲也不是单纯的性欲求，因为这种欲求不区分欲求对象的美丑，爱欲所支配的性欲求必然要求区分欲求对象的美丑。苏格拉底的诘难预示了自己的使命：既然这次会饮

11. 阿伽通与后现代的"神"

的主题是赞颂人性爱欲,而前面所有的颂辞呈现的都是人性爱欲的丑相,那么,他要让在座的看到的是,人性爱欲究竟何以说得上美,何以值得赞颂——从爱欲即欠缺这个出发点,苏格拉底随后证成的是:本相既不丑也不美的爱欲何以可能变得美和好。在苏格拉底随后的讲辞中,"美"成为首要的关键词,或者说成了人性爱欲的对象。苏格拉底如何成功地论证人性爱欲所欲求的美究竟是什么,本文无法展开,但无论如何,苏格拉底接下来忆述的第俄提玛关于人性爱欲的教诲不是一种美学。

阿伽通发表颂辞之前,苏格拉底曾经问阿伽通,如果他做了丢人现眼的事情是否会"觉得"自己丢脸——换言之,在这段对阿伽通的盘诘中,苏格拉底以修辞性提问的方式针对民主文化的爱神赞颂提出了羞耻问题。的确,如马尔库塞所说,"从柏拉图到现代世界的'反淫秽物法'对快乐原则的诋毁势不可挡,而和这种诋毁较量却很容易被人嘲笑"(《俄耳甫斯和那喀索斯的形象》,前揭,页263)。但是,自从后现代美学发起审美革命之后,提出丢脸的问题反倒很容易被人嘲笑了。可见,柏拉图虽然没有现代意义上的美学,柏拉图的苏格拉底却与后现代美学有内在的相干性。毕竟,如卢梭所言,在民主文化时代,"的确,苏格拉底不会饮鸩而死,然而,他却要从一个更苦得多的酒杯里尝到侮辱性的嘲弄和比死还坏百倍的鄙夷。"①

---

① 卢梭,《论科学与艺术》,何兆武译,北京:商务印书馆,1997,页19。

图书在版编目(CIP)数据

西学断章/刘小枫著.
--上海：华东师范大学出版社，2016.1
（刘小枫文集）
ISBN 978-7-5675-4377-5

I. ①西… II. ①刘… III. ①思想史-西方国家 IV. ①B5

中国版本图书馆 CIP 数据核字(2015)第 296513 号

华东师范大学出版社六点分社
企划人　倪为国

本书著作权、版式和装帧设计受世界版权公约和中华人民共和国著作权法保护

刘小枫文集
西学断章

著　　者	刘小枫
责任编辑	彭文曼
封面设计	卢晓红
出版发行	华东师范大学出版社
社　　址	上海市中山北路 3663 号　邮编　200062
网　　址	www.ecnupress.com.cn
电　　话	021-60821666　行政传真　021-62572105
客服电话	021-62865537　门市(邮购)电话　021-62869887
地　　址	上海市中山北路 3663 号华东师范大学校内先锋路口
网　　店	http://hdsdcbs.tmall.com
印 刷 者	上海中华印刷有限公司
开　　本	890×1240　1/32
插　　页	2
印　　张	11
字　　数	240 千字
版　　次	2016 年 1 月第 1 版
印　　次	2016 年 1 月第 1 次
书　　号	ISBN 978-7-5675-4377-5/B · 985
定　　价	58.00 元
出版人	王焰

（如发现本版图书有印订质量问题，请寄回本社客服中心调换或者电话 021-62865537 联系）